梁 衡/主编

爱国的理由

山东文艺出版社

图书在版编目（CIP）数据

爱国的理由／梁衡主编．—济南：山东文艺出版社，2022.6

ISBN 978-7-5329-6583-0

Ⅰ.爱… Ⅱ.①梁… Ⅲ.①散文集-中国 Ⅳ.①I26

中国版本图书馆CIP数据核字（2022）第056249号

爱国的理由
AIGUO DE LIYOU
梁衡 主编

主管单位	山东出版传媒股份有限公司
出版发行	山东文艺出版社
社　　址	山东省济南市英雄山路189号
邮　　编	250002
网　　址	www.sdwypress.com

读者服务	0531-82098776（总编室）
	0531-82098775（市场营销部）
电子邮箱	sdwy@sdpress.com.cn

印　　刷	山东新华印务有限公司
开　　本	640毫米×960毫米　1/16
印　　张	17
字　　数	218千
版　　次	2022年6月第1版
印　　次	2023年1月第2次印刷
书　　号	ISBN 978-7-5329-6583-0
定　　价	30.00元

版权专有，侵权必究。如有图书质量问题，请与出版社联系调换。

目 录

001 引　言

一　祖国如母

003　导　读
004　可爱的中国(节选) ／方志敏
015　祖国之爱 ／秦牧
020　社稷坛抒情 ／秦牧
026　留学巴黎 ／冼星海
032　想北平 ／老舍
035　想的念的是中国 ／刘成章
040　珍惜祖先的伟大创造 ／王西彦
045　泰山：人向天的倾诉 ／梁衡

二　国难之痛

053　导　读
054　生命的价格
　　　——七毛钱 ／朱自清

057　照片，摄于1924
　　　——写在圆明园罹难130周年之际　/ 张若愚

063　钢铁假山　/ 夏丏尊

065　大德寺的鞭声　/ 苏晨

071　松花江上　/ 黄秋耘

073　桑氏老人　/ 梁衡

三　英雄不朽

077　导　读

078　人民英雄纪念碑碑文

079　《黄花岗七十二烈士事略》序　/ 孙中山

081　最后一次讲演　/ 闻一多

084　囚　语　/ 叶挺

090　杨靖宇将军　/ 方军

094　宣南雨又来
　　　——浏阳烈士谭嗣同殉难百年祭　/ 袁鹰

099　悼中国空军抗日英烈　/ 梁从诫

四　国运维艰

109　导　读

110　艰难的国运与雄健的国民　/ 李大钊

112　国庆演辞　/ 冯玉祥

116　黑暗中国的文艺界的现状
　　　——为美国《新群众》作　/ 鲁迅

目 录

121　五四断想　/ 闻一多

123　挥手之间　/ 方纪

130　十月长安街　/ 袁鹰

137　四十年前开启国门的那一刻　/ 梁衡

五　忧国之铭

145　导　读

146　少年中国说(节选)　/ 梁启超

148　"西安事变"后的广播讲话　/ 张学良

151　重申我的请求　/ 马寅初

156　致聂荣臻同志信　/ 梁思成

160　梁思成落户大同　/ 梁衡

166　一座小院和一条小路　/ 梁衡

172　请杀秦桧书
　　　——戊午上高宗封事　/ 胡铨

六　报国丹心

179　导　读

180　清　贫　/ 方志敏

182　与妻书　/ 林觉民

186　纪念邓稼先
　　　——从"任人宰割"到"站起来了"　/ 杨振宁

爱国的理由

192　辛稼轩画像赞　/ 陈亮

194　指南录后序　/ 文天祥

198　方志敏生命的最后七个月　/ 梁衡

205　百年革命"三封家书"　/ 梁衡

七　遥祭国魂

213　导　读

214　怀鲁迅　/ 郁达夫

215　大无大有周恩来
　　　——纪念周恩来诞辰一百周年　/ 梁衡

231　纪念闻一多先生遇难五十六周年　/ 梁晓声

238　最后一位戴罪的功臣　/ 梁衡

247　将军几死却永生　/ 梁衡

254　附录　影响中国历史的十篇政治美文　/ 梁衡

引 言

受命为出版社选一本爱国文选，接手之后才知道这绝非易事。既为爱国文选，起码得具备两个条件：一是内容必须能涵盖爱国的主旨；二是形式必须是散文，最好还是美文。这时我才发现在散文领域，爱国题材的作品比之山水景物、生死爱恨、新事旧情等，确实少得多。选家们编的各种选本中，也很少将爱国单列一类。平时我们印象较深的爱国事件、人物，大都是从历史书上或者小说、诗歌、电影中得来的。以美文来诠释爱国大义、品评人物原来是这样难。

编选本身不仅是搜集和整理，而且也是专题学习。编选过程中，我脑海里不断思考这几个问题：一是我们为什么要爱国？二是爱国的内容和表现是什么？三是爱国文章是怎样写成的？

（一）

我们为什么要爱国？一句话，国家养育了你。当然这里指的是祖国，而不是政治概念的国家机器。这好比问我们为什么要爱父母。因为父母生你养你，你与他们有了不可改变的血缘关系。同理，人与国家也是一种天然的血缘关系。你在这个国家里出生、成长，国家给了你特定的种族遗传、生活基础、社会关系、价值观念、文化修养。你的身躯，你的

爱国的理由

精神是国家塑造的。国家民族的个性已经深深地融化在你的血液里。国家的名誉、利益和你的名誉、利益紧紧地连在一起。于是你与祖国就既有了情感上的依存，又有了利益上的一致。这是我们爱国的天然的、血缘上的理由。人必须爱父母，这叫孝；人又必须爱祖国，这叫忠。"忠孝"二字是人类的基本道德，是人类对自己的母体——父母和祖国的回报，是天然的法则，属天理良心一级的最高的又是最起码的道德标准，无论哪个民族，概莫能外。乌鸦反哺，羔羊跪乳，动物且然，况于人乎？于是我们就有了一种无法割舍、无法忘怀，如影随形、伴我终身的恋国之情。这是爱国的第一个理由，天然的无可辩争的理由。

第二个理由是你既在国中，就要为国效力，就要关心这个"家"。当年方志敏见祖国积贫积弱，被强敌欺侮，他在《可爱的中国》中说母亲"哭得伤心得很呀！她似乎在骂着：'难道我这四万万的孩子，都是白生了吗'"。公民如果不爱国，这公民又有何用？真这样，这个国家怎能生存？国家是我们大家的家，是民族的大家庭，她也需要不断维持，不断发展。对内来说，祖国的繁荣发展得靠子女们的辛劳建设，如蜂酿蜜，如燕垒窝，不能有一时的停顿。对外来说，祖国必须有人来保卫。一国既处于世界各国之林，必然会有各种利益冲突和竞争，甚至会遭遇欺侮和侵略。任何国家的独立、发展和强盛都是靠它的全体人民万众一心、竭力奉献换来的，每个国民都有出力费心，直至牺牲的义务。这是爱国的第二个理由。如果哪个人身处国中却漠视国运，那是最大的不忠不义。虽然各个历史时期都有汉奸、有败类，但这些人终会为人唾弃。

（二）

理由既立，剩下的便是：爱什么？怎么爱？即爱国的内容和表现方式。

依内容而论大致有三：一爱祖国河山；二爱祖国人民；三爱祖国

引 言

文化。

一要爱祖国河山。无论在哪个民族的心目中，土地都享受至尊、至敬的荣誉。记得小时候每逢过年，村里必为土地神换一次春联："土能生万物，地可载山川。"我们的一切一切都是祖国这片土地所承载，所养育。主权、人民、事业、财富等都因国土而存在。希腊神话中，大力士安泰可从大地上吸取无穷无尽的力量，只要他双脚不离开大地，任何人都不可能将他战胜。中国古代皇城里专建有社稷坛，用五色土拼成，皇帝每年要祭坛拜土。土即代表社稷。国土是一个国家赖以生存的根基，是它的第一物质形态，是硬件。皮之不存，毛将焉附？国土不存，国将不再。历来的侵略战争都是先侵城掠地，犯人国土。而战败国最大的屈辱就是割地赔款，是去国逃亡或在已沦陷的国土上做亡国奴。"最是仓惶辞庙日，教坊犹奏别离歌"，何其凄凉。1937年起，日本发动全面侵华战争，掠我大半个国土长达八年。抗日烈士吉鸿昌临刑前赋诗曰："恨不抗日死，留作今日羞。国破尚如此，我何惜此头。"祖国的土地岂容外人践踏？"还我河山"这是古往今来一切爱国志士泣血而呼的口号；"爱我家乡"是一切爱国者发自内心深处的共同呼唤。爱国首先就要爱河山，爱国土。要保卫她，维护她，让她更富饶，更美丽。许多游子，去国之时身边带一把祖国的土，阔别归来，不由得跪吻祖国的热土。禾苗离土即死，国家无土难存。要热爱祖国的土地，这是我们生存的根基。

二要爱祖国人民。人民是国家的主体，人民的意志支持着国家的存在。一个爱国者首先要摆对个人和人民的位置。就是封建时代也强调民重君轻，进入资本主义更有了民本、民主意识。一国之中从国家元首到普通百姓都是人民的一分子。对治国者来说，是人民之水推举着国家之舟，敬民爱民，按照民意来决策行事，就国运兴，国事盛，国势强；轻民贱民，逆民意专横妄为，就国运衰，国事败，国势弱。从这个意义上说，凡亲民爱民，治国有成的国君、总统、元首都是伟大的爱国者；而

爱国的理由

那些玩弄民意，轻贱民心，甚至置民于水火的人，都是误国盗国者，甚至是卖国者。遍观历史无不如此。每一个生活在一定国度里的人都必须按照国中最大多数人的意志行事。没有人民的解放就没有个人的解放，没有人民的幸福就没有个人的幸福。那些握有一点权力就作威作福、欺压人民、反人民的人，那些不顾人民利益暗售其奸、中饱私囊的人，都会被社会所唾弃，都会被钉在历史的耻辱柱上。所以每一个爱国者，每一个志士仁人，都把能为人民做一点贡献看作自己终生奋斗的职责。陈毅有诗："靠人民，支援永不忘。他是重生亲父母，我是斗争好儿郎。"邓小平说"我是中国人民的儿子"，毛泽东将这一爱国思想提炼为精辟的五个字：为人民服务。虽然中外历史上曾有无数的帝王、元首被喊过万岁，但只有"人民万岁"才是颠扑不破的真理，而"人民的功臣"则是历史对爱国者的最高奖赏。

三要爱祖国文化。文化是一个民族的血型，是这个民族在长期的历史演变中所积累、所认同的精神准则。国家和民族的概念不完全相同，一个国家可以是单民族也可以是多民族，但只要几个民族在一个统一的国度里生活，就可因国家的影响力和长期的融合，形成一个大的民族群体。如我国虽有56个民族，又可统称为中华民族。这样从文化上也就会分出此国与彼国的不同。就像人的基因遗传分出不同的肤色、体形，一个国家的文化遗传也会分出不同的信仰、好恶、精神、道德等标准。文化是一个国家的魂，是祖国为他的儿子留下的精神基因。我们看海内外的中华民族子孙，尽管多少年来可能居住环境不同，政治派别不同，生活习惯不同，但还是年年要到陕北祭黄帝陵，到福建拜妈祖庙，在家里供关公，与子孙说岳飞，就是因为还有文化这条根、这个魂。当他离乡背土在国外时，当他暂时脱离祖国人民时，他仍感到自己是一个中国人。但是假如他不认识祖国的文字，不知道祖国的历史，已没有本民族的习俗时，他纵然还是黑发黄肤也不能再算是一个中国人了。因为他精神世界中的这条文化之根已被彻底拔掉。所以历史上一切侵略者在攻城掠地之后接着便是同化人家的文化。都德的小说名篇《最后一课》，就是写德国人侵入法国，从次日起学校里将不能再用法语上课。清入关强制汉人剃发，"留发不留头，留头不留发"，一个发型何至于这样重要？其目的就是不许你留一点故国痕迹。日本人一占领东北就强制推行日语，企图从根子上奴化下一代，让你几代之后竟不知自己是何人种。爱国须爱祖国的文化，因为这是国家、民族的灵魂。

国土是根，人民是本，文化是魂。一个人如果无根、无本、无魂，会多么可怜，不但他的身体漂泊无定，就是灵魂也无处归宿。所以爱国，一要爱祖国的河山土地，二要爱祖国的人民，三要爱祖国的文化。有这三样，就是一个赤子，就是一个爱国者，一个有血、有种、有志的人。

（三）

明白了爱国的含义，我们该以一种什么样的爱心去实施这份爱意呢？概括起来有三：忧国、救国和报国。

忧国是对国家命运的关切与思考。自从范仲淹长叹一声"先天下之忧而忧，后天下之乐而乐"之后，这句话就成为一切爱国者的座右铭。忧心，是一种责任，没有一定觉悟、一定的社会责任感的人不会心忧天下。这是因为：一者，国家离个人实在太远，一般人为柴米之事所扰，人情得失所缠，哪有心有力顾及国事。二者，平时治国赖有良才重器、高官谋臣，一般也轮不到普通百姓去思考国事。三者，和平时期，国家正常运转，可忧之事并不突出。但正是平地惊雷、鹤立鸡群才显得不一般，在平平常常的日子里能有一些平平常常人去思考国家大事，这才是最可贵的。所谓天下兴亡，匹夫有责；所谓身无分文，心忧天下。这种忧心是真正把国家挂在心上，忘不得，放不下，想得苦，思得深，不但表现为深切的责任，更表现出惊人的才学和政治智慧，当遇有阻力时又

爱国的理由

表现出非凡的勇敢。现代人中如马寅初,他在1957年中国人口还只有6亿时就提出要计划生育,却受到批判。他说:"我虽年近八十,明知寡不敌众,自当单身匹马,出来应战,直至战死为止。"古人中如辛弃疾,流亡南渡后共生活了40年,南宋对他时用时弃,加起来只用了20多年,20多年间又调动了37次。但他还是不停地上书提建议,并以词抒忧愤。外国人中,如美国第一位总统华盛顿,在干满两任后发表演说绝不连任,以免为后人留下坏先例。还有1962年,当时我国经济困难,陕西一个叫杨伟名的农民知识分子上书中央,要求退回到单干的生产关系。在当时这实在大逆不道,他后来被迫自杀。但历史证明他们都忧之有理,他们的忧国文章成了历史的经典。以忧心来体现爱国要靠理性的思考,需要广博的知识和对社会规律的深刻认识,所以忧国之心多存在于知识分子中。这是一种先知先觉、大仁大智。

救国是在国家危难时刻所表现出的牺牲精神。历史上每一次国家民族危亡之时,都会出现一批民族英雄,同时也会有汉奸、叛徒。国家危机当然首先考验着政府,但同时也考验每一个公民。这种时刻,救国是最起码的做人标准,又是凝聚全国人民的精神支柱。这时,无论哪个党派、哪个人,只要能高举救国的旗帜,它就顺民心、得民意,就能得天下。中国共产党就是在领导全民的抗日战争中得到民众的认识和拥护,终于战胜国民党,创建了一个新中国。在这种关键时刻,一个人可立成英雄,扬名于世;也可立成汉奸,遗臭万年。周作人,本是一个有影响的作家,炮声一响,便当了汉奸。千百年来,岳飞和秦桧已经成为爱国者和卖国者的代名词,分别代表忠、奸的形象。从历史唯物主义出发,凡当时为民族、为国家利益做出贡献和牺牲的人都是爱国的,他们所体现的爱国精神并不会因现在的时势不同而失去光辉。所以苏武、辛弃疾、岳飞、文天祥、史可法、林则徐仍然受到今人的崇拜。爱国精神正是在这种传承中才得以发扬。同样我们也尊敬一切其他民族的爱国者。只要不妨碍别国和其他民族的利益，为本国本民族利益奋斗的人永远是高尚的。

报国是对国家的一种责任心，是尽心尽力的付出和奉献。一个人可能生不逢时，不能出现在救国的战场；也可能智力不够高，没有更深的治国良策；但可以时时处处尽到报国之心。他可以将自己力所能做的事全部联系到对国家民族的贡献上去。邓稼先是一个典型的尽职报国的爱国者。他在世时，甚至他去世后很长一段时间人们都不知道他的名字。但这于他又有何碍？他静静地为中华民族完成了一件大事，造出了原子弹，让民族直起了腰。袁隆平也是一个尽职报国的爱国者，他几十年如一日在田野上，在稻田里奋斗。因他的优质杂交稻，很大程度上解决了中国人的吃饭问题。报国心是一份平常心，就像在父母面前的一份孝心，是不要特意表现，但要时时准备，事事尽心的。当每一个公民都能自觉做到这一点时，国家就会格外地强盛，民族就会格外地兴旺。

忧国、救国、报国是我们在不同形势下所表现的爱国方式。少先队有一句口号：时刻准备着。对一个爱国者来讲，他时时刻刻都在准备为国效力，为国献身。他的每一缕思考，每一次行动，生命的每一分钟都在化作对祖国的奉献。

（四）

现在谈到这本文选本身。

当我们理解了爱国的含义后，回头再看表达爱国的文章，就会明白为什么它比其他题材的作品最为难写了。原来一篇有震撼力的爱国文章必须同时具备时代精神和牺牲精神。它并不是随便哪一个人挥笔蘸墨就可写成。它是历史老人调动时代的板块，在碰撞、选择和冲突中迸发出的电光；它是爱国者燃烧自己的血液和生命绽开的云霞。这种至情至理的雄文，是时代所写，是生命所写，是人民群众推举他的代言人所写。

爱国的理由

爱国既不是一个偶然的冲动，也不是一次偶然的事件，它应历史规律而生，又受历史的反复检验。一篇爱国文章大约至少要半个世纪或更长的时间之后才能看出它的历史价值。像《岳阳楼记》《少年中国说》《可爱的中国》《为人民服务》等，都是时代的写照，是思想的丰碑，本身就记录了爱国是怎样战胜腐朽而推动历史的。像本书中收入的张学良《"西安事变"后的广播讲话》、叶挺将军的《囚语》等过去鲜为人知，但它们的理性光芒还是穿破了历史的尘埃。爱国不是一个简单的逻辑推理，更不是精心编制的故事，它是作者的全身心投入，是义无反顾的牺牲与奉献，是他自身激情的燃烧。马寅初、彭德怀、杨伟名等，都是用自己的生命做火把，照亮众人的眼睛，照亮历史的路途。当他们写出这样的文章时，就如谭嗣同坐等被捕，如黄继光以身堵枪眼。他们是用生命换得一种理念，一种思想，一种行为规范。正因为如此，爱国的文章才格外有教育意义和文化价值。它成了传承民族精神的阶梯，成了一国传统文化的核心，也是一代又一代新人成长的乳汁。一代爱国名将叶挺在《囚语》中，回忆自己精神和信仰的养成时说："吾在乡，幼年甚爱读前后出师表、正气歌、苏武《致李陵书》、秋瑾及赵声等诗，感动至流涕。"现在叶将军等先辈又以他们更多的血写文章感动着我们这些后来人，同时也激励我们要为后人留下爱国的事和文。

爱国，永远是一个民族、一个国家存在的支柱，也是做人的起码标准。

本文选主要选录1840年后，中国进入近代社会以来，记述爱国事件、人物的文章。其中有不少篇章的作者本身就是伟大的爱国者，他们立业、立德、立言都堪称楷模。书中也少量选录了一些古代的爱国文章，以说明爱国精神历来为人们所敬重。需要说明的是，为便于读者阅读，部分选文有改动。

一

祖国如母

一　祖国如母

导　读

  方志敏说:"中国是生育我们的母亲。"老舍说:"我爱我的母亲。怎样爱？我说不出。在我想做一件事讨她老人家喜欢的时候，我独自微微地笑着；在我想到她的健康而不放心的时候，我欲落泪。"

  把祖国比作母亲是对爱国内容的最好诠释。

  当我们还年幼时，日夜依偎在母亲身旁，真切地感到母亲身体的温暖，对她有一种深深的依赖；而当我们成年懂事时，慢慢从感情的依偎，提升到理性的认识，知道了母亲的辛劳和付出，从心里产生孝心敬意。爱自己的母亲，还要什么理由吗？不要。但我们又可以说出无数条理由。一个公民对祖国也是这种天然的情感。祖国的山水，是母亲的衣褶；祖国的春天，是母亲的笑容；祖国的历史，是母亲劳累之后一声长长的叹息；祖国的文化，是母亲对我们的教诲；而祖国的成就与繁荣，则是母亲的健康与长寿，是我们的欣慰。这一切在我们还年轻时也许感知不深。而当我们已经长成，并有了些人生经历，能踏遍国土亲近祖国，能从文化和历史角度认识祖国，特别是当背乡去国漂泊海外时，才知道这种对祖国的爱原来是早已深深地刻在心上，融在血液里，这是永远也改变不了的。

  这里收录了八篇文章，都是从祖国的山水、历史、文化、建设成就等方面引发的爱国之情。

爱国的理由

可爱的中国（节选）

方志敏①

亲爱的朋友们：

我终于被俘入狱了。

关于我被俘入狱的情形，你们在报纸上可以看到，知道大概，我不必说了。我在被俘以后，经过绳子的绑缚，经过钉上粗重的脚镣，经过无数次的拍照，经过装甲车的押解，经过几次群众会上活的示众，以至关入笼子里，这些都像放映电影一般，一幕一幕地过去了！我不愿再去回忆那些过去了的事情，回忆，只能增加我不堪的羞愧和苦恼！我也不愿将我在狱中的生活告诉你们。朋友，无论谁入了狱，都得感到愁苦和屈辱，我当然更甚，所以不能告诉你们一点什么好的新闻。我今天想告诉你们的却是另外一个比较紧要的问题，即是关于爱护中国、拯救中国的问题，你们或者高兴听一听我讲这个问题罢。

我自入狱后，有许多人来看我；他们为什么来看我，大概是怀着到动物园里去看一只新奇的动物一样的好奇心罢？他们背后怎样评论我，我不能知道，而且也不必一定要知道。就他们当面对我讲的话，他们都承认我是一个革命者；不过他们认为我只顾到工农阶级的利益，忽视了

---

① 方志敏（1899—1935），江西弋阳人。无产阶级革命家、军事家。1935年1月，被叛徒出卖，遭国民党阻击，被捕，8月6日在南昌英勇就义。遗著有《可爱的中国》等。

一　祖国如母

民族的利益，好像我并不是热心爱中国爱民族的人。朋友，这是真实的话吗？工农阶级的利益，会是与民族的利益冲突吗？不，绝不是的，真正为工农阶级谋解放的人，才正是为民族谋解放的人，说我不爱中国不爱民族，那简直是对我一个天大的冤枉了。

我很小的时候，在乡村私塾中读书，无知无识，不知道什么是帝国主义，也不知道帝国主义如何侵略中国，自然，不知道爱国为何事。以后进了高等小学读书，知识渐开，渐渐懂得爱护中国的道理。一九一八年爱国运动波及我们高小时，我们学生也开起大会来了。

在会场中，我们几百个小学生，都怀着一肚子的愤恨，一方面痛恨日本帝国主义无餍的侵略，另一方面更痛恨曹、章等卖国贼的狗肺狼心！就是那些年轻的教师们（年老的教师们，对于爱国运动，表示不甚关心的样子），也和学生一样，十分激愤。宣布开会之后，一个青年教师跑上讲堂，将日本帝国主义提出的灭亡中国的二十一条，一条一条地边念边讲。他的声音由低而高，渐渐地吼叫起来，脸色涨红，渐而发青，颈子胀得像要爆炸的样子，满头的汗珠子，满嘴唇的白沫，拳头在讲桌上捶得嘭嘭响。听讲的我们，在这位教师如此激昂慷慨的鼓动之下，哪一个不是鼓起嘴巴，睁大着眼睛——每对透亮的小眼睛，都是红红的像要冒出火来；有几个学生竟流泪哭起来了。朋友，确实的，在这个时候，如果真有一个日本强盗或是曹、章等卖国贼的哪一个站在我们的面前，哪怕不会被我们一下打成肉饼！会中，通过抵制日货，先要将各人身边的日货销毁去，再进行检查商店的日货，并出发对民众讲演，唤起他们来爱国。会散之后，各寝室内扯抽屉声，开箱笼声，响得很热闹，大家都在急忙忙地清查日货呢。

"这是日货，打了去！"一个玻璃瓶的日本牙粉扔出来了，扔在阶石上，立即打碎了，淡红色的牙粉，飞洒满地。

"这也是日货，踩了去！"一只日货的洋瓷脸盆，被一个学生倒仆在

爱国的理由

地上，猛地几脚踩凹下去，瓷片一片片地剥落下来，一脚踢出，瓷盆就像含冤无诉地滚到墙角里去了。

"你们大家看看，这床席子大概不是日本货吧？"一个学生双手捧着一床东洋席子，表现很不能舍去的样子。

大家走上去一看，看见席头上印了"日本制造"四个字，立刻同声叫起来："你的眼睛瞎了，不认得字？你舍不得这床席子，想做亡国奴！？"不由分说，大家伸出手来一撕，那床东洋席，就被撕成碎条了。

我本是一个苦学生，从乡间跑到城市里来读书，所带的铺盖用品都是土里土气的，好不容易弄到几个钱来，买了日本牙刷，金刚石牙粉，东洋脸盆，并也有一床东洋席子。我明知销毁这些东西，以后就难得钱再买，但我为爱国心所激动，也就毫无顾惜地销毁了。我并向同学们宣言，以后生病，就是会病死了，也决不买日本的仁丹和清快丸。

从此以后，在我幼稚的脑筋中，做了不少的可笑的幻梦：我想在高小毕业后，即去投考陆军学校，以后一级一级地升上去，带几千兵或几万兵，打到日本去，踏平三岛！我又想，在高小毕业后，就去从事实业，苦做苦积，哪怕不会积到几百万几千万的家私，一齐拿出来，练海陆军，去打东洋。读西洋史，一心想做拿破仑；读中国史，一心又想做岳武穆。这些混杂不清的思想，现在讲出来，是会惹人笑痛肚皮！但在当时我却认为这些思想是了不起的真理，愈想愈觉得津津有味，有时竟想到几夜失眠。

一个青年学生的爱国，真有如一个青年姑娘初恋时那样的真纯入迷。

朋友，你们知道吗？我在高小毕业后，既未去投考陆军学校，也未从事什么实业，我却到 N 城①来读书了。N 城到底是省城，比县城大不相同。在 N 城，我看到了许多洋人，遇到了许多难堪的事情，我讲一两件给你们听，可以吗？

---

① N 城，指南昌。

一　祖国如母

只要你到街上去走一转，你就可以碰着几个洋人。当然我们并不是排外主义者，洋人之中，有不少有学问有道德的人，他们同情于中国民族的解放运动，反对帝国主义对中国的压迫和侵略，他们是我们的朋友。只是那些到中国来赚钱，来享福，来散播精神的鸦片——传教的洋人，却是有十分的可恶的。他们自认为文明人，认我们为野蛮人，他们是优种，我们却是劣种；他们昂头阔步，带着一种藐视中国人、不屑与中国人为伍的神气，总引起我心里的愤愤不平。我常想："中国人真是一个劣等民族吗？真该受他们的藐视吗？我不服的，决不服的。"

有一天，我在街上低头走着，忽听得"站开！站开！"的喝道声。我抬头一望，就看到四个绿衣邮差，提着四个长方扁灯笼，灯笼上写着"邮政管理局长"几个红扁字，四人成双行走，向前喝道；接着是四个徒手的绿衣邮差；接着是一顶绿衣大轿，四个绿衣轿夫抬着；轿的两旁，各有两个绿衣邮差扶住轿杠护着走；轿后又是四个绿衣邮差跟着。我再低头向轿内一望，轿内危坐着一个碧眼黄发高鼻子的洋人，口里衔着一支大雪茄，脸上露出十足的傲慢自得的表情。"啊！好威风呀！"我不禁脱口说出这一句。邮政并不是什么深奥巧妙的事情，难道一定要洋人才办得好吗？中国的邮政，为什么要给外人管理去呢？

随后，我到K埠①读书，情形更不同了。在K埠的所谓租界上，我们简直不能乱动一下，否则就要遭打或捉。在中国的地方，建起外人的租界，服从外人的统治，这种现象不会有点使我难受吗？

有时，我站在江边望望，就看见很多外国兵舰和轮船在长江内行驶和停泊，中国的内河，也容许外国兵舰和轮船自由行驶吗？中国有兵舰和轮船在外国内河行驶吗？如果没有的话，外国人不是明明白白欺负中国吗？中国人难道就能够低下头来活受他们的欺负不成？！

就在我读书的教会学校里，他们口口声声传那"平等博爱"的基督

---

① K埠，指九江。

爱国的理由

教；同是教员，又同是基督信徒，照理总应该平等待遇；但西人教员，都是二三百元一月的薪水，中国教员只有几十元一月的薪水；教国文的更可怜，简直不如去讨饭，他们只有二十余元一月的薪水。朋友，基督国里，就是如此平等法吗？难道西人就真是上帝宠爱的骄子，中国人就真是上帝抛弃的下流的瘪三？！

朋友，想想看，只要你不是一个断了气的死人，或是一个甘心亡国的懦夫，天天碰着这些恼人的问题，谁能按下你不挺身而起，为积弱的中国奋斗呢？何况我正是一个血性自负的青年！

朋友，我因无钱读书，就漂流到吸尽中国血液的唧筒——上海来了。最使我难堪的，是我在上海游法国公园的那一次。我去上海原是梦想着找个半工半读的事情做做，哪知上海是人浮于事，找事难于登天，跑了几处，都毫无头绪，正在纳闷着，有几个穷朋友，邀我去游法国公园散散闷。一走到公园门口就看到一块刺目的牌子，牌子上写着"华人与狗不准进园"几个字。这几个字射入我的眼中时，全身突然一阵烧热，脸上都烧红了。这是我感觉着从来没有受过的耻辱！在中国的上海地方让他们造公园来，反而禁止华人入园，反而将华人与狗并列。这样无理地侮辱华人，岂是所谓"文明国"的人们所应做出来的吗？华人在这世界上还有立足的余地吗？还能生存下去吗？我想至此也无心游园了，拔起脚就转回自己的寓所了。

朋友，我后来听说因为许多爱国文学家著文的攻击，那块侮辱华人的牌子已经取去了。真的取去了没有？还没有取去？朋友，我们要知道，无论这块牌子取去或没有取去，那些以主子自居的混蛋的洋人，以畜生看待华人的观念，是至今没有改变的。

朋友，在上海最好是埋头躲在鸽子笼里不出去，倒还可以静一静心！如果你喜欢向外跑，喜欢在"国中之国"的租界上去转转，那你不仅可以遇着"华人与狗"一类的难堪的事情，你到处可以看到高傲的洋大人

一 祖国如母

的手杖,在黄包车夫和苦力的身上飞舞;到处可以看到饮得烂醉的水兵,沿街寻人殴揍;到处可以看到巡捕手上的哭丧棒,不时在那些不幸的人们身上乱揍;假若你再走到所谓"西牢"旁边听一听,你定可以听到从里面传出来在包探捕头拳打脚踢毒刑毕用之下的同胞们一声声呼痛的哀音,这是他们利用治外法权来惩治反抗他们的志士!半殖民地民众悲惨的命运呵!中国民族悲惨的命运呵!

…………

朋友!中国是生育我们的母亲。你们觉得这位母亲可爱吗?我想你们是和我一样的见解,都觉得这位母亲是蛮可爱蛮可爱的。以言气候,中国处于温带,不十分热,也不十分冷,好像我们母亲的体温,不高不低,最适宜于孩儿们的偎依。以言国土,中国土地广大,纵横万数千里,好像我们的母亲是一个身体魁大、胸宽背阔的妇人,不像日本姑娘那样苗条瘦小。中国许多有名的崇山大岭,长江巨河,以及大小湖泊,岂不象征着我们母亲丰满坚实的肥肤上之健美的肉纹和肉窝?中国土地的生产力是无限的;地底蕴藏着未开发的宝藏也是无限的;废置而未曾利用起来的天然力,更是无限的,这又岂不象征着我们的母亲,保有着无穷的乳汁,无穷的力量,以养育她四万万的孩儿?我想世界上再没有比她养得更多的孩子的母亲吧。至于说到中国天然风景的美丽,我可以说,不但是雄巍的峨眉,妩媚的西湖,幽雅的雁荡,与夫"秀丽甲天下"的桂林山水,可以傲睨一世,令人称羡;其实中国是无地不美,到处皆景,自城市以至乡村,一山一水,一丘一壑,只要稍加修饰和培植,都可以成流连难舍的胜景;这好像我们的母亲,她是一个天姿玉质的美人,她的身体的每一部分,都有令人爱慕之美。中国海岸线之长而且弯曲,照现代艺术家说来,这象征我们母亲富有曲线美吧。咳!母亲!美丽的母亲,可爱的母亲,只因你受着人家的压榨和剥削,弄成贫穷已极;不但不能买一件新的好看的衣服,把你自己装饰起来;甚至不能买块香皂将

爱国的理由

你全身洗擦洗擦，以致现出怪难看的一种憔悴褴褛和污秽不洁的形容来！啊！我们的母亲太可怜了，一个天生的丽人，现在却变成叫花的婆子！站在欧洲、美洲各位华贵的太太面前，固然是深愧不如，就是站在那日本小姑娘面前，也自惭形秽得很呢！

听着！朋友！母亲躲到一边去哭泣了，哭得伤心得很呀！她似乎在骂着："难道我四万万的孩子，都是白生了吗？难道他们真像着了魔的狮子，一天到晚地睡着不醒吗？难道他们不知道自己伟大的团结力量，去与残害母亲、剥削母亲的敌人斗争吗？难道他们不想将母亲从敌人手里救出来，把母亲也装饰起来，成为世界上一个最出色、最美丽、最令人尊敬的母亲吗？"朋友，听到没有母亲哀痛的哭骂？是的，是的，母亲骂得对，十分对！我们不能怪母亲好哭，只怪得我们之中出了败类，自己压制自己，眼睁睁地望着我们这位挺慈祥美丽的母亲，受着许多无谓的屈辱和残暴的蹂躏！这真是我们做孩子们的不是了，简直连一位母亲都爱护不住了！

朋友，看呀！看呀！那名叫"帝国主义"的恶魔的面貌是多么难看呀！在中国许多神怪小说上，也寻不出一个妖精鬼怪的面貌，会有这些恶魔那样的狞恶可怕！满脸满身都是毛，好像他们并不是人，而是人类中会吃人的猩猩！他们的血口，张开起来，好似无底的深洞，几千几万几千万的人类，都会被它吞下去！他们的牙齿，尤其是那伸出口外的獠牙，十分锐利，发出可怕的白光！他们的手，不，不是手呀，而是僵硬硬的铁爪！那么难看的恶魔，那么狞狞可怕的恶魔！一、二、三、四、五，朋友，五个可怕的恶魔，正在包围着我们的母亲呀！朋友，看呀，看到了没有？呸！那些恶魔将母亲搂住呢！用他们的血口，去亲她的嘴，她的脸，用他们的铁爪，去抓破她的乳头，她的可爱的肥肤！呀，看呀！那个戴着粉白的假面具的恶魔，在做什么？他弯身伏在母亲的胸前，用一支锐利的金管子，刺进，呀！刺进母亲的心口，他的血口，套到这金

一　祖国如母

管子上，拼命地吸母亲的血液！母亲多么痛呵，痛得嘴唇都成白色了。噫，其他的恶魔也照样做吗？看！他们都拿出各种金的、铁的或橡皮的管子，套住在母亲身上被他们铁爪抓破流血的地方，都拼命吸起血液来了！母亲，你有多少血液，不要一下子就被他们吸干了吗？

嘎！那矮矮的恶魔，拿出一把屠刀来了！做什么？呸！恶魔！你敢割我们母亲的肉？你想杀死她？咳哟！不好了！一刀！啪的一刀！好大胆的恶魔，居然向我们母亲的左肩上砍下去！母亲的左臂，连着耳朵到颈，直到胸膛，都被砍下来了！砍下了身体的那么一大块——五分之一的那么一大块！母亲的血在涌流出来，她不能哭出声来，她的嘴唇只是在那里一张一张地动，她的眼泪和血在竞着涌流！朋友们！兄弟们！救救母亲呀！母亲快要死去了！

啊！那矮的恶魔怎么那样凶恶，竟将母亲那么一大块身体，就一口生吞下去，还在那里眈眈地望着，像一只饿虎向着驯羊一样地望着！恶魔！你还想砍，还想割，还想把我们的母亲整个吞下去？！兄弟们！无论如何不能与它干休！它砍下而且生吞下去母亲的那么一大块身体！母亲现在还像一个人吗，缺了五分之一的身体？美丽的母亲，变成一个血迹模糊肢体残缺的人了。兄弟们，无论如何，不能与它干休，大家冲上去，捉住那只恶魔，用铁拳痛痛地捶它，捶得它张开口来，吐出那块被生吞下去的母亲身体才算，决不能让它在恶魔的肚子里消化了去，成了它的滋养料！我们一定要回来一个完整的母亲，绝对不能让她的肢体残缺呀！

呸！那是什么人？他们也是中国人，也是母亲的孩子？那么为什么去帮助恶魔来杀害自己的母亲呢？你们看！他们在恶魔持刀向母亲身上砍的时候，很快地就把砍下来的那块身体，双手捧到恶魔血口中去！他们用手拍拍恶魔的喉咙，使它快吞下去；现在又用手去摸摸恶魔的肚皮，增进它的胃之消化力，好让快点消化下去。他们都是所谓高贵的华人，怎么会那么恭顺地秉承恶魔的意旨行事？委曲求欢，丑态百出！可耻，

爱国的理由

可耻！傀儡，卖国贼！狗彘不食的东西！狗彘不食的东西！你们帮助恶魔来杀害自己的母亲，来杀害自己的兄弟，到底会得到什么好处?！我想你们这些无耻的人们呵！你们当傀儡、当汉奸、当走狗的代价，至多只能伏在恶魔的肛门边或小便上，去吸取它把母亲的肉，母亲的血消化完了排泄出来的一点粪渣和尿滴！那是多么可鄙弃的人生呵！

朋友，看！其余的恶魔，也都拔出刀来，馋涎欲滴地望着母亲的身体，难道也像矮的恶魔一样来分割母亲吗？啊！不得了，他们如果都来操刀而割，母亲还能活命吗？她还不会立即死去吗？那时，我们不要变成了无母亲的孩子吗？咳！亡了母亲的孩子，不是到处更受人欺负和侮辱吗？朋友们，兄弟们，赶快起来，救救母亲呀！无论如何，不能让母亲死亡的呵！

朋友，你们以为我在说梦呓吗？不是的，不是的，我在呼喊着大家去救母亲呵！再迟些时，她就要死去了。

…………

朋友，不幸得很，从此以后，中国又走上了厄运，环境又一天天地恶劣起来了。经过"五三"的济南惨案，直到"九一八"，日本帝国主义公然出兵占领了中国东北四省，就是我在上面所说那矮的恶魔，一刀砍下并生吞下我们母亲五分之一的身体。这就是由于中国民族革命运动，受了挫折，对于中国进攻采取了"不抵抗主义"，没有积极唤起国人自救所致！但是，朋友，接着这一不幸的事件而起的，却来了全国汹涌的抗日救国运动，东北四省前仆后继的义勇军的抗战，以及"一·二八"有名的上海战争。这些是给了骄横一世的日本军阀一个严重的教训，并在全世界人类面前宣告，中国的人民和兵士，不是生番，不是野人，而是有爱国心的，而是能够战斗的，能够为保卫中国而牺牲的。谁要想将有四千年历史与四万万人口的中国民族吞噬下去，我们是会与他们拼命战斗到最后的一人！

一　祖国如母

朋友，虽然在我们之中，有汉奸，有傀儡，有卖国贼，他们认仇作父，为虎作伥；但他们那班可耻的人，终竟是少数，他们已经受到国人的抨击和唾弃，而渐趋于可鄙的结局。大多数的中国人，有良心有民族热情的中国人，仍然是热心爱护自己的国家的。现在不是有成千成万的人在那里决死战斗吗？他们决不让中国被帝国主义所灭亡，决不让自己和子孙们做亡国奴。朋友，我相信中国民族必能从战斗中获救，这岂是我们的自欺自誉吗？

不错，目前的中国，固然是江山破碎，国敝民穷，但谁能断言，中国没有一个光明的前途呢？不，决不会的，我们相信，中国一定有个可赞美的光明前途。中国民族在很早以前，就造起了一座万里长城和开凿了几千里的运河，这就证明中国民族伟大无比的创造力！中国在战斗之中一旦斩去了帝国主义的锁链，肃清自己阵线内的汉奸卖国贼，得到了自由与解放，这种创造力，将会无限地发挥出来。到那时，中国的面貌将会被我们改造一新。所有贫穷和灾荒，混乱和仇杀，饥饿和寒冷，疾病和瘟疫，迷信和愚昧，以及那慢性的杀灭中国民族的鸦片毒物，这些等等都是帝国主义带给我们可憎的赠品，将来也要随着帝国主义的赶走而离去中国了。朋友，我相信，到那时，到处都是活跃跃的创造，到处都是日新月异的进步，欢歌将代替了悲叹，笑脸将代替了哭脸，富裕将代替了贫穷，康健将代替了疾苦，智慧将代替了愚昧，友爱将代替了仇杀，生之快乐将代替了死之悲哀，明媚的花园，将代替了凄凉的荒地！这时，我们民族就可以无愧色地立在人类的面前，而生育我们的母亲，也会最美丽地装饰起来，与世界上各位母亲平等地携手了。

这么光荣的一天，决不在辽远的将来，而在很近的将来，我们可以这样相信的，朋友！

朋友，我的话说得太噜苏厌听了吧！好，我只说下面几句了。我老实地告诉你们，我爱护中国之热诚，还是如小学生时代一样的真诚无伪；

爱国的理由

我要打倒帝国主义为中国民族解放之心还是火一般的炽烈。不过，现在我是一个待决之囚呀！我没有机会为中国民族尽力了，我今日写这封信，是我为民族热情所感，用文字来作一次为垂危的中国的呼喊，虽然我的呼喊，声音十分微弱，有如一只将死之鸟的哀鸣。

啊！我虽然不能实际地为中国奋斗，为中国民族奋斗，但我的心总是日夜祷祝着中国民族在帝国主义羁绊之下解放出来之早日成功！假如我还能生存，那我生存一天就要为中国呼喊一天；假如我不能生存——死了，我流血的地方，或者我瘗骨的地方，或许会长出一朵可爱的花来，这朵花你们就看作我的精诚的寄托吧！在微风的吹拂中，如果那朵花是上下点头，那就可视为我对于为中国民族解放奋斗的爱国志士们在致以热诚的敬礼；如果那朵花是左右摇摆，那就可视为我在提劲儿唱着革命之歌，鼓励战士们前进啦！

亲爱的朋友们，不要悲观，不要畏馁，要奋斗！要持久地艰苦地奋斗！把各人所有的智慧才能，都提供于民族的拯救吧！无论如何，我们决不能让伟大的可爱的中国，灭亡于帝国主义的肮脏的手里！

你们挚诚的祥松
五月二日写于囚室

一　祖国如母

祖国之爱

秦　牧①

当戴红领巾的小朋友，右手五指并紧，高举头上，严肃而又天真地行礼时，我常常觉得那是一幅很美的生活图景。这个姿势表示人民的利益高于一切，在人民当家做主的国家里，我觉得这既表示对人民的忠诚，也表示了对祖国的热爱。

最近，我曾经到广东一个著名的华侨故乡——台山县去了一趟。在那里，我看到多少动人的情景啊！这个县有许多非常漂亮的学校，这些学校是怎样来的呢？那是归国的老华侨捐建的。有一些中学，有很多漂亮的图书馆，那是在外洋做工的校友捐建的。这些旅外华侨，好些原本不认识几个字，起初大多是到外洋做苦工。他们在餐馆炒菜，在洗衣店洗衣，或者当搬运工人，做苦力，干司机，辛辛苦苦积蓄到一笔钱了，就开了一间小店或餐馆。等到头发白了，就摒挡一切，回到祖国来看看，要为家乡和祖国献出点力量。这个县的好些学校、图书馆、科学馆，甚至道路、凉亭，就都是华侨们捐款建成的。

请想想吧！这些华侨，他们全家在外，家乡已经没有什么亲人了，然而他们万里迢迢跑了回来，诚心诚意为家乡、祖国献出一点力量。还

---

① 秦牧（1919—1992），散文家、小说家、儿童文学作家。著有《花城》《艺海拾贝》《蜜蜂和地球》《愤怒的海》等。

爱国的理由

有，就是看一看祖国日新月异的建设，尝尝家乡的井水，再包一点家乡的泥土带在身边。这是怎样一种感情呢？

这是一种可贵的、深厚的、热爱祖国的感情。

祖国是我们每一个人的摇篮，也是我们祖先世世代代生活的摇篮。每一个受到祖国的民族文化熏陶，受到爱国主义潜移默化教育的人，每一个正直善良的人，都会热爱自己的祖国。

我们的国家自然也有民族败类，不爱自己的祖国，却与祖国为敌。但是这种败类是很少很少的，人们赠给他们的称号是"汉奸""卖国贼"。今天，当人们提起袁世凯、汪精卫，这类永远被钉在历史耻辱柱上的人物的名字时，有谁不感到鄙夷和憎恨呢！

为了使祖国，我们共同的母亲健壮起来，多少代的人们，曾经前仆后继，不断奋斗，以"振兴中华"为己任。这种对祖国对人民的爱，是这样深沉，这样无私，这样的不惜个人一切的牺牲。而且，越是伟大的人，这种爱就表现得越发强烈。

在苦难深重、内忧外患交侵的旧时代，抗战前夕①，有一个日本歌唱家到上海访问过鲁迅。那时，鲁迅对国民党的黑暗统治曾经作了严厉的抨击。那个日本歌唱家问道："那么你讨厌出生在中国吗？"鲁迅果断地回答："不，我认为比起任何国家来，还是生在中国好。"这时，鲁迅的眼睛里含着热泪。在旁边的一个日本作家禁不住叙述自己的感想道："他由衷地爱着中国和中国人民。所以在任何时候都想念着中国和中国人民的将来。"这种对祖国和人民的深沉的爱，使得鲁迅在任何艰难困苦的环境中，都不愿意离开祖国。虽然，那时不知道有多少人劝告他到外国去养病，过过安定的生活。

鲁迅为了去掉祖国肌体上的痈疽，面对白色恐怖，不顾个人安危，横眉冷对敌人，以笔为匕首、投枪，进行了坚韧的战斗。他从日本留学

---

① 此处实指"全面抗战前夕"。

一　祖国如母

回来以后，始终没有再度出国。

和这互相辉映的，是另一位伟大作家郭沫若的事迹。因为大革命失败，郭沫若参加了中国共产党所领导的武装起义。在战斗失利、反动势力到处搜捕的情形下，他被迫流亡日本，在那里建立了家庭。但是抗战爆发的时候①，为了民族的独立，为了抗战的胜利，郭沫若毅然抛下一家，秘密返回中国，参加了抵抗日本帝国主义侵略、保卫祖国的革命斗争。

新中国成立的时候，分散在世界各地的许多卓越的中国科学家，为了建设祖国，献身人民，他们不但视待遇优厚的职位如草芥，而且冷对一切利诱，藐视一切威胁，毅然回到祖国。像钱学森、李四光，这些卓越的科学家，就是历尽了磨难，才回到新中国来的。有过这种光辉事迹的科学家不是寥寥几个，而是有那么一大批，就像众星闪耀、群花竞放一般。

百余年来，为了反对帝国主义侵略，推翻国内的反动派，为了祖国强盛，为了人民幸福，因而驰驱战场，坐穿牢狱，粉身碎骨，不惜肝脑涂地的英雄人物有多少呵！在南昌的革命烈士纪念馆里，存放着江西老根据地献身者的名册，每一个县总是厚厚的一本，上面写着的名字，动辄以万数计算。在东北烈士纪念馆里，陈列着许许多多革命英雄的材料。其中有一位女英雄金顺姬，当她不幸被捕后，敌人向她逼供，横施酷刑，她为了避免昏迷失言，自己咬断了舌头。敌人把纸笔递到她面前逼供的时候，她又接连咬断了自己的五个手指头，表示绝不招供的决心。最后牺牲在敌人残酷的火刑之中。像这样壮烈的事，在中国近代史上，真是何止千百万桩；像这样无畏的志士，何止千千万万！他们为祖国、为人民而死，壮烈的程度，套用一句古老的话，真正是"惊天地而泣鬼神"。五星红旗终于飘扬起来了！新中国终于屹立在东方了！拥有这样众多对

---

①　此处实指"全面抗战爆发的时候"。

爱国的理由

祖国对人民如此热爱的儿女的国家，无论经历过怎样的忧患，是终究要屹立和复兴起来的。

党像灯塔，照亮了展现在祖国面前的社会主义的光明大道。新中国以巨人般的雄姿，大步行进在这条历史必由之路上。虽然社会主义祖国的花圃里，也有虫害、寒流，前进的航线上，也曾遇到恶浪、礁石。但是，亿万儿女在党的领导下，以磐石般的信念，水晶般的忠诚，火焰般的热忱，在开拓、创业、奋进！祖国换了容颜，各条战线的事业都在蓬勃发展，取得世人瞩目的巨大成就。伟大而可爱的祖国，终究以百花盛开、春光满园的英姿，博得世界人民的赞扬和敬仰。我们的朋友遍天下，祖国的前程光辉似锦。上面讲到的多少志士仁人，为了中国的复兴而舍生忘死。在建设社会主义祖国的日子里，我们看到这种精神正以另一种方式在发扬着。近些年来，我们有许多科学家、作家、艺术家、医生出国参加好些国际活动。外国常有人以高薪、别墅、漂亮职衔做诱饵，劝他们留居国外，过舒适的生活："别回中国了，这儿的生活比你们国内富裕得多。"但是，著名的科学家、艺术家都毅然拒绝了，他们热爱祖国之心无比赤诚、坚贞。这些人中，有的在十年动乱中，曾经受过残酷的折磨，有的全家亲人都在海外，然而，这丝毫不能动摇他们热爱祖国，要为中国的振兴奋斗到底的决心。从这些人身上，从在各个岗位上勤勤恳恳、艰苦工作的人身上，也像从不惜流血牺牲的革命先烈的身上一样，你可以看到一颗颗报答祖国的赤子之心。如果对祖国的爱，是从个人得失出发，个人有所得，就爱国，个人有不幸，就埋怨甚至不再爱国，打着这种算盘，一天到晚计较个人得失利害的人，是谈不上具有崇高的爱祖国、爱人民的感情的。这种人也谈不上为祖国为人民贡献自己的一切，而且在他们的心灵深处，还可能把为祖国和人民慷慨献身的人看作傻瓜。这也不足为怪，一只跳跃在蓬草之间的小雀，怎么会知道展翅在万里云霄的大鹏的胸怀呢！

一　祖国如母

　　德国诗人海涅说过:"谁不属于自己的祖国,他就不属于人类。"这话说得多么精辟呀!一个对于生我育我,我们祖祖辈辈、子子孙孙命运之所寄的祖国,没有感情,没有爱心的人,说他能够爱世界人民,爱人类的正义事业,还不是一句空话吗!

　　所以,我认为少先队员行队礼的姿势,是十分美好和激动人心的。那高举过头的手指,代表着这样的强音:我爱人民,我爱祖国!

爱国的理由

社稷坛抒情

秦 牧

北京有座美丽的中山公园，公园里有个用五色土砌成的社稷坛。

社稷坛是北京九坛之一，它和坐落在南城的天坛遥遥相对。古代的帝王们，在天坛祭天，在社稷坛祭地。祭天为了要求风调雨顺；祭地为了要求土地肥沃。祭天祭地的终极目的只有一个，就是五谷丰登，可以"聚敛贡城阙"。五谷是从地里长出来的，因此，人们意想中的稷神（五谷）和社神（土地）同在一个坛里受膜拜了。

穿过古柏参天、处处都是花圃的园林，来到这个社稷坛前，突然有一种寥廓空旷的感觉。在庄严的宫殿建筑之前，有这么一个四方的土坛，屹立在地面，它东面是青土，南面是红土，西面是白土，北面是黑土，中间嵌着一大块圆形的黄土。这图案使人沉思，使人怀古。遥想当年帝王们穿着衮服，戴着冕旒，在礼乐声中祭地的情景，你仿佛看到他们在庄严中流露出来的对于"天命"畏惧的眼色，你仿佛看到许多人慑服在大自然脚下的神情。

这社稷坛现在已经没有一点儿神秘庄严的色彩了。它只是一个奇特的历史遗迹。节日里，欢乐的人群在上面舞狮，少年们在上面嬉戏追逐。平时，则有三三两两的游人在那里低徊。对，这真是一个激发人们思古幽情的所在！作为一个中国人，可以让这种使人微醉的感情发酵的去处

一　祖国如母

可真多呢！你可以到泰山去观日出，在八达岭长城顶看日落。可以在西湖荡画舫，到南京鸡鸣寺听钟声。可以在华北平原跑马，在戈壁滩上骑骆驼。可以访寻古代宫殿遗迹，听一听燕子的呢喃，或者到南方的海神庙旁看波涛拍岸……这些节目你随便可以举出一百几十种来，但在这里面可不要遗漏这个社稷坛！这坛后的宫殿是华丽的，飞檐、斗拱、琉璃瓦、白石阶……真是金碧辉煌！而坛呢，却很荒凉，就只有五色的泥土。然而这种对照却也使人想起：没有这泥土所代表的大地，没有在大地上胼手胝足的劳动者，根本就不会有这宫殿，不会有一切人类的文明。你在这个土坛上走着走着，仿佛走进古代去，走到一望无际的原野上，在那里，莽莽苍苍，风声如吼，一个戴着高冠，穿着芒鞋的古代诗人正在用他的悲悯深沉的眼睛眺望大地，吟咏着这样的诗句：

> 朝东西眺望没有边际，
> 朝南北眺望没有头绪，
> 朝上下眺望没有依归，
> 我的驱驰不知何所底止！
> ……………
> 九州究竟安放在什么上面？
> 河床何以洼陷？
> 地面，从东至西究竟多少宽，从南至北多少长？
> 南北要比东西短些，短的程度究竟是怎样？
> 　　　　（屈原：《悲回风》和《天问》，引自郭沫若译诗）

这不仅仅是屈原的声音，也是许许多多古代诗人瞭望原野时曾经涌起的感情。这种"大地茫茫"的心境，是和对于自然之谜的探索和对于人间疾苦的愤慨联结在一起的。

爱国的理由

　　想一想这些肥沃土地的来历，你会不由得涌起一种遥接万代的感情。我们居住的这个星球，在最古老时代原是一个寂寞的大石球，上面没有一株草，一只虫，也没有一层土壤。经过了多少亿万年，太阳风雨的力量，原始生物的尸骸，才给地球造成了一层层的土壤，每经历千年万年，土壤才增加薄薄的一层。想一想我们那土壤厚达五十公尺的华北黄土高原吧！那该是大自然在多长的时间里的杰作！但这还不算，劳动者开辟这些土地，是和大自然进行过多么剧烈的斗争呀！这种斗争一代接连一代继续着，我们仿佛又会见了古代的唱着《诗经》里怨愤之歌的农民，像敦煌壁画上面描绘的辛勤劳苦的农民，驾着那种和古墓里挖掘出来的陶制高轮牛车相似的车子，奔驰在原野上，辛苦开辟着田地。然而他们一代代穿着破絮似的衣服，吃着极端粗劣的食物。你仿佛看到他们在田野里仰天叹息，他们一家老小围着幽幽的灯光在饮泣。看到他们画红了眉毛，或者在头上包一块黄布揭竿起义，看到他们大批地陈尸在那吸尽了他们的汗水然后又吸尽了他们鲜血的土地。想一想在原始社会中他们怎样匍匐在鬼神脚下，在阶级社会中他们又怎样挣扎在重重枷锁之中。啊，这些给荒凉的大地铺上了锦绣花巾的人们，这些从狗尾草、蟋蟀草中给我们选出了稻麦来的人们，我们该多么感念他们！想象的羽翼可以把我们带到古代去，在一家家的门口清清楚楚看到他们在劳动，在饮食，在希望，在叹息，可惜隔着一道历史的门限，我们却不能和他们做半句的交谈！但怀古思今，想起了我们这个时代的农民是几千年历史中第一次真正挣脱了枷锁，逐渐离开了鬼神天命的羁绊的农民，我们又仿佛走出了黑暗的历史隧洞，突然见到耀眼的阳光了。

　　你在这个五色土坛上面走着走着，仿佛又回到了公元前几千年去，会见了古代的思想家。他们白发苍苍，正对着天上的星辰，海里的潮汐，陶窑的火光，大地的泥土沉思。那时的思想家没有什么书籍可以阅读参考，日月经天，江河行地，四时代谢，万物死生的现象，都使他们抱头

一　祖国如母

苦思。他们还远不能给世界的现象说出一个较完整的答案。但是他们终究也看出一点道理来了，世间的万物万事，有因有果，有主有从，它们互相错综地关联着……正是由于古代有这样的思想家这样地思考过，才给后来的历史创造了这样一座五色的土坛。

"五行"的观念和我们这个民族一样的古老，东、南、西、北是人们很早就知道的，人们总以为自己所处是大地的中间，于是在四方之外又加上了一个"中心"，东、南、西、北、中凑成了五方五土的观念，直到今天我们还看到好些人家的屋角有"五方五土龙神"的牌位。烧陶方法和冶铜技术发明了，人们在熊熊火光旁边，看到火把泥土变成了陶器，把矿石炼成了溶液，木头燃烧发出了火光，水又能够把火熄灭。这种现象使古代的思想家想到木、火、金、水、土（依照《左传》的排列次序）是万物的本源。于是木、火、金、水、土把五行的观念充实起来了。

烧制陶器这件事使人类向文明跨前一大步，在埃及，在希腊，都由此产生了神明用泥土造人的神话。在中国，却大大地发扬了"五行"的观念。根据木、火、金、水、土五种东西彼此的作用，又产生了五行相克相生的理论。根据这五种东西的颜色：树木是苍翠的，火光是红艳艳的，金属是亮晶晶的，深深的水潭是黝黑的，中原的泥土是黄色的。于是青、赤、白、黑、黄五种颜色就拿起配木、火、金、水、土，成为颜色上的五行了。

这个四方、五行的观念被古代思想家用来分析许许多多的事物，音乐上的宫、商、角、徵、羽五个音阶，天上二十八宿的分隶青龙、朱雀、白虎、玄武（乌龟）四方，都是和这种观念紧密地联结起来的。

把世界万物的本源看成是木、火、金、水、土五种东西相互作用产生出来的，这和古代印度哲学家把万物说成是由地、火、水、风所构成，古代希腊哲学家说万物的本源是水或者火……那思想的脉络是多么地近似啊。

爱国的理由

尽管这种说法在几千年后的今天看来是奇特甚至好笑的，然而那里面不也包含着光辉的真理吗：万物的本源都是物质，物质彼此起着错综的作用……哦！我们遇见的对着泥土沉思的思想家，他们正是古代的略具雏形的唯物主义者！

没有这些古代思想家，我们就不会有这个五色的土坛。审视这五种颜色吧，端详这个根据"天圆地方"的古代观念筑起来的四方坛吧！它和我们民族的古代文化存在多么密切的关系啊！

我们汉民族的摇篮在黄河中上游，那里绵亘的是一望无际的黄土高原。因此，黄色就被用来配"土"，用来配"中心"，成为我们民族传统中高贵的颜色。中心是不同于四方的，能够生长五谷的土地是不同于其他东西的，黄色是不同于其他颜色的。在这个土坛的中心，黄土被特别砌成了一个圆形，审视这个黄色的圆圈吧！它使我们想起奔腾澎湃的黄河，想起在地层下不断被发掘出来的古代村落，也想起那古木参天的黄帝的陵墓。

我多么想去抱一抱那些古代的思想家，没有他们的艰苦探索，就没有今天人类的智慧。正像没有勇敢走下树来的猿人，就不会有人类一样。多少万年的劳动经验和生活智慧积累起来，才有了今天的人类文明。每一个人在人类智慧的长河旁边，都不过像一只饮河的鼹鼠。在知识的大森林里面，都不过像一只栖于一枝的鹪鹩。这河是多少亿万滴水汇成的啊，这森林是多少亿万株草木构成的啊！

瞧着这个社稷坛，你会想起中国的泥土，那黄河流域的黄土，四川盆地的红壤，肥沃的黑土，洁白的白垩土……你会想起文学里许许多多关于泥土的故事：有人包起一包祖国的泥土藏在身旁到国外去；有人临死遗嘱必须用祖国的泥土撒到自己胸上；有人远适异国归来，俯身去吻了自己国门的土地。这些动人的关于泥土的故事，使人对五色土发生了奇异的感情，仿佛它们是童话里的角色，每一粒土壤都可以叙述一段奇特的故事，或者唱一首美好的诗歌一样。

瞧着这个紧紧拼合起来的五色土坛，一个人也会想起了国土的统一，在我们的土地上，为了统一而发生的战争该有多少万次呀！然而严格说来，历史上的中国从来没有高度统一过。四分五裂，豪强纷纷划地称王的时代不去说它了，可怜的共主像傀儡似的住在京都，整天送猪肉、龟肉慰问跋扈的诸侯的时代不去说它了，就是号称强盛统一的时代，还不是有许多拥兵自重的藩镇，许多专权用事的贵戚，许多地方的豪霸，在他们的领地里当着小皇帝，使中央号令不行，使国中还有许许多多的小国。中国历史上没有一个时期像今天这样高度统一过，等台湾和一些沿海岛屿回归祖国以后，这种统一的规模就更加空前了。古代思想家的预言："不嗜杀人者能一之。"由于不剥削人的无产阶级登上了历史舞台，竟使这一句话在两千多年后空前地应验了。

我在这个土坛上低徊漫步，想起了许许多多的事情。我们未必"前不见古人，后不见来者"，凭着思想和感情的羽翼，我们尽可去会一会古人，见一见来者。我仿佛曾经上溯历史的河流，看见了古代的诗人、农民、思想家、志士，看他们的举动，听他们的声音，然后又穿过历史的隧洞，回到阳光灿烂的现实。啊，做一个历史悠久的民族的子孙是多么值得自豪的一回事！做今天的一个中国的儿女是多么值得快慰的一回事！回溯过去，瞻望未来，你会觉得激动，很想深深呼吸一口新鲜的空气，想好好地学习和劳动，好好地安排在无穷的时间之中一个人仅有一次，而我们恰恰生逢其时的宝贵的生命。

啊，这座发人深思的社稷坛！

爱国的理由

留学巴黎

冼星海[①]

我曾在国内学音乐有好些年。在广州南大教音乐的时候,感到国内学音乐的环境不方便,很想到法国去。同时,我奢想把我的音乐技巧学得很好,成为"国际的"音乐家。正在考虑之际,凑巧得×××兄的帮忙,介绍了他在巴黎的先生奥别多菲尔给我,于是我下了很大的决心,不顾自己的穷困,在1929年离开祖国到巴黎去。

到了巴黎,找到餐馆跑堂的工作后,就开始跟这位世界名提琴师学提琴。奥别多菲尔先生,过去教×××兄时,每月收学费200法郎(当时约合华币10元左右)。教我的时候,因打听出我是个做工的,就不收学费。接着我又找到路爱日·加隆先生,跟他学和声学、对位学、赋格曲(一种作曲要经过的课程)。加隆先生是巴黎音乐院的名教授,收学费每月也要200法郎,但他知道我的穷困后,也不收我的学费。我又跟"国民学派"士苟蓝港·多隆姆(唱歌学校——是巴黎最有名的音乐院之一,与巴黎音乐院齐名,也是专注重天才。与巴黎音乐院不同之处,是它不限制年龄。巴黎音乐院则只限二十岁上下才有资格入学。此外,它除了注意技巧外,对音乐理论更注意)学校的作曲教授丹地学作曲,

---

[①] 冼星海(1905—1945),中国近现代著名的音乐家。

一　祖国如母

他算是第一个教我作曲的教师。以后，我又跟里昂古特先生学作曲，同时跟卑先生学指挥。这些日子里，我还未入巴黎音乐院，生活穷困极了，常常妨碍学习。

我常处在失业与饥饿中，而且求救无门。在找到了职业时，学习的时候却又太少。在此时期我曾经做过各种各样的下役，像餐馆跑堂、理发店杂役，做过西崽，做过看守电话的佣人和其他各种被人看作下贱的跑腿。在繁重琐屑的工作里，只能在忙里抽出一点时间来学习提琴，看看谱，练习写曲。但是时间都不能固定，除了上课的时间无论如何要想法去上课外，有时在晚上能够在厨房里学习提琴就好，最糟的有时一早5点钟起来，直做到晚上12点钟。有一次，因为白天上课弄得很累，回来又一直做到晚上9点，最后一次端菜上楼时，因为眩晕，连人带菜都摔倒在地，被骂了一顿之后，第二天就被开除了。

我很不愿意把我是一个工读生的底细告诉我的同事们，甚至连老板也不告诉，因此，同事对我很不好，有些还忌刻我，在我要去上课的那天故意多找工作给我做，还打骂我，因此我也常打架。有一个同事是东北人，他看我学习时，总是找出事来给我，譬如说壁上有尘，要我去揩，等等。但我对他很好，常常给他写信回家（东北），他终于感动了，对我特别看待，给我衣服穿，等等。可是我还不告诉他我入学的事。

我失过十几次业，饿饭，找不到住处，一切的问题都来了。有几次又冷又饿，实在支持不住，在街上软瘫下来了。我那时想大概要饿死了。幸而总侥幸碰到些救助的人，这些人是些外国的流浪者（有些是没落贵族，有些是白俄）。大概他们知道我能演奏提琴，所以常在什么宴会里请我演奏，每次给一二百法郎，有时多的一千法郎。有对白俄夫妇，已没落到做苦工，他们已知道了劳动者的苦楚，他们竟把得到的很微薄的工资帮助我——请我吃饭。

我这样的过朝挨夕，谈不上什么安定。有过好几天，饿得快死，没

爱国的理由

法只得提了提琴到咖啡馆大餐馆中去拉奏讨钱，忍着羞辱拉了整天得不到多少钱，回到寓所不觉痛苦起来。把钱扔到地下，但又不得不拾起。门外房东在敲门要房金，如不把讨到的钱给他，就有到捕房去坐牢的危险（其实不是为了学习，倒是个活路）。

有一次讨钱的时候，一个有钱的中国留学生把我的碟子摔碎，掌我的颊，说我丢中国人的丑！我当时不能反抗，含着泪，悲愤得说不出话来——在巴黎的中国留学生很不喜欢我，他们都很有钱，还有些领了很大一笔津贴，但不借给我一文。有时，我并不是为了借钱去找他们，但他们把门闭上，门口摆着两双到四双擦亮的皮鞋（男的、女的）。

我忍受生活的折磨，对于学音乐虽不灰心，但也有时感到迷惘和不乐，幸而教师们肯帮助我，鼓励我，在开音乐会演奏名曲时，常送我票。奥别多菲尔先生在一个名音乐会里演他的提琴独奏时，不厌我穷拙，给我坐前排。这些对我意外的关怀，时时促使我重新提起勇气，同时也给我扩大了眼界。我的学习自己觉得逐渐有些进步，我写了好多东西，我学习应用很复杂的技巧。

在困苦生活的时日，对祖国的消息和怀念也催迫着我努力。

我很喜欢看法国国庆节和"贞德节"的大游行。这两个节是法国很大的节日，纪念的那天，参加的人非常拥挤。有整齐的步兵、卫队、坦克队、飞机队等。民众非常热烈地唱国歌，三色国旗飘扬。我每次都很感动。在1932年，东北失陷的第二年，到那些节日，我照旧去看游行。但是那次群众爱护他们祖国的狂热，和法国国歌的悲壮声，猛烈地打动了我。我想到自己多难的祖国，和三年以来在巴黎受尽的种种辛酸、无助、孤单、悲痛、哀愁、抑郁的感情混合在一起，我两眼充满了泪水，回到店里偷偷地哭起来。在悲痛里我起了应该怎样去挽救祖国危亡的念头。

我那时是个工人，我参加了"国际工会"。工会里常放映些关于祖国的新闻片和一些照片。我从上面看到了祖国的大水灾，看到了流离失所、饥饿死亡的同胞；看到了黄包车（人力车）和其他劳苦工人的生活；看到了1927年大革命失败后党派分裂、国民党的大屠杀……这些情形，更加深我的思念、隐忧、焦急。

我把我对于祖国的那些感触用音乐写下来，像我把生活中的痛楚用音乐写下来一样。我渐渐把不顾内容的技巧（这是"学院派"艺术至上的特点），用来描写、诉说痛苦的人生、被压迫的祖国，我不管这高尚不高尚。在初到法国的时候，我有艺术家的所谓"慎重"，一个创作要花一年的工夫完成，或者一年写一个东西，像小提琴及钢琴合奏的《索拿大》，我就花了八个月的工夫。但以后，就不是这样了。我写自以为比较成功的作品《风》的时候，正是被生活逼得走投无路的时候。我住在一间七层楼上的破小房子里，这间房子的门窗都坏了，巴黎的天气本来比中国南方冷，那年冬天的那夜又刮大风，我没有棉被，觉也睡不成，只得点灯写作，哪知风猛烈吹进，煤油灯（我安不起电灯）吹灭了又吹灭。我伤心极了，我打着战，听寒风打着墙壁，穿过门窗，猛烈嘶吼，我的心也跟着猛烈撼动。一切人生的苦、辣、辛、酸、不幸，都汹涌起来。我不能控制自己的感情，于是借风述怀，写成了这个作品。以后，我又把对祖国的思念写成《游子吟》《中国古诗》和其他的作品。

我想不到《风》那么受人欢迎。我的先生们很称赞它，旧俄（现在已统称苏联）的音乐家，也是现在世界有名的音乐家普罗珂菲叶夫也很爱它。并且它能在巴黎播出（上面说过的《索拿大》也被播）和公开演奏。

大概因为作品和别的先生的介绍，我侥幸认识了巴黎音乐院的大作曲家普罗·刁客先生，他是世界三大音乐家之一（印象派）。更侥幸的是他竟肯收我做门生，他给我各种援助，送我衣服，送我钱，不断地鼓励我。还派他的门生送我乐谱、香烟（我当时不抽烟，没有收下），并答应

爱国的理由

准我考巴黎音乐院的高级作曲班。在这以前，一个法国的女青年作曲家，也给了我很大的帮助。她亲自弹奏过我的作品，她鼓励我不要灰心，她教我学唱，学法文，经济上不时周济我（她的母亲待我也很好）。在考巴黎音乐院的时候，她先练习了八个月的钢琴为我伴奏。

报考的那天，巴黎音乐院的门警不放我进门，因为我的衣服不相称（袖子长了几寸的西服），又是中国人。我对门警说，我是来报考高级作曲班的，他不相信，因为中国人考初级班的也很少，而且来的多是衣冠楚楚的人。高级班过去只有×××兄入过提琴班。这样就难怪他阻挡我了。正在为难，恰巧普罗·刁客先生从外面来，他攀着我的肩一同进去了。

我总算万幸考入了高级作曲班，考到了个荣誉奖。他们送给我物质奖品时，问我要什么。我说要饭票，他们就送了我一束饭票。入学后，我专心学作曲，兼学指挥，并在"国民学派"士苛蓝港·多隆姆学音乐理论。在生活上较有办法了。学校准许我在校内吃饭，刁客先生更常帮助我。不过比起别人来，我穷得多。学习上物质的需求还很难解决，如买书就不易，所以我几次要求政府给公费。照我的成绩及资格来说，是应得公费的，但祖国政府对我的几番请求都没答复。学校给证明，甚至当时巴黎市长赫理欧也有证明文件都不行。我很失望。我记得有一年，有个要人到巴黎来，找我当翻译，我顺便要求他想法给我资助去德国学军乐（那时我还未入巴黎音乐院），回来为祖国服务。他那时虽是对外宣传中国需要抗日，却不能答应我的请求。而我入了巴黎音乐院之后，要想指望政府给公费，就更困难了。结果是从始到终一文公费也领不到，我在巴黎音乐院的几年生活，只靠师长和学校的帮助。

1935年春，我在作曲班毕了业，刁客先生逝世，我就不能再继续留在巴黎研究了。另一方面我也想急于回国，把我的力量贡献给国家。所以临行时，上面说过的那位女青年作曲家劝我再留在巴黎，我也不肯再

一　祖国如母

留，为了却她的盛意，我对她说谎，说半年后就回到巴黎来。我有许多曲稿还留在她那里，还有许多书籍稿件也放在别处一间小寓所里，因为没钱交房租，不能去取回来，大概现在还在吧！

　　1935年初夏，我做最后一次欧洲的旅行。几年来我把欧洲许多大小国家的名城、首都都游过了，增长了很多知识。这最后一次到伦敦的旅行，却很不顺利。登岸时，英政府不准我入境，他看见我的证明文件及穷样子，以为我是到伦敦找事做的，他不相信我是旅行者。我被扣留了几个钟头，亏得能打电话到公使馆才被释放了。帝国主义对弱小民族是歧视的，英国的成见尤深。

爱国的理由

想北平

老 舍①

设若让我写一本小说,以北平做背景,我不至于害怕,因为我可以拣着我知道的写,而躲开我所不知道的。让我单摆浮搁地讲一套北平,我没办法。北平的地方那么大,事情那么多,我知道的真觉太少了,虽然我生在那里,一直到二十七岁才离开。以名胜说,我没到过陶然亭,这多可笑!以此类推,我所知道的那点只是"我的北平",而我的北平大概等于牛的一毛。

可是,我真爱北平。这个爱几乎是要说而说不出的。我爱我的母亲。怎样爱?我说不出。在我想做一件事讨她老人家喜欢的时候,我独自微微地笑着;在我想到她的健康而不放心的时候,我欲落泪。言语是不够表现我的心情的,只是独自微笑或落泪才足以把内心揭露在外面一些来。我之爱北平也近乎这个。夸奖这个古城的某一点是容易的,可是那就把北平看得太小了。我所爱的北平不是枝枝节节的一些什么,而是整个儿与我的心灵相黏合的一段历史,一大块地方,多少风景名胜,从雨后什刹海的蜻蜓一直到我梦里的玉泉山的塔影,都积凑到一块,每一小的事件中有个我,我的每一思念中有个北平,这只有说不出而已。

---

① 老舍(1899—1966),小说家、戏剧家。著有长篇小说《骆驼祥子》《猫城记》《四世同堂》,话剧《龙须沟》《茶馆》等。

一　祖国如母

真愿成为诗人,把一切好听好看的字都浸在自己的心血里,像杜鹃似的啼出北平的俊伟。啊!我不是诗人!我将永远道不出我的爱,一种像由音乐与图画所引起的爱。这不但是辜负了北平,也对不住我自己,因为我的最初的知识与印象都得自北平,它是在我的血里,我的性格与脾气里有许多地方是这古城所赐给的。我不能爱上海与天津,因为我心中有个北平。可是我说不出来!

伦敦,巴黎,罗马与堪司坦丁堡①,曾被称为欧洲的四大"历史的都城"。我知道一些伦敦的情形;巴黎与罗马只是到过而已;堪司坦丁堡根本没有去过。就伦敦,巴黎,罗马来说,巴黎更近似北平——虽然"近似"两字要拉扯得很远——不过,假使让我"家住巴黎",我一定会和没有家一样地感到寂苦。巴黎,据我看,还太热闹。自然,那里也有空旷静寂的地方,可是又未免太旷;不像北平那样既复杂而又有个边际,使我能摸着——那长着红酸枣的老城墙!面向着积水潭,背后是城墙,坐在石上看水中的小蝌蚪或苇叶上的嫩蜻蜓,我可以快乐地坐一天,心中完全安适,无所求也无可怕,像小儿安睡在摇篮里。是的,北平也有热闹的地方,但是它和太极拳相似,动中有静。巴黎有许多地方使人疲乏,所以咖啡与酒是必要的,以便刺激;在北平,有温和的香片茶就够了。

论说巴黎的布置已比伦敦罗马匀调得多了,可是比上北平还差点事儿。北平在人为之中显出自然,几乎是什么地方既不挤得慌,又不太僻静:最小的胡同里的房子也有院子与树;最空旷的地方也离买卖街与住宅区不远。这种分配法可以算——在我的经验中——天下第一了。北平的好处不再处处设备得完全,而在它处处有空儿,可以使人自由地喘气;不再有好些美丽的建筑,而在建筑的四围都有空闲的地方,使它们成为美景。每一个城楼,每一个牌楼,都可以从老远就看见。况且在街上还可以看见北山与西山呢!

---

① 现通译作"君士坦丁堡"。

爱国的理由

　　好学的，爱古物的，人们自然喜欢北平，因为这里书多古物多。我不好学，也没钱买古物。对于物质上，我却喜爱北平的花多菜多果子多。花草是种费钱的玩意，可是此地的"草花儿"很便宜，而且家家有院子，可以花不多的钱而种一院子花，即使算不了什么，可是到底可爱呀。墙上的牵牛，墙根的靠山竹与草茉莉，是多么省钱省事而也足以招来蝴蝶呀！至于青菜，白菜，扁豆，毛豆角，黄瓜，菠菜等等，大多数是直接由城外担来而送到家门口的。雨后，韭菜叶上还往往带着雨时溅起的泥点。青菜摊子上的红红绿绿几乎有诗似的美丽。果子有不少是由西山与北山来的，西山的沙果，海棠，北山的黑枣，柿子，进了城还带着一层白霜儿呀！哼，美国的橘子包着纸；遇到北平的带霜儿的玉李，还不愧杀！

　　是的，北平是个都城，而能有好多自己产生的花，菜，水果，这就使人更接近了自然。从里面说，它没有像伦敦的那些成天冒烟的工厂；从外面说，它紧连着园林，菜圃与农村。采菊东篱下，在这里，确是可以悠然见南山的；大概把"南"字变个"西"或"北"，也没有多少了不得的吧。像我这样的一个贫寒的人，或者只有在北平能享受一点清福了。

　　好，不再说了吧；要落泪了，真想念北平呀！

一　祖国如母

想的念的是中国

刘成章①

乘巨鸟波音747，惹人羡慕地投身于美利坚的白云与海浪，草坪与小车，以及摩天楼群，满以为，自此将舒心舒意，快乐非常，自此将在洋山洋水中，以极其优雅的节奏和韵律，读书，写作，浅斟，小唱，捎带着带带孙子，并且旅游，雀跃而不息。所以来时曾经打算，此行少说也要住上一年半载。孰料只一个多月，当最初的新奇感消失之后，便被一种纷乱的心绪深刻地折磨着了。

是想家了吗？是，又不完全是，因为我的所谓家，早已分作两半了，一半在中国，包括老伴、女儿、女婿、外孙，还有我，总计5人；一半在美国，包括两个儿子、两个儿媳，外加一个孙子，也是总计5人。5比5，两只手伸出来，5比5，每只都是5个指头，哪个指头不散射着亲情的、构成着家的热度？而从世俗的眼光看，女儿已是嫁出去的人，那么，天平的两头，自是美国的这头重了。

但毕竟轻的一头也是连着心的。把它搬过来吧。假如这样，那种思念的心绪就不存在了吗？

不。我仍然会被它所煎熬。我仍然会惶惑不安，六神无主。我的感

---

① 刘成章（1937— ），陕西延安人，散文家。著有散文集《黄土情》《纤丽的太阳》等。

爱国的理由

情,仍然会向天平的中国那一头倾去。因为我俯身审视过自己的内心,那里头血色殷红热气袅袅的思念实在是太多太多了,重重叠叠,挤挤挨挨。因为我思念的不仅仅是亲人;不仅仅是与亲人相关联的狭小地面;也不仅仅是文坛上的众多朋友。我静夜里默默细算,我的思念是数不尽的;数不尽的思念像花,那些花在开,在烂漫,在如火地猛烧,如水地泛滥。

多少个年头,在那片土地上,不论是迎着晨光去买菜,还是踏着暮色去散步,抑或参加作品讨论会;为公务而去出差;背着挎包下乡深入生活,我的心境都是那么平和。而在更多的时间里,我都是以这样的平和心境,静静地伏在案头,手握着笔,笔触着纸,使手上的血脉和笔上的墨水贯通而又融合,在纸上浇灌出一茬又一茬的令人快意的庄稼。身边似乎有树,树上有一种鸟儿总是叫着:笔耕!笔耕!(就把它叫作笔耕鸟吧)初来美国的时日,曾经打算,到这儿也要像在国内一样,每天都平平静静地伏在案头劳作。但是,现在心里却开了一片忧伤烦乱之花,那些忧伤烦乱之花又把它的忧伤烦乱传染给四周,而身边的树却没有了,笔耕鸟更不见了踪影,要享受庄稼翻浪的丰收喜悦,已无论如何是不可能的了。

我恍然发现,以前,我对自己太不了解了。我恍然发现,我的心灵竟像一片大树蓊郁藤萝牵绊的原始森林,而在那原始森林的不知哪一个树窟还是哪一条藤萝的拧绕之中,竟隐藏着连我自己做梦都不曾想到的一罐火药。那是我几十年的生命历程与周遭的山河、周遭的历史、周遭的风土人情相作用而形成的一罐火药。我想应该在我的生命刚刚形成的时间,它就在开始形成了。随着时间的流逝,它装得好满,并且,罐外长满了青苔。在非常漫长的岁月中,它静静地躺在那里。不论是寒冬里西风似刀,炎夏中骄阳如火,也不论我快乐还是悲伤,它都静静地躺在那里。所以我竟不曾发觉它的存在。可是现在逢上久居国外的契机,它

一 祖国如母

被引发爆炸,隆隆地响,并且使大树和藤萝燃烧起来。我的整个胸膛一片燥热。

那是一种牵骨动髓的感情的放电。那是一种对一个历史空间一个心灵圣地的潜意识的眷恋。为什么会这样呢?好像是很难用语言表达清楚的。只模模糊糊觉得,大概是因为自打我呱呱坠地,耳濡目染的是那里的一切。因为那里的一切养育了我,丰满了我,生动了我,渗透于我的血液之中,早已成了我生命的一部分了。所以思念的绝不是那里的某一些事物,而是那里的一切。只一个多月,却像十年不见了。甚至不见了它的云烟,它的那一丝氛围,也叫人无法忍受,更不用说见不到它节日的锣鼓和晚间的新闻联播了。恨海天苍茫,几乎把它完全隔绝了——隔绝了一个千亲万爱的综合体,而这千亲万爱的综合体包容着我所思念的一切啊——哦,我的中国!

我一遍又一遍地翻看着每天送来的报纸。寻寻觅觅,冷冷清清,手翻报纸响,响声不绝于床头椅上,室内室外,喊喊欷欷呲呲。在中国的时候,满眼都是中国,到了美国,只能透过一个窄窄的缝隙看中国了,那就是这些报纸上有关中国的一些栏目。一篇一篇地看,一遍一遍地看,不放过一个标点符号。在我好几十年的生命岁月中,曾有何时这么仔细地看过报呢?没有。总是大体扫一眼就扔下了。总是茶余饭后,脑袋挨上枕头的一刻,随便翻翻。可是现在,我竟是这样地看报了。人心真是个奇怪的东西,在中国时对中国的一切都不觉得怎么,可是现在离开了中国,竟对它的每一条消息,每一个动静,都投注了亿万吨的关切。然而我常常叹息我所能看到的只是它的一鳞半爪。逢上那样的时候,我多想重新把那一叠报纸捧起来,抖一抖,我多么希望能抖出一条完整的龙来,让我拥抱,让我抚摸,让我吐吐游子之情。

好想你啊,中国!曾经是平淡琐碎的你的许多物,许多事,许多情景,现在都现出了神奇的光彩和魅力。即使是你的缺点——你城市的拥

爱国的理由

挤，你乡村的闭塞，你住宅周围的大声喧嚷和尘土飞扬，也让人感到温馨可爱。千遍万遍地想。千遍万遍地回忆。千遍万遍地黯然神伤。

是的，是一种心绪，丝丝缕缕，飘飘荡荡，缠缠绕绕，挥之不去。于是我的心便长久地不得安宁了。于是我时刻都处于盼望之中。盼望儿子儿媳回来，仿佛他们回来就回到中国了；盼望周末到来，盼望周末到来去唐人街走走，仿佛到了唐人街就到了中国了。然而那哪里就能骗得了自己呢？而实际上，如果一旦真正骗了自己，痛苦则会更深。记得那一天，在去洛杉矶的路上，路面很好，汽车开得虽快却很平稳，我睡着了，忽然睁开眼睛，蒙眬之中，半醒半睡之中，看见一面鲜艳的五星红旗，在树丛中高高飘扬。再看着那山，那树，那树下的石头，都完全是中国的模样。而且那儿还有一幢中国式的房子。而且那儿还有几个中国孩子在打着玩。我揉了揉眼睛，一点都没有看错。我登时狂喜起来，觉得已身在中国了。我觉得我的躯体里猛地蹿起一团火焰。我觉得我像水里的鱼儿一样，欢乐得跃出水面几尺高，又唰地一下潜入水中去了。可是几秒钟后，我终于弄清我是被我自己欺骗了。虽然眼前的一切事物都是真的，但它却不是中国。我一下掉进了情绪的低谷，悲苦不能自已。

我像是害病了。世间曾经有一种遍体长出水痘的病，叫作出天花。相传天花病毒是与生俱来的，是在骨头里携着的，所以人人都要出，谁也躲不过，即使活的时候没出，死了后，把尸体埋了，沤成了白骨，那白骨的上面也会出的。我想我是害着类似的病了。我的病是从娘胎里、灵魂里带来的。我的生命里既然藏着一种灼热而又顽韧的东西，就不能希图它不在一定的条件下表现出来。当然和出天花不同。出天花，只是肉体难受，我则是精神受着可怕的大劫。我心里整天烦乱不可自制。我总是烦乱地想，烦乱地念。我想的念的是中国。

曾经隔着浩渺无边的太平洋，那么眼馋地羡慕美国，羡慕它的富有，它的丰美的物质享受。而现在，什么都不羡慕了，或者说，只羡慕手持

一　祖国如母

机票回国的人。虽食有鱼，我倚柱弹剑而歌：长铗归来乎！虽出有车，我倚柱弹剑而歌：长铗归来乎！我倚美利坚摩天大楼的凌霄之柱，我弹中华五千年炉火铸就的不锈之剑，我歌：长铗归来乎！长铗归来乎！

那么，我是20世纪末叶的冯谖了。但是我的歌不是唱给美国的孟尝君的。我的歌应如我的心，我的心应如我的躯体，我的躯体应如属于黄河的水墨画中的松上兀鹰，翅膀忽地展开，一纵而起，飞，飞，飞过浩瀚无边的太平洋，飞向中国。那么中国，母亲中国，当你看到你的远离膝下的儿子远道归来的时候，你是不是会和我一般兴奋、一般欢喜？

爱国的理由

珍惜祖先的伟大创造

王西彦①

我们中国是历史悠久的文明古国，有着源远流长的文化传统。两千年前的战国时代，就出现过诸子争鸣、学术繁荣的局面，各派思想家提出许多不同的政治、经济和哲学等方面的主张，互相争论驳辩。大家都想在这场大辩论中扩大影响，获取胜利，因此都在言辞和文字上狠下功夫。当时儒、道、墨、法四大学派中，儒家很重视文辞的作用，孔子就说过一句名言："言之无文，行而不远。"道家是反对文饰，崇尚信实的，老子认为"信言不美，美言不信"，庄子也认为"大辩不言"；可正是在《庄子》一书里，容纳着不少优美的寓言故事和精巧的论辩方法，直到现在还能赢取我们后人的惊叹。

中国文学的发展，包括作品和理论的产生、成长、丰富、提高，也有很悠久的历史。特别重要的一点是，我们中国的文学是用汉字书写的，这在全世界范围内也是一种比较特殊的现象。我们祖先在造字的时候，采用了多种方法，就是所谓"六书"，即象形、指事、会意、形声、转注、假借。其中象形是最基本的，转注和假借虽属用字的方法，但也和前四种造字的方法有密切关系。在汉学里，不仅一个字的本义和字形有

---

① 王西彦（1914—1999），小说家、散文家、文学评论家。著有短篇小说集《夜宿集》，散文集《王西彦散文选》，文艺评论集《论阿Q和他的悲剧》等。

一　祖国如母

联系，它的构造也有内在的逻辑，此外还有声韵音节等等的属性，这一切造就了中国文学的独特面貌。人们都承认中国是一个诗的国家，唐代出现了很多位伟大的诗人，他们的诗篇在艺术上达到了几乎可说是登峰造极的高度。至于"词"是被称为"诗馀"的，出现在宋代的许多词人，他们在这种体裁上所达到的艺术境界，也可以说是几乎高不可攀。这种成就，就和它们的表现工具汉字不可分。其实，何止是诗和词呢，散文作品也不例外。在我的童、少年时期，进入一所私塾式的国民小学后，有两部必读的教科书《唐诗三百首》和《古文观止》，后者就是散文选集。当时有个重要的读书方法是背诵，诗和文都是这样。收入在《古文观止》里的两百多篇文章，我们最喜爱的就是后面几卷唐、宋文，觉得不仅内容容易理解，尤其是声调铿锵，朗朗上口。正因为当时经过背诵，到现在已经过去了几十年之久，有些名篇佳句还能够鲜明地涌现在脑子里，亲切地吐露在口头上。

从那时起，有个观念一直深藏在我的意识里：我们的汉字是祖先伟大的创造，它不仅结构多样，含义丰富，具有特异的表现力，而且能够超越时间和空间的限制，在民族文化的承传上成为最有利的因素，值得我们每一个欣赏和使用文字的人珍惜它，爱护它。就我自己的情况来说，正如前面已经提起过的，从启蒙上学时背诵唐、宋两代的诗文名篇起，对汉字的珍惜可以说是与日俱增。启蒙老师告诉说，文字是黄帝的史官仓颉造出来的，因为有了文字，才有"四书""五经"，才有今天的文明世界，所以读书人应该做的第一件事就是珍惜文字，只要是写了字的破碎纸头都要捡起放入字纸篓里，不能任意践踏，字纸篓上就贴着一个题有"敬惜字纸"四字的条子。这种对汉字所持的敬重态度，到了自己从单纯的欣赏者成为同时也是使用者，心情又有了不同。这时就不单是个敬重问题，而是更进一步的揣摩研究，使它在自己手里怎样发挥最大功能的问题了。

爱国的理由

在开始学习写作的青年时代,我贪馋无厌地研读中外文学先辈们的作品,认真学习他们运用文字的技巧,尤其注意他们那种对待文字的虔诚态度。关于这方面的事例很多,最使我感动的是19世纪俄罗斯文学巨匠屠格涅夫,他在本国语言文字的运用上是个伟大的魔术师,出现在他笔下的俄罗斯自然风景的画幅,具有无与伦比的艺术力量,使得同时代另一位文学巨匠托尔斯泰发出赞叹道:"在他以后,再也没有人敢去接触自然了。"他这种神奇的本领是从哪里来的呢?不用说,很重要的一点是由于他对祖国语言文字的热爱。他在一篇为自己的长篇小说《父与子》做辩护的文章里,虽然对作品遭受误解而不安,但还是向年轻一代发出了最后的一个请求:"请爱护我们的语言,爱护我们美妙的俄罗斯语言,这一宝藏,这一财富,是以光辉的普希金为首的我们的先行者传给我们的!请珍爱这一强大的工具,它在巧手里能够创造奇迹!"他还曾经在给朋友的书信里发出"请像爱护圣物那样爱护语言的纯洁性"的呼吁。他晚年所写的著名的散文诗,有一篇题为《俄罗斯语言》的,更满怀激情地写道:

> 在疑惑不安的日子里,在痛苦地思索祖国命运的日子里,你是我唯一的依靠和支持。呵,伟大的、有力的、真实的、自由的俄罗斯语言呵!要是没有你,那么看到祖国发生的情形,怎能不陷入悲痛绝望呢?但是,如果说这样的语言不属于一个伟大的民族,那是无法令人置信的。

请看一看,这是一种怎样真挚的感情,怎样虔诚的态度!其实,热爱祖国的语言文字,是每一个优秀作家的好品质。别看鲁迅在回答"创作要怎样才会好"的询问时,只举了几条"自己所经验的琐事",其中"写完后至少看两遍,竭力将可有可无的字、句、段删去,毫不可惜。宁可

一　祖国如母

将可作小说的材料缩成 Sketch，决不将 Sketch 材料拉成小说"和"不生造除自己之外，谁也不懂的形容词之类"这两条，就属于文字锻炼的范围，为了求得行文的简练和保护文字的纯洁性。只要想一想，写作既是一种使用文字的艺术，怎么可以不重视文字的性能以发挥它最大的效用呢？

在爱护和重视文字问题上，屠格涅夫和鲁迅的例子都属于使用方面。其实，使用和欣赏的关系很密切，有时甚至不可分。我们研读名家作品，在赞赏它优美动人的描写时，总要注意到作者使用文字的努力。从欣赏到使用，这个过程，我们几乎每人都经历过。我在阅读《红楼梦》这部伟大作品时，对第四十八回"慕雅女雅集苦吟诗"的情节特别感兴趣，它描写香菱向林黛玉学习作诗的情形。关于学诗，林黛玉自有一番颇为精辟的见解。她告诉香菱说："什么难事，也值得去学？不过是起、承、转、合，当中承、转是两副对子，平声的对仄声，虚的对实的，实的对虚的。若是果有了奇的，连平仄虚实不对都使得的。"又说："词句究竟还是末事，第一是立意要紧。若意趣真了，连词句不用修饰自是好的，这叫作'不以词害意'。"又说："你若真心要学，我这里有《王摩诘全集》，你且把他的五言律一百首细心揣摩透熟了，然后再读一百二十首老杜的七言律，次之再李青莲的七言绝句一二百首，肚子里先有了这三个人做了底子，然后再把陶渊明、应、刘、谢、阮、庾、鲍等人的一看，你又是这样一个极聪明伶俐的人，不用一年工夫，不愁不是诗翁了。"林黛玉在这里所说的学诗要点，首先是"立意"，即意趣要真；其次才是语句上的修饰和音调上的讲究。但最重要的，还是研读名家作品。大诗人杜甫在自述时，不就有过"读书破万卷，下笔如有神"的名言吗？不用说，读书也需要对书的热爱和虔诚的态度。《红楼梦》里写了林黛玉对学诗的见解，接着就写香菱研读名家作品的苦心，例如对王摩诘诗"大漠孤烟直，长河落日圆""日落江湖白，潮来天地青"和"渡头余落日，

爱国的理由

墟里上孤烟"等名句中"直""圆""白""青""余""上"等字的商讨。果然香菱就能写诗,有资格参加大观园里的联诗盛会了。

也许会有人说,前面所指的都是诗人作家们的事情,和一般人的关系不太大。其实,求取一定程度的文字表达能力,并不单是学文科的人的任务,学理科的人也绝不能自居例外。就中国的情况看,先秦诸子以后,不仅优秀的诗人作家辈出,在我们的文学史上写下光辉灿烂的篇章,即使是一些历史和地理的科学著作,也由于它们的富于文采,同时成为文学名著而流传后世。司马迁的《史记》,郦道元的《水经注》和徐弘祖的《徐霞客游记》都是人们十分熟悉的例子。至于外国的情况,法国昆虫学家法布耳(J. H. Fabre)以毕生精力写成的《昆虫记》,还有另一位法国博物学家布封(G. L. L. de Bufeng)的《自然史》,对我们也并不完全陌生,他们的科学著作都被列入世界文学的史册中。在提高自己的文学素质、努力追求文字表现的优美动人上,文学家和科学家应该是一致的。道理很简单,无论你是抒情还是说理,目的总都是为了争取读者,进而征服读者。

爱护祖国的文字,重视祖先的伟大创造,这本是我们的优良传统。十分令人惋惜的是,这个优良传统近来似乎有些被忽视,人们运用文字的能力似乎有下降的趋势,在报章杂志上经常可以发现令人惊讶的例证。这种现象,同时也说明了人们思维能力的贫弱,因为语言文字的贫弱,既是思维贫弱的原因,也是结果。怎样才能改变这种情况,自然不只是个关于遣词造句的文字运用的问题了。

一　祖国如母

泰山：人向天的倾诉

梁　衡

我曾游黄山，却未写一字，其云蒸霞蔚之态，叫我后悔自己不是一名画家。今我游泰山，又遇到这种窘态。其遍布石树间的秦汉遗迹，叫我后悔没有专攻历史。呜呼，真正的名山自有其灵，自有其魂，怎么用文字描述呢？

我是乘着缆车直上南天门的。天门虎踞两山之间，扼守深谷之上，石砌的城楼横空出世，门洞下十八盘的石阶曲折明灭直下沟底，那本是由每根几吨重的大石条铺成的40里登山大道，在天门之下倒像一条单薄的软梯，被山风随便吹挂在绿树飞泉之上。门楼上有一副石刻联："门辟九霄，仰步三天胜迹；阶崇万级，俯临千嶂奇观。"我倚门回望人间，已是云海茫茫，不见尘寰。入门之后便是天街，这便是岱顶的范围了。天街这个词真不知是谁想出来的。云雾之中一条宽宽的青石路，路的右边是不见底的万丈深渊，填满了大大小小的绿松与往来涌动的白云。路的左边是依山而起的楼阁，飞檐朱门，雕梁画栋。其实那都是些普通的商店饭馆，游人就踏着雾进去购物，小憩。不脱常人的生活，却颇有仙人的风姿，这些天上的街市。

渐走渐高，泰山已用她巨人的肩膀将我们托在凌霄之中。极顶最好的风光自然是远眺海日，一览众山，但那要碰到极好的天气。我今天所

爱国的理由

能感受到的，只是近处的石和远处的云。我登上山顶的舍身崖，这是一块百十平方米的巨石，周围一圈石条栏杆，崖上有巨石突兀，高三米多，石旁大书"瞻鲁台"，相传孔子曾在此望鲁都曲阜。凭栏望去，远处凄迷朦胧，不知何方世界。近处对面的山或陡立如墙，伟岸英雄，或奇峰突起，逸俊超拔。四周怪石或横出山腰，或探下云海，或中裂一线，或聚成一簇。风呼呼吹过，衣不能披，人几不可立，云急急扑来，一头撞在山腰上就立即被推回山谷，被吸进石缝。头上的雨轻轻洒下，洗得石面更黑更青。我曾不止一次地在海边静观那千里狂浪怎样在壁立的石岸前撞得粉碎，今天却看到这狂啸着、似乎要淹没世界的云涛雾海，一到岱顶石前，就偃旗息鼓，落荒而去。难怪人们尊泰山为五岳之首，为东岳大帝。一般民宅前多立一块泰山石镇宅，而要表示坚固时就用"稳如泰山"来形容。至少，此时此景叫我感到泰山就是天地间的支柱。这时我再回头看那些象征坚强生命的劲松，它们攀附于石缝间不过是一点绿色的苔痕；看那些象征神灵威力的佛寺道观，填缀于崖畔岩间，不过是些红黄色的积木；倒是脚下这块曾使孔子小天下的巨石，探于云海之上，迎风沐雨，向没有尽头的天空伸去。泰山，无论是森森的万物还是冥冥的神灵，一切在你的面前都是这样的卑微。

这岱顶的确是一个与天对话的好地方。各种各样的人在尘世间活久了，总想摆脱地心的吸力向天而去，于是他们便选中了这东海之滨、齐鲁平原上拔地而起的泰山。泰山之巅并不像一般山峰尖峭锐立，顶上平缓开阔，最高处为玉皇顶。玉皇顶南有宽阔的平台，再南有日观峰，峰边有探海石。这里有平台可徘徊思索，有亭可登高望日，有许多巨石可供人留字，好像上天在它的大门口专为人类准备了一个进见的丹墀，好让人们诉说自己的心愿。我看过几个国外的教堂，你置身其中，仰望空阔阴森的穹顶，感受顶窗上射进的几丝阳光，顿觉人的渺小，而神虽不可见却又无处不在，紧攥着你的魂灵。但你一出教堂，就觉得刚才是在

一　祖国如母

人为布置好的密室里与上帝幽会。而在岱顶，你会确实感到"天接云涛连晓雾，星河欲转千帆舞"，"闻天语，殷勤问我归何处"。不是在密室，而是在天宫门口与天帝对话。同是表达人的崇拜，表现人与神的相通，但那气魄、那氛围、那效果迥然不同。前者是自卑自怯的窃窃私语，后者是坦诚大胆的直抒胸臆，不但可以说，还可以写，而天帝为你准备好的纸就是这些极大极硬的花岗石。

这里几乎无石不刻，大者洗削整面石壁，写洋洋文章；小者暗取石上缓平之处，留一字两字。山风呼啸，石林挺立，秦篆汉隶旁出左右。千百年来，各种各样的人们总是这样挥汗如雨、气喘吁吁地登上这个大舞台，在这里留诗留字，借风势山威向天倾诉自己的思想，表达自己的意志。你看，帝王来了，他们对岱岳神是那样虔诚，穿着长长的衮服，戴着高高的皇冠，又将车轮包上蒲草，不敢伤害岱神的一草一木，下令"不欲多人"，以"保灵山清洁"。他们受命于天，自然要到这离天最近的地方，求天保佑国泰民安。玉皇顶上现存最大的一面石刻就是唐玄宗在开元十三年（725年）东封泰山时的《纪泰山铭》，高13.3米，宽5.7米，共1009个字。铭曰："维天生人，立君以理；维君受命，奉为天子；代去不留，人来无已……"从赫赫高祖数起，大颂李唐王朝的功德。一面要扬皇恩以安民，一面又要借天威以佑君，帝王的这种威于民而卑于天的心理很是微妙。他们越是想守住天下，就越往山上跑得勤，汉武帝就来过7次，清乾隆就来过11次。在中华大地的万千群山中唯有泰山享有这种让天子叩头的殊荣。除了一国之主外，凡关心中华命运的人也几乎没有不来泰山的。你看诗人来了，他们要借这山的坚毅与风的狂舞铸炼诗魂，李白登高狂呼"天门一长啸，万里清风来"，杜甫沉吟着"会当凌绝顶，一览众山小"；志士来了，他们要借苍松，借落日，借飞雪来寄托自己的抱负，一块石头上刻着这样一首诗，"眼底乾坤小，胸中块垒多。峰顶最高处，拔剑纵狂歌"；将军来了，徐向前刻石，"登高壮观天

爱国的理由

地间",陈毅刻石,"泰岳高纵万山丛";还有许多字词石刻,如"五岳独尊""最高峰""登峰造极""擎天捧日""仰观俯察"等等。其中"果然"两字最耐人寻味。确实,每个中国人未来泰山之前谁心里没有她的尊严、她的形象呢?一到极顶,此情此景便无复多说了。

我想,要造就一个有作为有思想的人,登高恐怕是一个没有被人注意却在一直使用的手段。凡人素质中的胸怀开阔、志向远大、感情激越的一面确实要凭高御风、采天地之正气才可获得。历代帝王争上泰山除假神道设教的目的外,从政治家的角度,他要统领万众治国安邦也得来这里饱吸几口浩然之气。至于那些志士、仁人、将军、诗人,他们都各怀着自己的经历、感情、志向来与这极顶的风雪相孕化,拓宽视野,铸炼心剑,谱写浩歌,然后将他们的所感所悟镌刻在脚下的石上,飘然下山,去成就自己的事业。

看完极顶我步行缓缓下山,沉在山谷之中。两边全是遮天的峰峦和翠绿的松柏。刚才泰山还把我们豪爽地托在云外,现在又温柔地揽在怀中了。泉水顺着山势随人而下,欢快地一跌再跌,形成一个瀑布、一条小溪,清亮地漫过石板,清音悦耳,水汽蒸腾。怪石也不时地或卧或立横出路旁。好水好石又少不了精美的刻字来画龙点睛。万年古山自然有千年老树,名声最大的是迎客松和秦松。前者因其状如伸手迎客而得名,后者因秦王登山避雨树下而得名。在斗母宫前有一株汉代的"卧龙槐",一断枝横卧于地伸出十多米,只剩一片树皮了,但又暴出新枝,欣欣向上,与枝下的青石同寿。如果说刚才泰山是以拔地而起的气概来向人讲解历史的沧桑,现在则以秀丽深幽的风光掩映着悠久的文明。我踏着这条文化加风景的山路,一直来到此行预定的终点——经石峪。

经石峪,因刻石得名,就是石头上刻有经文的山谷。离开登山主道有一小路向更深的谷底蜿蜒而下,碎石杂陈,山树横逸,过一废亭,便听见流水潺潺。再登上几步台阶,有一亩地大的石坪豁然现于眼前。最

一 祖国如母

叫人吃惊的是，坪上断断续续刻着斗大的经文。这是一部完整的《金刚经》，经岁月风蚀现存1067个字。我沿着石坪仔细地看了一圈，这是一个季节性河槽，流水长年的洗刷，使河底形成一块极好极大的书写石板。这部经刻大约成于北齐年间，历代僧人就用这种独特的方式来表达自己的信仰。我在祖国各地旅行常常惊异于佛教信仰的力量和他们表达信仰的手段。他们将云冈、敦煌的山挖空造佛，将乐山一座石山改造成坐佛，将大足一条山沟里刻满佛，现在又在泰山的一条河沟里刻满了佛经。那些石窟是要修几百年经几代人才能完成的。这部经文呢？每字半米见方，入石三分，字体古朴苍劲。我想虽用不了几百年，可顶着烈日，挥汗如雨，在这坚硬的花岗石上一天也未必能刻出一两个字。中国的书有写在竹简上的，写在帛上、纸上的，今天我却看到一部名副其实的石头书。我在这本大书上轻轻漫步，生怕碰损它那已历经千年风雨的页面。我低头看那一横一竖，好像是一座古建筑的梁柱，又像古战场的剑戟，或者出土的青铜器。我慢慢地跪下轻轻抚摸这一点一捺，又舒展身子躺在这页大书上，仰天遐想。四周是松柏合围的山谷，头上蓝天白云如一天井，泉水从旁边滑过，水纹下映出"清音流水"四个大字。我感到一种无限的满足。

一般人登泰山多是在山顶上坐等日出，大概很少有人能到这偏僻深沟里的石书上睡一会儿的。躺在书上就想起赫尔岑的一句关于书的名言："书——是这一代对下一代的精神上的遗训。"泰山就是我们的先人传给后人的一本巨书。造物者造了这样一座山，这样既雄伟又秀丽的山体，又特意在草木流水间布了许多青石。人们就在这石上填刻自己的思想，一代一代，传到现在。人与自然就这样合作完成了一件杰作。难怪泰山是民族的象征，她身上寄托着多少代人的理想、情感与思考啊。虽然有些已经过时，也许还有点陈腐，但却是这样的真实。这座石与木组成的大山对创造中华民族的文明史是有特殊贡献的。谁敢说这历代无数的登

爱国的理由

山者中,没有人在这里顿悟灵感而成其大业呢?

天将黑了,我又匆匆下到泰安城里看了岱宗庙。这庙和北京的故宫一个格式,只是高度低了三砖。可见皇帝对岱神的尊敬。庙中又有许多碑刻资料,塑像、壁画、古木、大殿,这些都是泰山的注脚。在中国就像只有皇帝才配有一座故宫一样,哪还有第二座山配有这样一座大庙呢?庙是供神来住的,而神从来都是人创造的。岱岳之神则是我们的祖先,点点滴滴倾注自己的信念于泰山这个载体,积数千年之功而终于成就的。他不是寺院里的观音,更不是村口庙里的土地、锅台上的灶君,他是整个民族心中的文化之神,是充盈于天地之间数千年的民族之魂。我站在岱庙的城楼上,遥望夕阳中的泰山,默默地向她行着注目礼。

二 国难之痛

二　国难之痛

导　读

　　国家如同一个人，在发展过程中也有七灾八难。这灾难有来自外部的干涉、侵略，有天灾，也有内部的过失。我们都希望国家民族永远平安，但历史发展不是一条直线，总会有突然降临的灾难来考验一个民族的生命力。远的不说，自1840年进入近代史以来，我们中华民族就大致经历了列强欺辱之难、日本帝国主义侵略之难、蒋政权反人民的内战之难和"文化大革命"之难。一个人年轻时的痛苦是他以后成长的财富，一个国家经过的灾难是它今后奋发图强的动力。正因为我们经历了这些灾难，就更知道胜利的珍贵；正因为国家民族经受过了这些灾难，我们就更要爱我们这个国家，从心底祝福它以后少一点苦难。

　　这里选了反映国难时期的爱国文章。有时我们真不敢重读这些作品，一读心就被扎得发痛，痛得滴血。但痛苦使我们清醒，痛苦使我们坚强，痛苦会增加我们的免疫力。不忘国难让我们更加爱国。

爱国的理由

生命的价格
——七毛钱

朱自清[①]

生命本来不应该有价格的；而竟有了价格！人贩子，老鸨，以至近来的绑票土匪，都就他们的所有物，标上参差的价格，出卖于人；我想将来许还有公开的人市场呢！在种种"人货"里，价格最高的，自然是土匪们的票了，少则成千，多则成万；大约是有历史以来，"人货"的最高的行情了。其次是老鸨们所有的妓女，由数百元到数千元，是常常听到的。最贱的要算是人贩子的货色！他们所有的，只是些男女小孩，只是些"生货"，所以便卖不起价钱了。

人贩子只是"仲买人"，他们还是取得给于"厂家"，便是出卖孩子们的人家。"厂家"的价格才真是道地呢！《青光》里曾有一段记载，说三块钱买了一个丫头；那是移让过来的，但价格之低，也就够令人惊诧了！"厂家"的价格，却还有更低的！三百钱，五百钱买一个孩子，在灾荒时不算难事！但我不曾见过。我亲眼看见的一条最贱的生命，是七毛钱买来的！这是一个五岁的女孩子。一个五岁的"女孩子"卖七毛钱，也许不能算是最贱；但请您细看：将一条生命的自由和七枚小银元各放在天平的一个盘里，您将发现，正如九头牛与一根牛毛一样，两个盘儿

[①] 朱自清（1898—1948），著名散文家、诗人、学者。著有散文集《背影》《你我》《欧游杂记》，诗文集《踪迹》，学术专著《经典常谈》等。

二　国难之痛

的重量相差实在太远了！

　　我见这个女孩，是在房东家里。那时我正和孩子们吃饭；妻走来叫我看一件奇事，七毛钱买来的孩子！孩子端端正正地坐在条凳上；面孔黄黑色，但还丰润；衣帽也还整洁可看。我看了几眼，觉得和我们的孩子也没有什么差异；我看不出她的低贱的生命的符记——如我们看低贱的货色时所容易发现的符记。我回到自己的饭桌上，看看阿九和阿苹，始终觉得和那个女孩没有什么不同！但是，我毕竟发现真理了！我们的孩子所以高贵，正因为我们不曾出卖他们，而那个女孩所以低贱，正因为她是被出卖的；这就是她只值七毛钱的缘故了！呀，聪明的真理！

　　妻告诉我这孩子没有父母，她哥嫂将她卖给房东家姑爷开的银匠店里的伙计，便是带着她吃饭的那个人。他似乎没有老婆，手头很窘的，而且喜欢喝酒，是一个糊涂的人！我想这孩子父母若还在世，或者还舍不得卖她，至少也要迟几年卖她；因为她究竟是可怜可怜的小羔羊。到了哥嫂的手里，情形便不同了！家里总不宽裕，多一张嘴吃饭，多费些布做衣，是显而易见的。将来人大了，由哥嫂卖出，究竟是为难的；说不定还得找补些儿，才能送出去。这可多么冤呀！不如趁小的时候，谁也不注意，做个人情，送了干净！您想，温州不算十分穷苦的地方，也没碰着大荒年，干什么得了七个小毛钱，就心甘情愿地将自己的小妹子捧给人家呢？说等钱用？谁也不信！七毛钱了得什么急事！温州又不是没人买的！大约买卖两方本来相知；那边恰要个孩子玩儿，这边也乐得出脱，便半送半买的含糊定了交易。我猜想那时伙计向袋里一摸，一股脑掏了出来，只有七毛钱！哥哥原也不指望着这笔钱用，也就大大方方收了完事。于是财货两交，那女孩便归伙计管业了。

　　这一笔交易的将来，自然是在运命手里；女儿本性"碰"，由她去碰罢了！但可知的，运命决不加惠于她！第一幕的戏已启示于我们了！照妻所说……她的沦落风尘是终生的！她的悲剧也是终生的！——唉！七

爱国的理由

毛钱竟买了你的全生命——你的血肉之躯竟抵不上区区七个小银元吗！生命真太贱了！生命真太贱了！

因此想到自己的孩子的运命，真有些胆寒！钱在世界里的生命市场存在一日，都是我们孩子的危险！都是我们孩子的侮辱，您有孩子的人呀，想想看，这是谁之罪呢？这是谁之责呢？

1924年4月9日，宁波作

二　国难之痛

照片，摄于 1924
——写在圆明园罹难 130 周年之际

张若愚

　　鬼使神差般地，我第三次走进了圆明园。没有心思去凭吊远瀛观前的大水法残骸，也无兴致去走那号称迷宫的万花阵，更打不起福海荡舟的闲情逸趣，几乎是不假思索地径直进了园史展览馆，便久久地伫立在那镶嵌着两张黑白照片的镜框之前。因为年代久远了，又是从别处翻拍之后放大的，照片上出现了挺粗的网纹和米粒大小的颗粒。尽管如此，那照片上的景物轮廓甚至人物一举手一投足的动态依然清晰可辨。照片下沿，一行大写的印刷体英文说明文字赫然在目：THE PEACOCK CAGE BEING TORNDOWN, ABOUT 1924。

　　50 年代，当我还在小学读书的时候，就从纸张和印刷都很粗糙的历史课本上，看到了那方画着大水法残骸的小小的插图。那时候朝鲜战争还远没有结束，历史老师讲授第二次鸦片战争这节课时，就显得格外地激动。我的幼小的心灵也因此受到炽热感染，从此，便埋下了对帝国主义者的仇恨与愤怒的火种。也还是从那时起，就产生了一个强烈的愿望：有朝一日，我要走进圆明园，去亲眼看一看这些无耻强盗的兽行。

　　年长之后，虽有多次机会进京，一来道远路生，二来公务在身，匆忙之中总也没有去过圆明园。1986 年仲夏，我从东北出差归来，在北京换车，因为拿到的是两天后的车票，滞留期间，我便有机会一了多年的

爱国的理由

夙愿。

那是一个阴霾满天、闷热难当的天气，空气极潮湿，仿佛拧一把都要滴下水来。我是从北门走进圆明园的，没走多远，远瀛观前水法的庞大的残骸便矗立在眼前了。尽管小学课本那方小小插图多年来在我眼前萦绕，尽管历史老师当年激愤的言辞还不时响在耳边，尽管以后我读过许多篇描写这片废墟的文章，我还是被震惊了，心也在不停地颤抖……一度被骄傲地称作万园之园、事实上也堪称世界上一流建筑的皇家园林，只剩下一片沉重与凄凉、耻辱与哀伤。我禁不住潸然泪下，悲愤和仇恨的火从心头升起。我恨这一伙以文明自诩而又灭绝人性地毁灭文明的帝国主义强盗，我恨那对内残酷狠毒、对外虚弱无能的统治者……我沉溺在这复杂而又难以尽言的悲怆中，许久许久不能自拔，乃至一场暴雨倾泻下来也浑然不觉。雨水紧贴着身体衣裤流下来，我却没有感到一丝凉意，相反，皮肤炙热，面颊滚烫。我下意识地走在这废墟上的泥水和杂草里，面对一片片颓垣破壁，残石断柱，无端被砍斩的肢体，反复咀嚼着近百年来这个民族的奇耻大辱，吞咽着那些既无能又倨傲的统治者给后人酿下的苦酒，即使曾经拥有过五千年灿烂的古代文明，现在是十数亿人的泱泱大国，倘不能自醒自觉自强自立，也只能任人践踏和宰割，圆明园的废墟就是这滴血的历史。

一年之后，我又一次来到北京，也又一次走进沉重的废墟公园。隔年那场雨下得实在也太突然也太大了，乃至我未能参观完毕便匆匆离去；所以，这次来就看得特别仔细，拐弯抹角，凡是能到的地方都印上了我的足迹。我是从新建的南大门进来的。参观结束也就临近北门了。我想买一点说明书或者图片一类的资料。经人指点，我在园史展览馆售票处购得圆明园管理处编印的白皮书《圆明园园史介绍》。我对看展览一向是缺少兴趣的，许是看得太多了的缘故。然而，当我买过白皮书的那一刹那，突然想到，也许，我不会第三次再到这里了，说不明的心理，竟支

二　国难之痛

配我破例进去了。

　　老实说，看这种展览是压抑的，沉重的。唯一让人感到惊叹和又值得骄傲的是，在那几乎一切都依赖人工和简单的机械的年代里，建造出人类史上一流的美轮美奂的偌大一座宫殿似的园林，我们这个民族该是具有何等的聪明才智哟！不过，稍一思想，又不禁泛起一阵悲哀，如此一个蜚声海内外山光水色交相辉映而又珍宝无数的圆明园，也只是供那么少数几个脑满肠肥的统治者寻欢作乐而已。然而，它毕竟是东方文明的象征，中华民族乃至全人类的财富。且不说深受其害的我们，世界上任何一个有良知和正义感的人，对1860年10月18日那场浩劫，无不义愤填膺。法国著名的作家维克多·雨果，翌年就写道："有一天，两个强盗走进圆明园，一个进行洗劫，另一个放火焚烧……一个胜利者把腰包塞满，另一个赶紧把箱子装得饱鼓鼓；他们手挽着手，心满意足地回到了欧洲。这就是两个强盗的历史。在历史的审判台前，一个强盗叫作法兰西，另一个叫作英吉利。"

　　展览馆里，有复制的浩劫之前的圆明园全景立体模型，也有大火前各处建筑的黑白与彩色图册资料……讲解员对这段历史谙熟，声调抑扬顿挫，语言熠熠生辉，然而，毕竟这一切都是明日黄花，刚刚参观过园中废墟的人们，很难从那种愤懑与沉重的心绪中一下子解脱出来。面对往日的胜景，我摆脱不了再也无法忍受的压抑，终于悄悄从讲解员的身边走开，独自一人踟躅在展厅里。突然，我被镜框中的两张照片吸引住了。这显然是一组，所以共用着同一行的文字说明。这说明，便是本文开篇引出的那行大写的印刷体英文。其中的一张是中景，主体物是一座方方的高台——显然是劫后的建筑遗存——上有三个人物，因为台高，便显得小，像剪影，但其轮廓还算清晰，动态依稀可辨。从左至右数，第一个人做弯腰状，手持一铁镐，往上抡起抑或向下劈去；第二个人直立，因系正面，动态便看不出；第三个人站在台基边缘，手里搬一个方

爱国的理由

形砖石料，看样子是要往下掼的。第二张照片是一长串马拉平板车，正沿着圆明园宫墙外的路迎面而来。最前头那辆车上像木桩般坐着车老板，鞭子直直地戳着，夹在肘弯，面部木然，毫无表情。从落在身边一侧长长的影子看，应在北宫墙外；地面泥泞，树叶落光，时在深秋与初冬日薄西山之际。

我对英文一无所知，图片下的说明文字自然看不懂，只好去请教展览馆的工作人员。他是位年轻人，很热情，告诉我这两帧照片系当年在北京大学任教的一位德国教师奥威尔所摄。图中那个方台，即养雀笼遗址。图片里的内容已经很清楚了，是一些中国的老百姓，正在拆运遗址的砖石料。

在此之前，尽管我不懂那行英文的意思，然而，对这两张照片的内容已经产生不祥的疑虑。之所以去请教展览馆的工作人员，只是因为我尚存一息侥幸，不愿意、不忍心抑或不敢正视这种事实，希冀着他能给我一个否定的回答，从英文中找到另一种解释。然而，我是徒劳的，他的回答，是残忍的，无情的。非但如此，他还拿起我刚刚买到的白皮书——《圆明园园史介绍》，随手翻开，指出几处文字并做了补充说明……

原来，圆明园虽然经历1860年这场浩劫，毕竟园子的范围太大，圆明园和长春园北半部尚有不少建筑以及山池花木完整保留下来，名园仍由有关官员和宫监管理着。同治十二年（1873）八月，载淳亲政，以奉养撤帘后的两宫皇太后为名，下令内务府重新修复圆明园。是时清王朝已大厦将倾，国库告罄，圆明园的修复工程已经无法进行下去，不得不在次年中辍。1900年，八国联军攻占北京，慈禧与光绪亡命西安。此时，京城内各处一片混乱，驻守城外西北部的八旗兵将，乘机勾结宫监和附近的地痞恶霸，将圆明园内的木构殿宇几乎全部拆卸，盗卖一空——八旗将领王怀庆便利用这里的木石为自己修建了一座私人花园。由于米价

二　国难之痛

暴涨，不法奸商往大米中掺白石子。怂恿一些饥民将园中的汉白玉石料敲碎以六比一的比率换米。经过这一番洗劫，先前幸存以及后来重修的建筑几乎破坏殆尽。灾难并没有到此为止，北洋政府和国民党统治时期，军阀官僚和帝国主义分子更是肆无忌惮地盗窃和破坏残存的建筑。大军阀张作霖为营造坟墓，竟然在光天化日之下从园中拆运建筑材料——多么愚顽而又可叹的悲剧！

…………

我由此而引起震惊和愤懑，不啻当初从小学历史教师那里感染来的情绪，那是刻骨铭心之仇，而后者则是痛彻心髓之恨！同为炎黄子孙，也有不肖之种种。用什么词汇去形容这群丑类呢？助纣为虐，多少有些恭维；趁火打劫，也显得轻看低估；恶棍无赖，又觉价码不足……他们为全民族蒙上一层永劫难消的羞耻。这些断脊的败类，即使采用封建时代最残酷的车裂刑罚去处置，也难解人们心头之恨！当然，我这里所说的败类，不应该也不愿包括照片中的那些人们，即便他们不是正儿八经的劳动人民，也是压在最底层的芸芸众生。就像那些把园中的汉白玉雕刻艺术品砸碎去换米吃的饥民，我们怎能忍心去责难他们？然而，面对着照片里那车老板的一副空洞木然的面孔，我却怎么也抑制不住地感到一阵阵的惊骇、战栗、悸痛！心也不禁为悲哀和酸楚淹渍……

我第三次来到这里，适逢圆明园罹难130周年。我踯躅在远瀛观前，禁不住百感交集，仇恨与忧愤又一次从心头泛起。这许多刺向蓝天残锷般的石柱，不正是圆明园滴血的历史见证吗？在那水锈斑斑的石面上，记录着一百多年间帝国主义侵华的种种兽行，浸透了中华民族的屈辱泪水，同时也睥睨着一切败类的丑恶与卑贱。它又像一部高擎着的巨大的启示录，让每天来自四方的人们去深深地思索、反省，尔后走向未来……

我慢慢地转过身，在一片废墟中竟辨不出哪里是养雀笼的遗址。那

爱国的理由

两帧印有英文说明的黑白照片,那一册薄薄的白皮书,连同那热情的年轻人的讲解,又一起涌上脑际。应该感谢这座展览馆和这里的科学工作者,他们使我又看到了历史的另一侧面,尽管它是恶劣的,犹如一块丑陋的疮疤。敢于直面现实,毫不躲避历史,正视它的劣根,我们的国家便有重新崛起在世界民族之林的希望。所谓知耻而后勇,正是这个道理。

让我们永远记住这一百多年的耻辱历史,连同那两帧黑白照片,还有英文说明:THE PEACOCK CAGE BEING TORNDOWN,ABOUT 1924。

1990 年 10 月

二　国难之痛

钢铁假山

夏丏尊[①]

案头有一座钢铁的假山，得之不费一钱，可是在我室内的器物里面，要算是最有重要意味的东西。

它的成为假山，原由于我的利用，本身只是一块粗糙的钢铁片，非但不是什么"吉金乐石"片，说出来一定会叫人发指，是"一·二八"之役日人所掷的炸弹的裂块。

这已是三年前的事了。日军才退出，我到江湾立达学园去视察被害的实况，在满目凄怆的环境中徘徊了几小时，归途拾得这片钢铁块回来。这种钢铁片，据说就是炸弹的裂块，有大有小，那时在立达学园附近触目皆是，我所拾的只是小小的一块。阔约六寸，高约三寸，厚约二寸，重约一斤。一面还大体保存着圆筒式的弧形，从弧线的圆度推测起来，原来的直径应有一尺光景，不知是多少磅重的炸弹了。另一面是破裂面，巉削凹凸，有些部分像峭壁，有些部分像危岩，锋棱锐利得同刀口一样。

江湾一带曾因战事炸毁过许多房子，炸杀过许多人。仅就立达学园一处说，校舍被毁的过半数。那次我去时，瓦砾场上还见到未被收殓的死尸。这小小的一块炸弹裂片，当然参与过残暴的工作，和刽子手所用

---

① 夏丏尊（1886—1946），散文家、语文学家、翻译家。著有《平屋杂文》《文心》（与叶圣陶合著），译有《爱的教育》等。

爱国的理由

的刀一样，有着血腥气的。论到证据的性质，这确是"铁证"了。

我把这铁证放在案头上做种种的联想，因为锋棱又锐利摆不平稳，每一转动，桌上就起擦损的痕迹。最初就想配了架子当作假山来摆。继而觉得把惨痛的历史的证物变装为古董性的东西，是不应该的。古代传来的古董品中，有许多原是历史的遗迹，可是一经穿上了古董的衣服，就减少了历史的刺激性，只当作古董品被人玩耍了。

这块粗糙的钢铁，不久就被我从案头收起，藏在别处，忆起时才取出来看。新近搬家整理物件时被家人弃置在杂屑篓里，找寻了许久才发现。为永久保藏起见，颇费过些思量。摆在案头吧，不平稳，而且要擦伤桌面。藏在衣箱里吧，防铁锈沾惹坏衣服，并且拿取也不便。想来想去，还是去配了架子当作假山来摆在案头好。于是就托人到城隍庙一带红木铺去配架子。

现在，这块钢铁片，已安放在小小的红木架上，当作假山摆在我的案头了。时间经过三年之久，全体盖满了黄褐色的铁锈，凹入处锈得更浓。碎裂的整块的，像沈石田的峭壁，细杂的一部分像黄子久的皴法，峰冈起伏的轮廓有些像倪云林。客人初见到这座假山的，都称赞它有画意，问我从什么地方获得。家里的人对它也重视起来，不会再投入杂屑篓里去了。

这块钢铁片现在总算已得到了一个处置和保存的方法了，可是同时却不幸地着上了一件古董的衣裳，为减少古董性显出历史性起见，我想写些文字上去，使它在人的眼中不仅是富有画意的假山。

写些什么文字呢？诗歌或铭吗？我不愿在这严重的史迹上弄轻薄的文字游戏，宁愿老老实实地写几句记实的话。用什么来写呢？墨色在铁上是显不出的，照理该用血来写，必不得已，就用血色的朱漆吧。今天已是二十四年的一月十日了，再过十八日，就是今年的"一·二八"，我打算在"一·二八"那天来写。

二　国难之痛

大德寺的鞭声

苏　晨①

南船北马。在我的故乡东北,六畜马是人们最有用的帮手。乘骑的是马,驮运的是马,拉车的是马,耕田的也非牛即马。马和驴交配生出骡子,比马和驴都高大有力,似乎没有马灵性和通人性,又兼一般没有生殖能力。驴个头小,固然别有一种灵活性,可惜力气有限。

1945年的东北,即使是在我的出生地辽宁省本溪市这样屈指可数的工业城市,短途运输也还是仍然以胶皮轱辘单套或三套马车为主力。城市里载客的车,那时本溪还只有一条巴士线路,主要的交通工具也是马车和三轮车。上海叫黄包车,东北人叫人力车的也还有,大都是私家自备的镶着金晃晃耀眼的铜饰,车夫穿有家徽号衣的"豪华型"私家车,一般的已经少见。

载客的马车,主要有三种。一种是单套胶皮轱辘大板车,没有车篷也没有设定的座位,能坐十多个人。一种是单套"兜子车",四个窄体镶胶皮轮箍花轱辘;前边两个小轱辘装在车夫的座位下边,后边两个大轱辘装在载客的"兜子"下边,两部分中间由一个可转向的装置连接,基本结构大致如英国皇室迄今还在用的那种敞篷马车,不过简陋得可没法

---

① 苏晨(1930—),辽宁本溪人,散文家。著有散文集《野芳集》《小荷集》等。

爱国的理由

儿相提并论。这种车"兜子"里能对面坐四位客人，五个人时可以有一个人挤坐在车夫旁边。"兜子"部分正座两个尊位有活动车篷，可以拉起来遮阳遮雨，平常情况多收拢不用。还有一种"玻璃车"，大体是"兜子车"的"兜子"换成"轿子"；也即车篷固定如"轿子"，四面有玻璃窗。

车夫夏天戴布制大檐遮阳帽，像电影上林冲在大军草料场戴的那种。或大沿草帽，穿对襟无袖二大衫子。冬天戴狗皮护耳帽，棉袄棉裤外罩对襟无袖大棉背心或狗皮背心，两腿还要穿只是大半截裤腿的棉套裤或狗皮套裤。

普通车夫的日子大都过得挺艰辛，终年累月日晒雨淋风吹雪打，严寒的冬日北风烟雪中眉毛胡子白花花冰霜一片，双腿不停地踏动着跺脚不停，两只脚还会冻得像猫咬。警察、大兵、地痞、流氓坐车经常少给钱或不给钱。还时而借故打人。最可怕的是也有性命之忧。如我家后院新婚不久的回民杨三哥，就是1944年在一个风雪漫天的冬夜，"客人"非要雇他的"兜子车"去大峪堡子不可，答应给双倍车钱。杨三哥既不敢不去，也为了好歹能多挣几毛钱，就拉着"客人"从冰封的太子河上往大峪堡子迎风赶去。结果走到近大峪滴一处僻静的悬崖下，被坐在身后"兜子"里的"客人"冷不防先是向后腰眼儿狠捅一刀，接着又向肋下再插一刀，把杨三哥当场杀死（一说重伤后冻死），搜了他的腰包卸了他的马，骑马逃之夭夭。

可是尽管如此，车夫若没有胆量，择这择那，不但行不通，又到哪儿挣钱去？

所以一般说来，赶车的人，胆子都比较大。这是营生之道使之自然而然。

说起车夫的胆子大，我多年来一直很佩服我故乡本溪的这样一位赶"兜子车"的老哥，虽然我还不知道他姓甚名谁。

二　国难之痛

1945年8月8日，苏联对日本宣战。8月9日，百万苏联红军陆续进入我国东北，与日本关东军和伪满洲国军队作战。8月15日，日本宣布无条件投降。9月3日，第二次世界大战结束。

进驻沈阳一带的苏军最高负责人是坦克第六集团军司令克拉夫钦柯大将。沈阳的苏军卫戍司令是一位少将。最初到本溪的苏军负责人是一位上尉。应该说苏联红军到底是解放我国东北的决定性力量，功不可没，我们理应永世不忘。不过最初到本溪来的这个上尉可不是个好东西。我亲眼见到新成立的日本侨民会给他成卡车送日本女人去。他手下的士兵也有的时而外出抢劫强奸，祸害中国老百姓。

他们抢劫，我见过多起，包括他们在姚千户屯截停火车持枪登车抢劫；抢劫我的化学老师王希烈家。我家附近有三处修建得很漂亮的日俄战争时期的"俄国坟"，苏军士兵常是先来看这些"俄国坟"，接着就趁机作恶。

他们强奸，我听说过多起。只亲眼见过一起，非常令人恶心的一起。

这些所谓的"国际主义者"，很有一些只是扯淡。如驻沈阳的苏军领导，原说可以把沈阳附近一座存有十万多支枪的日军仓库交给我军。为此八路军山东部队和黄克诚指挥的新四军三师部队北上前都把武器留给了原驻地。可是部队来到东北，苏军领导又言而无信，不肯把那座仓库交给我军，弄得我军的两支空手主力部队一时很是被动。须知我军的撤出沈阳，也是出于苏军强迫。苏军那个少将沈阳卫戍司令对中共中央东北局书记彭真吼道："你们不走，我用坦克把你们赶走！"彭真说："还没有共产党的军队用坦克去赶另一个共产党的军队。"结果还不如对牛弹琴。凡此都可以见于当时任东北民主联军第二参谋长的伍修权公开出版的回忆录，不信请查《东北解放战争纪实》一书的第32页至34页。由此我们也就不难明白，堂堂将军尚且如此，更何况一时称王我们本溪的那个小小上尉和这个上尉手下的若干苏军败类、人渣。

爱国的理由

1945年那时候在东北,由于一些苏军官兵的不成样子,老百姓都叫他们"俄大鼻子""老毛子""骚鞑子"。

我亲眼见到的这起"俄大鼻子""老毛子""骚鞑子"光天化日之下当街强奸中国妇女,发生在日本寺院禅宗大德寺的当街墙根下。

伪满洲国时候,本溪有好几万日本人,日本寺院、神社也有好几处。那是本溪市区最旺的两部分,一部分是现在叫溪湖的这一边,由洋街、小洋街、中国街、河西等组成,是老本溪县的旧县治。另一部分是现在叫工源的一边,那时候叫"宫原",缘于日本天皇的弟弟高松宫殿下视察后开发的新市区,由北地、南地、平山等组成。大德寺在洋街东头,从太子河沿方向来顺着日本山山根走,过日本神社到这儿拐弯儿入洋街;从彩屯方向来过敷岛桥铁道口在这儿拐弯儿入洋街。与大德寺隔街相对的是大德恒粮店、三久鱼店。

"8·15"以后,有许多日本人开的店子都极其廉价地转让给了中国人,中国老板接手后也多是及时贱卖出货,免得生什么变故。这天我从太子河沿家里去洋街原来日本人开的弘文堂书店买便宜文具,走到近大德寺处,正遇上一个满身油渍的"俄大鼻子""老毛子""骚鞑子"邋遢兵,在肆无忌惮极其下流地纠缠一位到大德恒粮店买粮食的中年中国妇女。这女人已经换了男装并且戴了帽子,也不知怎么还是被认了出来。只见那禽兽不如的狗东西纠缠了一阵后兽性大发,把冲锋枪背起,一手牵着一匹日本军用大洋马,一手挟起那女人便往对街大德寺这边墙根下拖。那女人在大德恒粮店门前刚被纠缠时还知道挣扎和大喊:"救命啊,老毛子糟蹋人啦……"挣扎和呼叫些时候,可能是由于受惊吓过度,随着手里装粮食的筐掉在地上,筐里的高粱米撒了一地,她人也就被吓昏了。只见她软绵绵地被那一路淫笑着的畜生拖过街,放倒在大德寺当街向阳的墙根下。得势的狗杂种把冲锋枪放在那女人身旁,用刀子割断那女人的裤带,扒下女人的裤子。自己也把裤子褪下大半,才想到马还没

二 国难之痛

拴好，于是顺手拴在了穿着短皮靴的脚脖子上，接着就扒到女人身上动作起来。

那时我还是一名普通学生，看在眼里心中很恨，可也不知道如何是好。隔街逐渐聚集起五六个大男人，他们嘟嘟哝哝骂不绝口，可也同样慑于那支轮盘弹夹新式冲锋枪，不敢轻举妄动。正在这时候，也是从太子河沿方向赶过来一辆空着没坐人的"兜子车"。那位车夫见到，把车喝住一下，随后又赶向近前。只见他高高扬起鞭子摇了两摇，冷不防晴天霹雳般啪的一声震耳脆响，一鞭子又猛又准又狠地照那匹日本军用大洋马的马头抽了下去。日本法西斯军人狠毒成性，他们在军中对军马却是备极呵护，日本最著名的军歌中就有《爱马进行曲》。这匹高高大大的日本军用大洋马，从来没挨过这样的鞭子。只见它愤怒地哝哝叫着，先是扬起两只前蹄直立起来，把那"俄大鼻子""老毛子""骚鞑子"从那女人身上猛地拉下，接着便一跃拖着那狗东西向紧邻东山根那条有"吾妻亭"等多家日本妓院的横街风驰电掣般狂奔而去……用我们东北话说，这马被一鞭子抽"毛"了，不狂奔到筋疲力尽，它都不会停下。

这件事大快人心，事后传得很广。不过都只在私下传，谁也没报案。谁肯干那种缺德事？听说沈阳附近有一个几户人家的居民点，一天，一个"老毛子"兵闯进村子抢劫强奸。受害姑娘的哥哥恨极手黑，一棍子抡到那正糟蹋他妹妹的狗东西头上，竟然只这一棍子就把那狗东西给打"死"。这老哥把"尸首"扛起扔出村外，哪想到这狗东西会是又"活"过来。他回部队不知怎样一报告，苏军竟开来坦克进行报复，硬是把小村子给夷成了废墟！

大德寺那响脆快的鞭声已经响过快55年，我迄今仍然记得那位情急生智挥鞭勇救受害姐妹的"兜子车"赶车人。他个头不大，健壮敦实，一脸和善，一身干净利落。驾车的马，衔辔套络上的铜饰，件件擦得锃亮，那马的脑门上系着一朵血红血红的大红缨，鞭绳近鞭杆梢头也系着

爱国的理由

一朵血红血红色的大红缨。他一鞭子打"毛"那匹日本军用大洋马，拖走那个该死的淫虫，把车子向前赶紧调转车头，欠身抱拳对几位还没散去的大人恳求："诸位大哥恕兄弟已经不能在此久留。这杆枪我拿走，丢进太子河冰窟窿。这女人得劳烦几位大哥赶快抬进大德寺院里，给她穿好衣服，设法使她快快醒过来，问明地址赶快送她回家。劳驾，劳驾。"说完即向来时的太子河沿方向疾驰而去。

在以前，"一边倒"压倒一切那时候，这是绝对不可以讲的事，讲了说不定要惹杀身之祸。可是说老实话，1945年已经懂事记事的东北人，又有几个不知道几宗这类肮脏事？1948年尾进北平，1949年头招考南下工作团团员，我被分派到长白师范学院发动那些从东北各地跑进关内的东北大学生报名。事前上面有"统一口径"，规定是当学生们问及这类事情，"不正面承认有。也不一口否定无，就说我没看见过。谁让我们是国际主义者，大概也该是家丑不可外扬……"可是凭良心说："我怎么没看见过？"

去长白师院的那些日子，我很怕那些东北大学生问起这类事，因为谎话在他们面前根本无法说圆。其实倒是我多虑，这类事在他们说来早已经是不争的事实，何须再来多问？他们谁也没问。

此刻我是想，纸早晚包不住火。做了好事，人们不该忘记，也不会忘记；做了坏事，又干吗要撒谎替他们隐瞒，欺骗人民？再说能长久骗得了、瞒得过？人间不能没有是非，"一边倒"时代美其名曰"国际主义"的贱奴式讳莫如深，实在是有违民族天良，也和真正的国际主义一点儿都不沾边。听说这种情况若被苏军宪兵发现也不轻饶。

二　国难之痛

松花江上

黄秋耘①

今年初秋,我去哈尔滨,第二天,便伫立在松花江畔,滚滚东流的江水奔来眼底,我不禁浮想联翩,百感交集。

五十多年前,当我还在中学上学的时候,就学会唱《松花江上》这首歌,那时正是九一八事变之后几年,日本侵略军占领着我国东北三省大片领土,我约几个十三四岁志同道合的同学,选择一个星期天下午,坐在香港一间中学校的课堂里秘密开会。大家在左臂上缠着纪念国土沦陷的黑纱,低声哼着"我的家,在东北松花江上……"的曲调,脸上淌着热泪,心胸中激荡着悲愤的忧国忧民感情,这种感情恐怕只有离开了祖国,而又经历着国土沦丧的惨痛的人才会深切地体会到的,虽然当时我们只不过是一群不大懂事的孩子。

说起来也奇怪,半个世纪以来,我走南闯北,差不多跑遍全国大江南北的每一个省份,甚至出访过日本、北美和西欧好几个国家,偏偏没有看到过松花江,甚至连山海关也没有出过。东北三省,特别是松花江,是我少年时魂牵梦萦的地方,却缘悭一面。看来人世间真有一些意想不到的事情,而且往往是不以人的主观意图转移的,我直到暮年,才有机

---

①　黄秋耘(1918—2001),现代作家。著有散文集《风雨年华》《丁香花下》《往事并不如烟》,文论集《锈损了灵魂的悲剧》《古今集》等。

爱国的理由

会来到松花江上一倾积愫。

比之长江黄河，松花江的宽幅和长度都相形见绌。它只是黑龙江的一条支流，江流甚至还不如珠江下游处那样汹涌澎湃。但由于《松花江上》这首流传多年的歌曲的影响，它又是九一八事变以来历时十四年之久的中日战争中敌我鏖战最激烈的地区之一，江畔那座巍然矗立的东北抗日联军将领李兆麟烈士纪念碑，铭刻着抗日先烈艰苦战斗的伟烈丰功，松花江两岸的土地几乎每一处都浇灌过烈士们的鲜血，我不由得对松花江产生了一种不可遏止的特殊感情，一种糅合着肃然起敬和悲愤填膺的感情，这种感情我五十多年前唱《松花江上》的时候也曾经产生过的，只是现在身临其境，面对着曾经一度遍布血海尸山的古战场，就更强烈得多了。我独自凭栏，禁不住潸然泪下，热泪和松花江的江水汇流在一起。

"人世几回伤往事，山形依旧枕寒流。"我仿佛觉得，我的心灵深处，还有一条松花江在奔腾澎湃地鼓荡着，这是当年三千万东北同胞的血泪汇合而成的松花江。人们看不到它，但愿人们永远不要忘掉它。《松花江上》这首"前朝曲"还是有必要经常多唱几遍的。我们既然把《义勇军进行曲》定为国歌，《松花江上》不是也有着同样严峻的历史意义吗？

有道是，"居安思危"，又说"毋忘在莒"，看来祖国现在仍然需要像《松花江上》那样的歌声。

二　国难之痛

桑氏老人

梁　衡

"四人帮"虽然垮台了，但留下许多冤案。我在当记者时曾受命调查过这样一件。

山西蒲县为吕梁山南端一偏僻小县。县城南有一座柏山，遍生松柏，森森然如鬼域。山上有一庙是《封神演义》里黄飞虎的行宫，曰东岳大帝庙。庙下有一阎罗殿，殿内泥塑有阴曹地府中的诸般惨烈之状，为国内唯一保存的地下阎罗殿。凑巧冤案就发生在这里。受害者共牵连200多人，为首的是一位县委书记，已被迫自杀。但出面斗争最激烈者却是一名孤身老人桑宝珍。桑原为志愿军战士，转业后回县，在县委当炊事员，后又上山看庙。他被无故逮捕，但极坚强。每晚残阳压山，晚霞血照之时，他便双手把定铁窗，向全城大呼："桑宝珍现在开始喊冤？"蒲县县城极小，一条街不过二三百米长，人少房稀，他一声呼喊，声震半街屋瓦。这时大家就说："桑宝珍喊冤电台又开始广播了。"家家屏息凝神，小小山城唯闻铁窗吼声，其声如困兽之嚎，十分瘆人。当局不得已，将其释放，他一获释即进京告状。进不了中南海，就跑到西单电报大楼向中央发了一份1200字的电报。回县后，当局恨其告状，又抓他进牢，他复日日喊冤，并拒不剃须理发，铁窗夕照，其威严之状更如一头笼内猛狮。后由于上面干预，当局要释放他，劝他先理个发，他仍拒之曰：

爱国的理由

"留个纪念,让世人看看这场冤枉。"我上山之时,老人终因折磨既久,身心交瘁,已躺在医院里。但神志清楚,听说来了记者,十分高兴。可惜他已不能说话,只以手指心,表示其志已遂。

此案假判错定当然是坏事,但大小牵连200余人,其中有知识有地位的也不少,然而奋然出头,力争力抗者竟是一看庙的孤身老人。县委书记自杀亦当同情,若以其智、其势愤而反击,效果当更在老人孤斗之上,然却悄然自遁黄泉。呜呼,人之于世,诚搏一气也,气壮则身存事成,气馁则人亡事败。所以文天祥身系大狱之中仍赋《正气歌》。

壮哉,桑氏老人。

三 英雄不朽

三　英雄不朽

导　读

　　人民群众是历史的创造者，但历史以杰出人物为坐标。穿过历史尘烟，我们总会看到一串耀眼的名字，他们是时代的英雄。他们以自己的行为甚至生命来表现对国家、民族、人民的热爱和对信念的忠诚。思想家总是超前的，英雄则是现实的。和泪水盈眶的忧国者相比，爱国英雄中的大多数人能看到自己英雄行为的果实，能看到自己所忠诚的事业的进步。但是当时势所迫，他明知道不能看到胜利时，也会毅然献出生命去为民族、为国家换取胜利，虽悲亦壮，虽死犹荣。如谭嗣同说：如果变法需要流血，就让我来做第一个。如李大钊，毅然走向绞架。英雄留给我们的是他们用牺牲换来的事业，还有永远鼓舞着我们的英雄主义。

　　这一节收录了戊戌变法、辛亥革命以来一组英雄的形象。

爱国的理由

人民英雄纪念碑碑文

  三年以来在人民解放战争和人民革命中牺牲的人民英雄们永垂不朽
  三十年以来在人民解放战争和人民革命中牺牲的人民英雄们永垂不朽
  由此上溯到一千八百四十年从那时起为了反对内外敌人争取民族独立和人民自由幸福在历次斗争中牺牲的人民英雄们永垂不朽

一九四九年九月三十日
中国人民政治协商会议第一届全体会议建立

三　英雄不朽

《黄花岗七十二烈士事略》序

孙中山①

　　满清末造,革命党人历艰难险巇[1],以坚毅不挠之精神,与民贼相搏,踬踣者屡[2]。死事之惨,以辛亥三月二十九日围攻两广督署之役为最。吾党菁华,付之一炬,其损失可谓大矣。然是役也,碧血横飞,浩气四塞,草木为之含悲,风云因而变色,全国久蛰[3]之人心,乃大兴奋。怨愤所积,如怒涛排壑,不可遏抑。不半载而武昌之大革命以成! 则斯役之价值,直可惊天地,泣鬼神,与武昌革命之役并寿。

　　顾自民国肇[4]造,变乱纷乘。黄花岗上一抔土[5],犹湮没于荒烟蔓草间,延至七年,始自墓碣[6]之建修,十年始有事略之编纂;而七十二烈士者,又或有纪载而语焉不详,或仅存姓名而无事迹,甚者且姓名不可考,如史载田横[7]事,虽以史迁之善传游侠,亦不能为五百人立传,滋可痛矣!

　　邹君海滨,以所辑《黄花岗烈士事略》丐[8]序于予。时予方以讨贼督师桂林,环顾国内,贼氛方炽,杌陧[9]之象,视清季有加;而予三十年前所主唱之三民主义、五权宪法,为诸先烈所不惜牺牲生命以争者,其不获实行也如故。则予此行所负之责任,尤倍重于三十年前。倘国人

---

　　① 孙中山(1866—1925),中国近代资产阶级革命派的杰出领袖,中国革命的伟大先行者。其著作已收入《孙中山全集》。

爱国的理由

皆以诸先烈之牺牲精神为国奋斗,助予完成此重大之责任,实现吾人理想之真正中华民国,则此一部开国血史,可传世而不朽;否则不能继述先烈遗志且光大之,而徒感慨于其遗事,斯诚后死者之羞也。

余为斯序,既痛逝者,并以为国人之读兹编者勖[10]。

【注释】

[1] 险巇(xī):形容山势陡貌。这里引申为革命道路的艰险。

[2] 踬踣(zhì bó)者屡:指革命党人屡遭挫折。踬,绊倒。踣,跌倒。

[3] 蛰(zhé):原指动物冬眠。此处指潜伏。

[4] 肇:开始。

[5] 一抔土:一捧土。这里代指坟茔。

[6] 墓碣:墓碑。

[7] 田横(?—前202):秦末狄县(今山东高青东南)人,齐国贵族,楚汉战争中自立为齐王。汉朝建立时,率徒党五百余人逃亡海岛。迫于汉高祖之命,前往洛阳,因不愿称臣于汉,于途中自杀。留居海岛者闻田横死讯,也全部自杀。

[8] 丐:犹言"求"。

[9] 杌陧(wù niè):不安定。

[10] 勖(xù):勉励。

三　英雄不朽

最后一次讲演

闻一多①

　　这几天，大家晓得，在昆明出现了历史上最卑劣、最无耻的事情！李先生究竟犯了什么罪，竟遭此毒手？他只不过用笔写写文章，用嘴说说话，而他所写的，所说的，都无非是一个没有失掉良心的中国人的话！大家都有一支笔，有一张嘴，有什么理由拿出来讲啊！有事实拿出来说啊！（闻先生声音激动了）为什么要打要杀，而且又不敢光明正大地来打来杀，而偷偷摸摸地来暗杀！（鼓掌）这成什么话？（鼓掌）

　　今天，这里有没有特务？你站出来！是好汉的站出来！你出来讲！凭什么要杀死李先生？（厉声，热烈的鼓掌）杀死了人，又不敢承认，还要诬蔑人，说什么"桃色事件"，说什么共产党杀共产党，无耻啊！无耻啊！（热烈的掌声）这是某集团的无耻，恰是李先生的光荣！李先生在昆明被暗杀，是李先生留给昆明的光荣！也是昆明人的光荣！（鼓掌）

　　去年"一二·一"昆明青年学生为了反对内战，遭受屠杀，那算是青年的一代献出了他们最宝贵的生命！现在李先生为了争取民主和平，而遭受了反动派的暗杀，我们骄傲一点说，这算是像我这样大年纪的一代，我们的老战友，献出了最宝贵的生命。这两桩事发生在昆明，这算

---

①　闻一多（1899—1946），现代著名诗人、学者、民主战士。著有诗集《红烛》《死水》等。1946年7月15日讲演后被国民党特务暗杀于昆明。

爱国的理由

是昆明无限的光荣！（热烈的鼓掌）

反动派暗杀李先生的消息传出后，大家听了都悲愤痛恨。我心里想，这些无耻的东西，不知他们是怎么想法？他们的心理是什么状态？他们的人是怎样长的？（捶击桌子）其实很简单，（低沉渐高）他们这样疯狂地来制造恐怖，其实是他们自己在恐怖啊！特务们，你们想想，你们还有几天，你们完了，快完了！你们以为打伤几个，杀死几个，就可以了事，就可以把人民吓倒了吗？其实广大的人民是打不尽的，杀不完的，要是这样可以的话，世界上早就没有人了。你们杀死一个李公朴，会有千百万个李公朴站起来！你们将失去千百万的人民！你们看着我们人少，没有力量。告诉你们，我们的力量大得很！多得很！看今天来的这些人，都是我们的人，都是我们的力量！此外还有广大的市民！我们有这个信心：人民的力量是要胜利的，真理是永远存在的。历史上没有一个反人民的势力不被人民毁灭的！希特勒、墨索里尼不都在人民之前倒下去了吗？翻开历史看看，你还站得住几天！你完了，快完了！我们的光明就要出现了。我们看，光明就在我们眼前，而现在正是黎明之前那个最黑暗的时候。我们有力量打破这个黑暗，争到光明！我们的光明，就是反动派的末日！（热烈的鼓掌）

反动派故意挑拨美苏的矛盾，想利用这矛盾来打内战。任你们怎么样挑拨，怎么样离间，美苏不一定打呀！现在四外长会议已经圆满闭幕了。这不是说美苏间已没有矛盾，但是可以让步，可以妥协，事情是曲折的，不是直线的。

李先生的血，不会白流的！李先生赔上了这条性命，我们要换来一个代价。"一二·一"四烈士倒下了，年轻的战士们的血，换来了政治协商会议的召开，现在李先生倒下了，他的血要换取政协会议的重开！（热烈的鼓掌）我们有这个信心！（鼓掌）

"一二·一"是昆明的光荣，是云南人民的光荣，云南有光荣的历

三　英雄不朽

史，远的如护国，这不用说了。近的如"一二·一"，都是属于云南人民的，我们要发扬云南光荣的历史！（听众表示接受）

反动派挑拨离间，卑鄙无耻，你们看见联大走了，学生放暑假了，便以为我们没有力量了吗？特务们！你们错了！你们看见今天到会的一千多青年，又握起手来了，我们昆明的青年决不会让你们这样蛮横下去的！

反动派，你看见一个倒下去，可以看得见千百个继起的！

正义是杀不完的，因为真理永远存在！（鼓掌）

历史赋予昆明的任务是争取民主和平，我们昆明的青年必须完成这任务！

我们不怕死，我们有牺牲精神，我们随时像李先生一样，前脚跨出大门，后脚就不准备再跨进大门！（长时间热烈的鼓掌）

爱国的理由

囚　语

叶　挺①

"自古艰难惟一死,伤心岂独息夫人。"吴梅村感恸深矣,戏拟四句不协律的诗:

> 不辞艰难那辞死,
> 生死原来相游戏。
> 只问此心无愧怍,
> 赤条条来光棍逝。

至友任光,为中国音乐名家,《渔光曲》《王老五》等均其杰作。随我至军中后,新作甚多,别有风格,对群众心理及大众化问题均深切明朗,军中均以"王老五"呼之。此次率其新爱伴随余行军,备受危苦。十日晨在高坦乡,正值激战中,教导队奉我令加入前线作战。我作简短演说后,群情激动。任君即指挥唱其新歌《东进曲》,与四周机关枪及手榴弹声溶成最伟大战斗交响曲。及是夜,全军转移至拾锦坑,沿途数遭机关枪扫射。任君夫妇在余后被截击,落荒逃至一民家。翌日(十一日)

---

① 叶挺(1896—1946),原名为询,字希夷,广东惠阳人。中国无产阶级革命家、军事家,中国人民解放军的创建人和领导人。

三 英雄不朽

晨，余知之，使人觅之归。观其狼狈困惫之状，深恸民族天才随余受难，惭感无已。及十二日，终日重围苦战中，情况万分紧张，余忙迫无暇关照其夫妇。入夜，四面燎火漫烧，曳光弹如萤箭四面飞来，侧后方阵线已为击破，余等已不得不移动。见余侧数尺伏卧人堆中，勿〔忽〕①有二人辗转地上，在激战声中不能闻其哀号。有人高呼："王老五"受伤了！余近视之，知其重伤在腹部。时萤箭蝗飞，余心痛如割，无语足以慰之，无法足以助之。及后闻战士言，"王老五"老婆亦受伤了。任君夫妇当作同命鸳鸯矣，悲乎！愿后世有音乐家为我作一哀歌以吊之。

余素无非分之想，绝非事业野心家也，但三次被叛逆之罪，七次一败涂地，落荒逃生。民〈国〉十一〈年〉与薛伯陵、张向华同任孙大元帅府警卫团营长。六月间，陈炯明以二师之兵围攻总统府，余与伯陵两营人守御之。激战一日夜，当攻破之际，余与伯陵偕同向前门逃出。乱兵拥入，余一手散五万元钞票于地，乱兵争拾取，余辈乘机挤出。在街上，复前后受机枪扫射，余二人逃散。余走数街，为乱兵追逐入一穷巷，一洗衣妇助我，取一梯登瓦上，走数十栋，始入一印刷店，为一老妇所收容。事后，为陈炯明视为叛逆而通缉。此一次也。兵败之后，不数日，余偕伯陵潜乘轮至黄浦〔埔〕，登总理及委座所指挥之"楚豫"舰后突入白鹅潭。及许汝为兵败韶关之讯到，总理偕委座及陈策登英舰"武汉"号赴香港，余与林植勉、李南溟攀龙无术，并遵总理嘱留舰上。去年斩头的欧阳格密与陈炯明方商议投降条件，乃监视余三人，拟缚献陈炯明以邀功。幸得水兵之助，逃至沙面，得一英人护送至航香港之轮船，始脱险。此二次也。至香港不数日，复奉孙〈总〉理之命，偕伯陵由广州湾潜至高州山中，协同电白县长谢晋臣编集绿林豪杰约千人，举兵抗陈炯明。约2月，事败，复逃至香港。此三次也。民〈国〉十六〈年〉，清党事起，南昌举兵，至汕头，一败涂地。与周恩来、聂云〔荣〕臻潜伏

---

① 文中误、衍、漏字分别以〔 〕[ ]〈 〉三种符号标出。——编者

爱国的理由

乡间约一月,乃易服乘渔舟逃至香港。此四次也。是年冬间,广州之变起,历三日极之艰危,事败。余易服偕吾妹作难民逃至香港,几为香港警察所扣留。此五次也。后三日,复潜逃至日本东京,屡受警察所追查,仅留一月,不得不再行潜逃。在敦贺赴海参崴轮上,为便衣侦探盘问四分钟,几为所扣。此六次也。此次皖南惨变之事,余不得不负其责任。但任军长三年来,实非所愿。三上辞呈,二次走避,而终不免于陷入漩涡,一败涂地。自动投案,又被叛逆之罪。此七次也。余与吾妻谈及吾遭遇之事,吾妻答曰:"尔的名与别字便是征兆,铤而走险,绝少平安,可〈以〉此作解释矣。"去年七月过柳州,访张向华,向华指着我的面说:"尔这个衰仔,当了三年军长,不升不调,又辞不掉,全国找不到第二个。"我默然笑曰:"那是我的福吧。"至友严立三,现任湖北代主席,常谓自己为不祥之人,非遭变乱必不出而任事。余亦有同感焉。汉口未失陷前,余与立三在省府谈及我的辞职事,立三喟然曰:"不干也好,留以有待吧。"呜呼,立三!余历经折磨,此心枯矣,尚何待耶?去年蒋憬然、徐庚陶二君亦屡劝我不干,谓尔脚踏两片船,终有落水之日,并谓尔若在那处做事,总司令早已过瘾了。余无以答,只付之一叹。去年冬余妻回香港,过桂林时曾访李任公及陈劲节。来书云,二人均甚关心尔,深怪尔为什么不出来?此间传尔已被扣留。余致任公书有云:"当危难中,何忍舍部属于不顾?挺今日处境,正如走百丈独木危桥,已无返顾余地,桥折则溺水死耳。"今日桥果折矣,亦语谶也。

由重围苦战流血的战场,又自动投入另一个心灵苦斗的战场了,后者比前者令人提心吊胆更加几倍。一个人,当可能到达他生命最后一程的时候,他的感情与理智,或感情与感情,或理智与理智(意识),一切矛盾是最容易一齐表现在他的心头激烈争斗着,比血的战场还要利〔厉〕害。他需要眼泪,好似后者需要血一样,这不是妇人、懦夫的眼泪,是壮士哭战友的眼泪。他需要狂歌,需要狂笑,最后一个意识、一个感情

三　英雄不朽

战胜一切了，他会发出凯旋的微笑。

昨日〔读〕《前线日报》载，周恩来在《新华日报》写着：为江南死国难者志哀。并写："千古奇冤，江南一叶……""一叶"不知作何解？大概是指一页历史吧。若是指一个不值半文的囚徒叶挺，则那个"冤"字是不恰当的，应当改为"奇遇"好些。我这次遭际，却〔确〕实是人生的奇遇。自到友军后，直至上饶，数日间，阶下囚与坐〔座〕上客同时兼备一身。古人云，昔日坐〔座〕上客，今朝阶下囚。与我比起来，岂不逊色？我现在所食伙食，据仆人说，每天四块，一月就是120块，可说是全世界最高等的囚徒了，岂非奇遇？

我的结婚戒指，十五年来无日离开手指，但三次离开就碰着三次遭难。潮汕之败走乡僻中，恐为人著目，取置袋中。广州失败逃香港，留置吾兄家中。此次至上饶囚室，又为取去代存，大概怕我吞金自杀吧。吾妻若信谶兆，以后必将此戒指钉在我的指上，如此不至〈于〉灾难矣。

前偶游泾县对河一古寺，适一和尚坐化，得其焚葬方法。用一缸、两担炭便足，真是最经济、最合理的方法。此时我发愿：他日能将我躯壳（当然在灵魂开了小差之后）照这个法子处理，是最好的。

吾妻于廿一号来一电，嘱我应为六七个儿女（第七个尚在胎里）珍重自惜。妻儿的私情固深刻着我的心，但我又那〔哪〕〈能〉因此忘了我的责任和天良及所处的无可奈何的境遇呢？我固不愿枉死，但责任及环境要求我死，则我又何惜此命耶？复吾妻一电，请求代发，据闻尚未发出。电云：

　　电悉。军人天职、人格重于生命。处无奈何之境，听天由命可也。尔可在家为我祈祷，切勿赴渝奔走及来电询问，于事无补。孙曲人谅可脱险，任光夫妇受重伤，谅无救。希（三十日）。

爱国的理由

　　吾在乡，幼年甚爱读前后出师表、正气歌、苏武致李陵书、秋瑾及赵声等诗，感动至流涕，造成一个悲剧角色的性格。十三岁时，曾手抄邹容的《革命先锋》（应为《革命军》——编者注）、陈天华的《猛回头》、汪精卫的《革命决不致召瓜分论》及《民报》等书，养成一种对社会反抗的性格。此时约当宣统二三年，我私自把辫子剪去，受吾母痛骂一顿，我亦大哭一顿，但未遵母命留回去。及后入惠城农业专门学校，值三月廿九广州起义〈后〉，到处捕杀无辜之人。我伏校中不敢出，后由校长亲引至知府面前，发一护照，遭回家中，但我终抗命不留回辫子。又一次纠合乡中数同学实行破除迷信，将乡中所有土地神（约七八个）、香炉均打破。致动全体农民之怒，集学校兴问罪之师，勒令赔回香炉。诸同学均照办，我独不从，遭吾父痛打一顿了事。又八九岁时就学私塾，塾师严酷无比，屡挞我，我必暗中报复。为其煮饭时私混沙于米中，或摘通心菜时私入苍蝇于孔内。我幼年性格倔强，一直至成人没有改变。吾妻常对我叹说："江山易改，本性难移。尔真真不能改变一点吗？"吾三儿性格颇倔强，屡抗其母。吾妻辄叹曰："真有其父必有其子了！"

　　他日我死了，墓碑愿至友郭沫若君为我一题。我爱其字，尤爱其为人。在事变前数日，曾托人送给他及刘为章君两刀宣纸，想收到时我已在缧绁中矣。君睹物宁不为我一叹耶！我墓碑题款：历史悲角叶希夷之墓。

　　"自由"像水和空气一样，得之不觉可贵，失之则难堪，或至于死。只有在沙漠中才觉得水的可贵，只有在病中才觉得康健可贵，屠格涅夫说过："我爱自由胜过世上的一切。"

　　闻黄源亦死于此次皖南惨案，在阵中头部受弹伤，立即殒命。黄君本为国新社记者，到皖南军中后参加军中工作，为印刷所副所长。工作努力，成绩亦甚好，在此次惨变中饱受奔波饥饿之苦，形容憔悴，又不免一死。痛哉！

三　英雄不朽

　　闻陈子谷君被俘，禁锢于离余八九里之山岩中。陈君本旅泰国华侨富商之子，本为国家民族之血诚，回国参加抗战。彼善日文，担任本军对敌工作部职务，以一无党派立场之书生，或可免党狱折磨之苦矣。

　　人之将死，其言也善。即是说：〔，〕人到临死时才能说老实话。因为没有为生而自私的观念，自然所说的才不会虚伪的。我今日到此境地，才体会到这个意义。

　　未理发已一个多月了，仆人数次问〈，〉要理发吗？我答可不必。今日理发师又来，遭我拒绝。适有友人在谈话，问我原〔缘〕故，我说，这是我今日仅仅所能做的自由，囚徒的自由。仅能从不字上着想，不能从要字上着想。譬如尔要活，他人偏不要尔活。假如尔想不要活，这是尔可以做到的自由。历史上有这个事实，洪成筹〔承畴〕为清大〔太〕祖所俘，态度坚决不屈，清大〔太〕后亲临囚室劝之，亦不从。大〔太〕后出，谓人曰："成筹〔承畴〕无死意，彼尚拂其衣上尘，爱其衣，岂独不惜身耶。"我之不理发，当然不是这个意思。我今日幸为囚徒，为人生所难逢的境遇。须发蓬蓬，是囚徒本色，为什么不保持这样本色呢？

　　今日我特别觉得须的可爱。我在自由的时候，吾妻很讨厌它，我每过几天必须刮一次，吾妻必笑问："今日为什么又刮须？"我只能一笑答之，彼此均会意了。漫漫长日，在囚室中特别爱抚须沉思：觉我的唇不知何日才有朱唇可吻之福？今日只能摩一摩须，也感到一点快感。今日因须长，才发见下唇的须皆逆生，这或者是多遇逆境的征兆吧。我已发愿，我一日不得自由，必不理发剃须，这是我的自由。

爱国的理由

杨靖宇将军

方 军①

老鬼子金井曾是关东军士兵，后被苏联红军捉到西伯利亚，在俘虏营服了八年苦役。他说："在苏联饥饿难忍的时候就挖草根吃，嚼着嚼着就落泪了，不吃不知道草根的滋味儿呀！杨靖宇将军的胃里都是树皮呀。"金井告诉我："当时我们强制配给中国东北人民的粮食叫'混合面'，里面还有锯末呢。这种'粮食'连我们的军马都不吃。"

金井转身打开保险柜，小心地取出一幅照片。他戴上老花镜给我讲解："这是你们中国东北抗日联军司令杨靖宇将军的遗照。边上站的，都是我们关东军士兵。他死后，我们用木头扎成的担架把他从山上抬下来。"

我说我这是第一次看到杨将军的照片。

金井问我："你是第一次看见杨将军的照片？我也只见过杨将军一次，而且近在咫尺，那就是杨将军的人头。当时我们关东军士兵用木杠子扎成担架，把阵亡的杨将军抬下山。遵照关东军司令部的命令，我们日军军医切开杨将军的腹腔——严密封锁了几个月，冰天雪地，弹尽粮绝，东北抗日联军的将士们吃什么呢？当我们的军医切开杨将军的胃时

---

① 方军（1954— ），中国作家协会会员，曾在中国人民抗日战争纪念馆工作。

三　英雄不朽

不由得惊呆了，里面全都是没有消化的树皮和草根。关东军司令部感到杨将军虽然死了，但是还有巨大的威胁。于是命令：把杨将军的头颅砍下来示众，让就近的关东军部队都来看，强迫附近的中国居民来看，押送监狱里的中国人来看，告诉他们：抗日的话，这就是下场！告诉他们：抗日联军已经被消灭了，只有服从日本军当顺民才是唯一出路！但我总感觉杨将军的影响力反而更大了，他作为共产党抗日军人的形象已经植根于中国国民和我们日本士兵的心中。"

金井仔细看着照片说："我开始不喜欢他，他毕竟是我们关东军的敌人。他所领导的抗日联军一直坚持抵抗，我们连队的许多军人都在他们的抵抗中阵亡了。你当过军人，你应该理解我的心情。当看到我的朋友被打死，是一定要报复的。可我一直想，那时杨将军如果投降了，可以去新京做官。新京就是满洲国的首都。中国的正规军都撤了，关东军一共有七十万部队，日本是决心占领这片土地的，我不明白杨将军的抵抗意义何在？不理解他的同时，我却佩服他。他的部队一共三千人，没有重武器，没有任何援助，他却没有后退一步。到后来，也就是现在，我的想法全变了，我感到杨靖宇是个伟大的人物。一个到外国去征战的军士，表现得再英勇也只是短暂的英勇；而一个为保卫自己祖国而战的勇士，才具有永恒的意义。半个多世纪过去了，我一直在思考这个问题。这张照片我保存了五十五年啊！在苏联俘虏营，有一次苏联军官检查我的背包时，不问青红皂白先给我一个耳光，然后问：'这是谁？是不是日本军人？'我回答：'这位是中国人，是中国东北抗日联军第一路军司令杨靖宇。'听了这话，苏联军人又给了我一个耳光，还给我照片。我不明白他怎么总打人呀。

"当时关东军发下这张照片的目的是为了庆祝胜利——终于消灭了杨靖宇的抗日联军，可我当时看着这张照片心里一直很沉重。当时我们关东军和满洲国军加上警察大队共二万五千人围剿杨靖宇的部队，时间是

爱国的理由

1939年10月至1943年3月。我们在吉林、间岛、通化，组成'三省联合讨伐队'围剿杨靖宇的抗日联军第一路军三千人。当时，我们日军和满洲国军为了'治安维持'砍伐森林，把山地开出自动车道路，这样我们关东军就可以坐在卡车上机动迁回了。由于机动力的增强，抗日联军可以利用的自然屏障范围越来越少，我认为这是东北抗日联军失利的主要原因。为了分清游击队和一般居民，把可能帮助抗日联军的村民全部强制转移，把村与村之间全部钉上栅栏，派军警守备，让弹尽粮绝的抗日联军第一路军孤军苦战。我们关东军还派人对杨靖宇软硬兼施，可他硬是不投降。1940年2月，我们关东军终于把战斗到最后一刻而死的杨司令员从山上抬了下来。有这样的将军，有这样不屈服的精神，我们要统治中国、建立大东亚共荣圈，谈何容易！"

看着杨靖宇将军的遗容，我的泪水一下子就涌了出来。我对金井说："如果历史能够翻回去，我要跟着杨将军的部队走，和你们拼到底！"

金井老头庄重地点点头，说："我懂，我懂。"

我看着杨将军的照片想了许多。我在日本留学期间一直交党费。"为什么呢？"许多留学生这样问我。今天老鬼子拿出的照片不就是答案吗？我们中国人的旗帜上有杨将军和几百万革命者的鲜血呀，有我们几代人为之奋斗的信仰呀。我就是为了这个坚持交党费的。想到这儿，我立正站好，给杨靖宇将军敬了一个中国退役军人的军礼。他饿死了还站在那儿，他是一种精神。

金井动情地说："半个世纪过去了，我一直崇敬杨将军。他是真正的武士，他的军衔应该和我们关东军司令一样高，他和普通士兵吃一样的饭，穿一样的衣，睡一样的床，实在不可思议！作为原日本关东军二等兵，我已经七十六岁了，我还活着，他却早已离开了这个世界。我愿意把最后一个军礼敬给这位坚强的中国军人。"

说完他也立正站好，给杨靖宇将军敬了一个原日本军人的军礼。我

三　英雄不朽

惊讶地看着这一场面。

　　我不喜欢他把杨靖宇说成是武士。我纠正他说："杨靖宇不是武士，他是我们中国军队的将军，或者说是我们中国共产党的高级干部。"

　　"今天是'八一五'，为了五十年前的噩梦不再重演，让我们握握手吧。"金井小声建议道。

爱国的理由

宣南雨又来
——浏阳烈士谭嗣同殉难百年祭

袁 鹰①

一百年前，1898年9月28日，清光绪二十四年（戊戌）八月十三。那天上午，北京城上空乌云笼罩，天色阴沉。加上道路相传，说慈禧太后已从颐和园回宫，光绪皇帝被囚禁在中南海瀛台，维新变法人士纷纷被捕或远走高飞，一时间人心惶惶，不知会发生什么祸事。果然，到了下午，宣武门南菜市口，推来六辆囚车，一字排开，监刑官军机大臣刚毅一声令下，刽子手举起屠刀，寒光闪闪，砍下六颗黄金无价的头颅：谭嗣同、杨深秀、杨锐、林旭、刘光第、康广仁。其时天色如墨，忽然风雨交加，流淌街心的鲜血，顷刻间被雨水冲刷得干干净净。

这悲壮的一幕，宣告了戊戌百日维新运动的悲剧性结局，也为19世纪中叶以后中国进步知识分子为了匡世济民寻求改革救国之道的种种努力和尝试，谱写了最后一曲令人椎心泣血的壮歌。

整整一百年过去了。

菜市口是北京宣武门南一处交通要道，向西出广安门过卢沟桥去南方各省的必经之地。它的东南西北方向许多街巷胡同里，槐荫深处，紫藤架下，曾是明清两代许多文人学士的住宅和寄寓，散布在胡同中的许

---

① 袁鹰（1924— ），原名田钟洛，江苏淮安人，散文家、诗人。著有散文集《风帆》《悲欢》等。

三　英雄不朽

多会馆，更是南方旅京清寒文人的栖身处所，各省进京应考士子、待选官员的歇脚处。当年康有为就住南海会馆，谭嗣同住浏阳会馆。民国后李大钊、陈独秀在安徽泾县会馆编《每周评论》，鲁迅住过绍兴会馆，毛泽东住过湖南会馆。这块被当时文人们亲切地称为"宣南"的地区，是京城一块宝地，浮游着郁郁葱葱的文化氤氲。如今，它早已成为北京宣武区的黄金地段。前几年为了兴建新火车站，拓宽大街，拆除两侧房屋，烈士抛掷头颅处已被深深埋在沥青路面下，供监刑官下轿休息的老药铺西鹤年堂也移到大街以北。近日来，因为要开通向南的大道，更变成喧嚣的筑路工地，推土机不住轰鸣，运土车频繁来去，行人到此处，满眼瓦砾场，从何处寻觅菜市口的旧时模样呢？

一百年风霜，一百年血泪，全在尘土飞扬中烟消雾散了吗？

近些年来，有关那场从变法到政变一百天过程的书籍和文章，连篇累牍，目不暇接；电影和电视剧更是你方唱罢我登场，热闹非凡。康有为、梁启超和谭嗣同等殉难六君子，袁世凯、荣禄，特别是光绪帝、珍妃和慈禧太后，一百年前那些风云人物，像走马灯似的在当代读者和观众眼前不断闪现，涌成文学、戏剧、电影、电视"清宫热"浪潮中一个具有悲壮色彩的亮点，也引起几许慨叹，几许沉思。

纷纷扰扰中，我的眼前总浮起那位来自湖南的青年书生谭嗣同的身影，耳边也总响起他那浓重的浏阳乡音。谭嗣同于 9 月 23 日被捕，五天后就义。梁启超记叙了他这位知心好友最后的心曲，那句掷地可作金石声的誓言，传诵了一百年：

被逮之前一日，日本志士数辈苦劝君东游，君不听，再四强之，君曰："各国变法，无不从流血而成。今中国未闻有因变法而流血者，此国之所以不昌也。有之，请自嗣同始。"卒不去，故及于难。君自系狱，题一诗于狱壁曰：望门投宿思张俭，忍死须臾待杜根。

爱国的理由

> 我自横刀向天笑，去留肝胆两昆仑。（《戊戌政变记·谭嗣同传》）

浏阳烈士的两句遗言，确是颠扑不破的真理。变法、改革、革命，一切改变旧制度、旧观念，一切改造旧社会、旧世界的行动，"无不从流血而成"。谭嗣同目睹时艰，自鸦片战争、甲午战争以后，东西方帝国主义者步步侵犯，得寸进尺；清朝廷腐朽昏庸，因循守旧，苟且图存，生机已尽，他才甘愿以自己的流血牺牲唤起沉睡的民族。千百年来，那些以天下为己任，忧国忧民，临大节而不辱，杀身成仁、舍生取义的忠义节烈之士，从来都被后来者奉为最高的楷模。他们手无寸铁，手无缚鸡之力，有的只是满腔碧血，一片丹心。但是为了变法、改革，为了革命，他们上下求索，万里奔波，披荆斩棘，含辛茹苦，为国家民族耗尽毕生心血，直到最后一息，有的更是慷慨赴义，从容就死。

这样的仁人志士，一百年来实在是太多太多了。19世纪末叶是风云际会、英豪辈出的年代。不说远的，单说那最后十年的90年代中，在中国近代革命史页上，就出生了刘伯承（1892）、毛泽东（1893）、邓中夏（1894）、恽代英（1895）、邓演达（1895）、彭湃（1896）、叶挺（1896）、陈潭秋（1896）、王若飞（1896）、贺龙（1896）、叶剑英（1897）这样一大批领袖人物。而在谭嗣同血溅菜市口同一年的1898年中，先后就有周恩来出生于江苏淮安，刘少奇出生于湖南宁乡，张太雷出生于江苏常州，项英出生于湖北武昌，彭德怀出生于离谭家乡浏阳不过八十公里的湘潭。还有在下一年（1899）出生的瞿秋白、李立三、聂荣臻。今年，我们都已经或者将要为他们的百年诞辰寄托深深的缅怀和哀思。等到历史车轮进入20世纪初，那就更多更多，宛若繁星闪烁了。

这些谭嗣同的后辈，降生在时代的愁云惨雾中，不知是不是由于菜市口街头鲜血的感召，都是少年时代就胸怀大志，以身许国，要将自己青春的才华，智慧和精力，献给灾难深重的中华民族。他们功勋卓著，

三　英雄不朽

泽及人民，有的人战斗一生，坎坷一生，到老来还不免横遭种种猜忌、委屈、诬陷以至残害。他们那伟大的精神和崇高品格，必然激励后来者义无反顾，勇往直前，面临重重艰难险阻而无惧色。这正是我们这个民族的精魂所在。

中国近代启蒙思想家严复，当时寄居宣南福建会馆，他几乎目击了菜市口的惨剧，震愕哀伤之余，在秋风秋雨中冷静下来，为六位烈士写了悼诗：

> 求治翻为罪，明时误爱才。
> 伏尸名士贱，称疾诏书哀。
> 燕市天如晦，宣南雨又来。
> 临河鸣犊叹，莫遣寸心灰。

（《瘉壄堂诗集》）

诗写得感慨遥深，充溢着诗人的愤懑和忧伤。前四句表达了他对百日维新运动的成败和评价。末二句用了孔子的典故：在卫国不得重用的孔子，打算到晋国去投奔当政的赵简子，风尘仆仆到黄河边，听到赵简子杀了贤大夫窦鸣犊的消息，顿时吃了一惊。"临河而叹曰：美哉水，洋洋乎！丘之不济此，命也夫！"他认为赵简子未得志时，依靠窦鸣犊等帮助夺得权力，掌握政权后就杀了他，这样的形势下，自己到晋国去也未必有好的遭际，只好叹息命运不佳，放弃渡黄河，折回卫国（见《史记·孔子世家》）。严复将窦鸣犊比谭嗣同，并不确切，但他的重点是在末一句"莫遣寸心灰"，勉励自己千万不能为维新运动的失败而灰心，还须再接再厉，前仆后继。遥想他在福建会馆黯淡的窗下挥笔吟成这几句诗时，大约还未读到谭嗣同的题壁绝笔，但他们两位的心意似乎早已相通。严复是维新变法的鼓吹者，他发表过《论世变之亟》《原强》《救亡

爱国的理由

决论》等重要论文,抨击顽固保守,呼唤救亡图存。戊戌以后,又不遗余力地介绍当时西方的先进思想,将赫胥黎的《天演论》、亚当·斯密的《原富》和孟德斯鸠的《法意》翻译到中国来,为20世纪初的新学思潮推波助澜。作为世纪之交思想界的盗火者之一,他的功绩也是应该载入史册的。

"燕市天如晦,宣南雨又来。"一百年前的严复,以他睿智的眼光,预见到变法和改革事业"风雨如晦,鸡鸣不已"的艰辛前途,也预见到光明的远景,不管雨有多大,必定有云开日出的时候。十二年之后的武昌起义,终于摧毁清朝廷的宝座,从此结束了漫长的封建专制王朝。再过十年,北京爆发了五四运动,掀开中国现代革命的新史页,神州大地上迎来崭新的局面。又过了三十年,天翻地覆,天安门前升起五星红旗,前文提到许多谭嗣同的湖南同乡后辈,都是中华民族优秀的儿女,也是这一连串改天换地的伟大而持久的变革中叱咤风云、屠龙缚虎的猛士。还应该记上一笔的是:在谭嗣同殉难之后十七年,即1915年,他的家乡浏阳又出生了一位立志改变旧世界并且为之奋斗一生、无愧于前辈的杰出人物胡耀邦,到明年也已逝世十周年了。

1998年9月雨夜

三　英雄不朽

悼中国空军抗日英烈[①]

梁从诫[②]

那是发生在五十八年前的事情,我们家曾经同一批年轻的中国空军有过一段特殊的友谊。这些飞行员的英勇事迹几乎不为人所知,但是,我相信,对这些曾以鲜血换取中华民族生存权的人们,历史是不应该忘记的。

友谊从邂逅开始

我的父亲梁思成,七七事变前在北平从事中国建筑史的研究,母亲林徽因与父亲是同行,又是诗人和文学家。1937年7月底,为了不愿见到日本侵略军的旗子插上北平城,他们领着外婆、姐姐和我,匆匆离开了这座古城,往西南大后方撤退。沿途一片混乱,十月间才辗转到达长沙。不久,战火又烧到长沙。12月初,我们又乘长途汽车前往昆明。

破旧拥挤的公共汽车晓行夜宿,几天以后,才在一个阴雨的傍晚到达湘黔交界处的晃县。为了投宿,父母抱着我们姐弟,搀着外婆,沿街探问旅店。走完了几条街巷,也没能找到一个床位。就在那走投无路的

[①] 此文原为《长空祭》,有删改。——编选者
[②] 梁从诫(1932—2010),多年来从事教育、文化、出版工作。1994年3月,领导创建了中国第一个群众性、会员制的民间环境保护组织——"自然之友",并担任会长。

爱国的理由

时刻，竟发生了一个"奇迹"：从雨夜中传来一阵阵优美的小提琴声，全都是西方古典名曲！令人颇有"如听仙乐耳暂明"之感。谁？会在这边城僻地奏出这么动人的音乐？他想：这位拉琴的一定是一位受过高等教育的人，或许能找他帮一点忙？他闯进了漆黑的雨地，"寻声暗问弹者谁"，贸然地敲开了传出琴声的客栈房门。乐曲戛然而止。父亲惊讶地发现，自己面对的，竟然是一群身着空军学员制服的年轻人，十来双疑问的眼睛正望着他。父亲难为情地做了自我介绍并说明来意。青年们却出乎意料地热心，立即腾出一个房间，并帮忙把母亲搀上那轧轧作响的小楼。原来，他们二十来人，是中国空军杭州笕桥航校第七期的学员，也正在往昆明撤退，被阻在晃县已经几天了。其中好几人，包括拉提琴的一位，都是父亲的广东同乡。这一夜，母亲因急性肺炎高烧四十度，一进门就昏迷不醒了。

我们家同这批飞行员的友谊，就是这样开始的。

父母成了飞行员的"名誉家长"

1938年初，我们终于到达昆明。父亲所在的研究机关和西南联合大学也都陆续迁到这里，生活开始安顿下来。很快，我们就同在晃县相遇的飞行员们又见了面。他们全都来自江、浙、闽、粤沿海省市，家乡有的已经沦陷。二十岁左右的年轻人，远离亲人，甚至无法通信，在这陌生的内地城市，生活十分寂寞。坐落在郊区巫家坝机场的航校，训练生活枯燥艰苦。军队中国民党的法西斯管理办法常激起他们的愤慨。那时，昆明的外省人还不很多，我们家就成了他们难得的朋友。假日里，他们总是三五成群地来这里聚会，恰好我的三舅林恒也是抗战前夕投笔从戎的航校第十期学员，不久也来到昆明。这一层关系更密切了我们家同这批空军的友谊。

然而，战时后方的空气，毕竟严峻多于欢乐。空军部队里，充斥着

三　英雄不朽

无能和腐败现象。直到抗战初期，中国空军还是按照法西斯德国的体制来训练的。后勤部门的长官则盗卖零件、汽油，使地勤工作全无保障，飞机经常发生故障。最使他们焦虑和愤慨的，是由于当时政府的无能，使得中国空军的装备极端落后，远远不能同日本侵略者相匹敌。当时，他们是多么希望早日得到美国或英国的新型驱逐机啊！

大约在我们到达昆明一年多以后，他们从航校毕业，成了正式的空军军官，将作为驱逐机（后称歼击机）驾驶员，编入对日作战部队。毕业典礼在巫家坝机场举行。由于他们中没有任何一位有亲属在昆明，便决定请我的父母做他们全体毕业生的"名誉家长"，到典礼上去致辞。那一天，我们全家都去了。父亲坐在主席台上，也致了词。讲话之后，毕业生们还驾着那些"老道格拉斯"进行了飞行表演。

这时候，日机对昆明等地的空袭日益加紧。正式编入作战部队之后，他们难得休假，同我们见面的机会越来越少，而"跑警报"却成了我们的日常功课。不久，我们家又从城里疏散到了市郊农村。由于我们没有制空权，猖狂的敌机常常肆意低空扫射轰炸，有时就从我们的村头掠着树梢尖啸而过，连座舱里戴着风镜的鬼子驾驶员都看得清清楚楚。

飞行员们偶然来到我们家，讲些战斗故事。但我记得这时的气氛已和过去大不相同。谈起空战中我方的劣势和某些我们不认识的老飞行员的牺牲，他们是那样的严肃和忧愤，使人觉得，好像有什么可怕的事情将会发生。

果然，不久就传来了他们的噩耗。

飞行员为国捐躯的噩耗不断传来

那是从部队寄给我父亲的一封公函和一个小小包裹——一份阵亡通知书和一些日记、信件和照片等遗物。死者名叫陈桂民，是我们的飞行员朋友中第一个牺牲的。因为他在后方没有亲属，部队就把这些寄给了

爱国的理由

"名誉家长"。母亲捧着它们，泣不成声。

说话带着浓重广东口音的陈桂民，是个爱讲故事的小伙子，个子不高，方方的脸。他的战斗故事最多，也最"神"。有一次，他说自己在空战中把子弹打光了，一架敌机却从后面"咬"住了他。但碰巧敌机也没有子弹了，两架飞机并排飞行，互相用手枪射击，手枪子弹又打光了。陈桂民说，他决心把敌机撞下来。敌人却靠着飞机性能的优势躲开了。

陈桂民的死，只是一连串不幸消息的开始。据我的回忆，随后牺牲的一位，名叫叶鹏飞，也是广东人。他个子瘦长，不善言谈。由于飞机陈旧失修，他居然两次遇到机械故障，不得不弃机跳伞。那时，不少飞机是南洋华侨和各界同胞集资捐献的。他摔了两架，心情非常沉重，曾对着我的母亲落泪，说自己无颜以对江东父老。尽管父母一再安慰他，说这不是他的错，但他却发誓，决不跳第三次。不幸的是，这样的事竟真的发生了。在一次警戒飞行返航时，他的飞机又发生严重故障，当时机长曾命令他跳伞，他却没有服从，硬是同飞机一道坠落地面，机毁人亡。他的死，使他的战友感到特别压抑和悲哀。

由于日机对昆明的轰炸越来越猛烈，1940年冬，我们家随父亲所在单位再次从昆明迁往四川宜宾附近的一个偏僻的江村——李庄。从此，我们同这批空军朋友已难于直接来往，只有一些通信联系。然而，空军部队却仍在坚持他们的惯例。不久，"小提琴家"黄栋权的遗物也寄到了李庄。后来我曾听父亲说，黄栋权牺牲得特别壮烈，他击落了一架敌机，在追击另一架时自己的座机被敌人击中，遗体被摔得粉碎，以致都无法收殓。我们全家对于黄栋权的死特别悲痛，因为当初正是他的琴声才使我们同这批飞行员结下了友谊之缘的。这时，母亲肺病复发，卧床不起，她常常一遍遍地翻看这些年轻人的照片、日记，悲不自胜。

这以后，又陆续有人牺牲。父亲为了保护母亲，开始悄悄地把寄来的遗物藏起，不让母亲知道。但是不久，她却受到一次更沉重的打击。

三　英雄不朽

刚刚从航校第十期毕业的三舅林恒（他们的训练基地后来迁到了成都）也在成都上空阵亡了。那一次，由于后方防空警戒系统的不力，大批日机已经飞临成都上空，我方仅有的几架驱逐机才得到命令，仓促起飞迎战，却已经太迟了。三舅的座机刚刚离开跑道，没有拉起来就被敌人居高临下地击落在离跑道尽头只有几百米的地方。他甚至没有来得及参加一次像样的战斗，就献出了自己年轻的生命。父亲匆匆赶往成都收殓了他的遗体，掩埋在一处无名的墓地里。

面对着猖狂的日本空中强盗，当时后方的许多人曾寄希望于美国的援助，却一年又一年地希望落空。直到1941年底以后，在"珍珠港事变"中挨了日本人痛打的美国被迫参战，情况才开始有所转变。然而，战争初期中国的老飞行员们已经为此付出了血的代价。1942、1943年前后，美国开始向中国提供P-40等新型驱逐机，并在印度等地为中国培训了几批新飞行员，中国空军装备上的劣势开始有所好转；同时，由陈纳德上校率领的美国志愿援华航空队，即赫赫一时的所谓"飞虎队"，也活跃了起来，配合着中国空军，逐渐夺回了西南地区的制空权。空军成了后方报纸上的英雄，"新一代"的中国飞行员也"神气"起来。但是，我们家认识的那批老飞行员，除了一位伤员林耀之外，到这时已全部殉国了！纪念着他们的，也许只有我们一家。自从陈桂民牺牲后，每年7月7日卢沟桥事变纪念日中午12点，父亲都要带领全家，在饭桌旁起立默哀三分钟，来悼念一切我们认识和不认识的抗日烈士。由于年代久远，我今天已记不起更多的人和事。只有林耀除外。

最令人难忘的林耀

林耀，广东鹤山人，侨居澳门。在同期飞行员里他年龄最长，也最沉稳。在其他飞行员和我三舅相继牺牲后，母亲待这个同姓而非同祖的青年人更如亲弟弟一般。我们家搬到李庄以后，林耀常给父亲和母亲写

爱国的理由

来长信，母亲总是反复地读，并常说他是个"有思想的人"。据林耀的侄子林万晖先生提供的资料证明，林耀是1939年在著名的重庆"5·3"空战中负伤的。当时中国空军以劣敌强，击落日机多架。战斗中，林耀一人即击落敌机两架，自己也左臂中弹，被迫跳伞，昏迷中坠落在重庆附近铜锣峡山上，被农民发现，送进了医院。伤口愈合之后，医生又给他动了二次手术，强把断了的大神经接上了，但从此手臂不能伸直，而且出现严重的神经痛。在疗养中，他开始用各种体育器械来"拉"直自己的左臂，常常疼得头上冒汗，他仍然顽强地坚持着。最后，终于恢复了手臂功能。但出院后，未能获准回作战部队，而做了航校教官。1941年6月15日敌机对重庆狂轰滥炸，造成上万群众窒死防空洞中的"大隧道惨案"。林耀悲愤异常，坚决要求调回作战部队。几经申请，终获批准，后曾到印度受训并接收美P-40式战斗机。

在归队之前，他曾经利用短暂的假期，到李庄来看望过我们，在我家住了几天，这大约是在1942年的深秋。母亲被病魔击倒，痊愈无日，困于床褥；而林耀也正经历着同辈凋零、人何寥落的悲哀。他们常常秉烛长谈，或者相对无言。

他归队不久，曾奉命到新疆乌鲁木齐（当时叫迪化）去接收过一批苏联援助的战斗轰炸机。飞回成都后，他又来李庄小住了几天。带给我们一张苏联唱片和一把蓝色皮鞘的新疆小刀等物。

这以后，林耀又"来"过一次。那是他驾了一种什么新型教练机从昆明转场到成都，"路过"李庄，顺便到我们村头上超低空地绕了两圈，并在我家门前的半干水田里投下了一个有着长长的杏黄色尾巴的通信袋，里面装了父母在昆明西南联大时的几位老友捎来的"航空快信"和一包糖果。

1944年秋天，我离开李庄到重庆读中学，一学期才回家一次。这以后林耀同家里有过什么联系，我不知道。就在这年春季，日军发动了

三　英雄不朽

"南下战役",衡阳在日军围困四十七天后失守,接着是湘桂一带中国军队的仓皇溃退。第二年的春天,我回到李庄,母亲才告诉我,就是这期间,在衡阳一带的空战中,林耀失踪了,他的飞机和遗骸始终没有找到。这一年的7月7日,我一个人在学校里,按照父亲的榜样,默哀了三分钟,为林耀,也为所有其他的人。这是我在抗战期间最后一次"七·七默哀"。

后来才知道,林耀在那次衡阳战役中曾击落敌机一架,并升任中队长。1944年6月26日他的座机在长沙上空战斗中中弹起火,在被迫返航时飞机失控,他再次跳伞。因伞未张开,牺牲于湖南宁乡县巴林乡横塘岭。当地百姓掩埋了他的尸骸并立了坟墓。林耀阵亡后被追认为空军少校。

英名永垂不朽

就这样,在抗战胜利前一年,我们失去了最后一位飞行员朋友。林耀的最后牺牲,在母亲心上留下的创伤是深重的。她怀着难言的悲哀,在病床上写了长诗《哭三弟恒》①。这时离开三舅的牺牲已经三年,母亲所悼念的,显然并不只是他一人:

　　……
　　啊,你别难过,难过了我给不出安慰。
　　我曾每日那样想过了几回;
　　你已给了你所有的,同你去的弟兄
　　也是一样,献出你们的生命;
　　……
　　今天你没有儿女牵挂需要抚恤同安慰,

---

①　这首诗曾于1948年5月发表,现已收入人民文学出版社出版的《林徽因诗集》。

爱国的理由

> 而万千国人像已忘掉,
> 你死是为了谁!

关于这段往事,我曾在9年前写过题为《长空祭》的文章,发表在《中华英烈》杂志上。文章发表后,台湾一位早已退役的空军老军人曾辗转来信,用极为热情的语言感谢作者,说许多在台的原中国空军老飞行员读了此文后都异常激动,没想到大陆还会有人记得他们当年的业绩。此后,我又收到林万晖先生经政协转给我的信,才知林耀还有这么多亲属健在,不仅一直在怀念着他,而且经过他们多年的努力,弄清了林耀牺牲的详细经过,还为他争取到了广东省人民政府颁发的革命烈士证明。

现在,林耀、黄栋权、陈桂民和他们的许多抗日战友的英名已被镌刻在1987年在广州建立,由徐向前元帅题写碑名的"广东省航空纪念碑"上,真正得以永垂不朽了!

四 国运维艰

四　国运维艰

导　读

　　由于长期处于封建社会，积贫积弱，自鸦片战争之后中国就陷入了长期被列强侵略欺凌的混乱局面。这个过程到 1949 年毛泽东宣布中国人民站起来了，才告结束。新中国成立之初，曾经有一段扬眉吐气、蓬勃向上的时期，后来又有"文化大革命"的挫折，到 1978 年才又进入一个改革开放的新时期。国运真可谓艰难。一百五十年间共经历了推翻封建王朝的辛亥革命、反对日本帝国主义侵略的民族革命、反帝反封建的新民主主义革命和否定"文化大革命"的改革开放。是邓小平在总结历史经验后，开始领导我们建设中国特色社会主义，实现了国家民族的振兴。这期间多少艰辛，多少牺牲。国运之艰和国难之痛还不一样，国难是我们屈辱的记录，不忘国耻才知爱国；国运之艰是我们奋斗的记录，因为成国之艰我们就更珍惜现在，更加爱国。

　　这一节收录了反映各个历史时期国运之艰和人民奋斗之勇之烈的文章七篇。

爱国的理由

艰难的国运与雄健的国民

李大钊①

历史的道路，不会是坦平的，有时走到艰难险阻的境界，这是全靠雄健的精神才能够冲过去的。

一条浩浩荡荡的长江大河，有时流到很宽阔的境界，平原无际，一泻万里。有时流到很逼狭的境界，两岸丛山叠岭，绝壁断崖，江河流于其间，曲折回环，极其险峻。民族生命的进展，其经历亦复如是。

人类在历史上的生活正如旅行一样。旅途上的征人所经过的地方，有时是坦荡平原，有时是崎岖险路。老于旅途的人，走到平坦的地方，固是高高兴兴地向前走，走到崎岖的境界，愈是奇趣横生，觉得在此奇绝壮绝的境界，愈能感到一种冒险的美趣。

中华民族现在所逢的史路，是一段崎岖险阻的道路。在这一段道路上，实在亦有一种奇绝壮绝的景致，使我们经过此段道路的人，感得一种壮美的趣味。但这种壮美的趣味，是非有雄健的精神不能够感觉到的。

我们的扬子江、黄河，可以代表我们的民族精神，扬子江及黄河

---

① 李大钊（1889—1927），中国共产党早期著名活动家，中国共产党的创始人。著有《李大钊文集》。1927年被奉系军阀张作霖杀害于北京。

四　国运维艰

　　遇见沙漠、遇见山峡都是浩浩荡荡地往前流过去，以成其浊流滚滚，一泻万里的魄势。目前的艰难境界，哪能阻抑我们民族生命的前进。我们应该拿出雄健的精神，高唱着进行的曲调，在这悲壮歌声中，走过这崎岖险阻的道路。要知在艰难的国运中建造国家，亦是人生最有趣味的事……

爱国的理由

国庆演辞

冯玉祥①

主席，各位女士，各位先生：

今天我们能来纪念中华民国37岁的生日，是因为孙中山先生提倡革命，武昌起义，推翻清朝，我们才成为民国。什么叫民国，就是真正民主的国家。今天我们是不是真正的民主国家了呢？我想大家都知道得很清楚。

在说别的话之前，我先回答两个问题。有人说："冯玉祥是政府派出来的，为什么批评南京政府贪污无能，压迫人民打内战？"你们想想，如果我说南京政府非常清廉，没有杀学生，没有捕学生，没有征兵征粮，没有抢米的风潮……你们看可会有人相信？人家会指着冯玉祥骂，说我不讲良心话。

又有人说："你和蒋先生是好朋友，做国府委员和常务委员就是20年。有话为什么不当面说？俗话说家丑不可外扬。"大家不知道，我不是不说，我是"知无不言，言无不尽"，不但说了，而且每次说了之后，还加上一封信。我出版一本《蒋冯书简》，看了就知道我一切的话，都说完了。说了人家不听，如今我不能不向全国同胞说话，向世界人民说话。

---

① 冯玉祥（1882—1948），中国近代著名爱国将领。安徽巢县人。早年从军，辛亥革命后任近卫军团长等职。反对袁世凯复辟帝制，反对内战，坚持抗日。

四　国运维艰

我们看训政训了20年，实在不是国民党训政，而是一个人和少数几个人的训政。

今天在纽约能和这么多中国的青年主人翁们见面，是冯玉祥到美国后第一次最快乐的事。这原因还不仅因为我们今天能在一起，共同来庆祝我们中华民国37岁的生日，更因为诸位是主张中国民主的进步青年。在中文和英文报上，我都看见了，今天这个盛会的发起人，中国留美基督教学生会今年在美东、美西和美中都召集了夏令会，各处参加的同学有百来位，都曾以绝对大多数通过了许多很好的决议案。其中最主要的，就是主张实现中国民主，成立真正的民主联合政府。这样勇敢地提出主张来，真是合于耶稣基督勇敢牺牲的精神。中国史书上说："禹闻善言则拜。"冯玉祥不敢比大禹，可是愿意学习大禹的精神，今天冯玉祥听见民主则拜。

孙中山先生曾经说过："本大总统受国会的付托，总揽全国政权，虽然说是全国行政的首长，实在是全国人民的公仆。本大总统这次是来做你们的奴隶的，就是其余文武百官也都是你们的奴隶；从前帝国时代，四万万人都是奴隶；现在民国时代，大家都是主人翁，这就是民国和帝国不同的地方。这就是中国从古未有的大变动。"（1921年12月7日在桂林演讲词）可惜孙先生20年以前说的"大变动"，到今天还是未能实现。少数丧心病狂的特权者，忘记他们是公仆，应为人民服务，他们要四万万同胞做奴隶。可是全中国人民却都要起来做主人翁，要人民自己来"管理众人之事"，这是一个生死的斗争，是中国一切问题的关键。诸位青年主人翁知道自己做主人翁的责任，响亮地高呼民主，这真是很值得钦佩的。

抗战胜利之后，中国曾经有实现和平民主的好机会，国际地位是世界上四大列强之一。可是中国的统治者，抛弃这个从古未有的机会，一意孤行。结果，中华民国过去36年，从来也没有像今天这样危险过，老

爱国的理由

百姓的生活从来也没有像今天这样痛苦过。现在国际地位一落千丈，一个堂堂正正的战胜国，反而不如一个战败的日本。一切和平和赔款到现在还没有弄清楚，反而被逼迫地和日本通商，又做日本经济侵略的牺牲品。通货膨胀绝对空前，物价比战前高涨了四万多倍，财政八个月就亏空30万亿元，在全世界数第一位。贪污不法的事情，最著的像中央信托局、扬子公司、孚中公司、行政院善后救济总署，外国报纸早把舞弊的情形，登载得清清楚楚，到今天没有听见严厉惩办。今年夏初，南京学生肚子饿了，抬着纸制的大饭碗游行，被军警狂暴地打了一顿。武汉大学的同学们睡梦中糊里糊涂便被打死了三个。各大都市的学生，很多都遭到特务的摧残。教授们吃不饱饭没有人管，说两句公道话便被解聘。公务员枵腹从公，好的公务员，像北平的余心清少将等，是好的基督教徒，是好的美国留学生，在重庆是最廉洁的赈济委员会常务委员，只因为说真话、主张和平，便被特务逮捕了。工矿企业家想做一点正当企业，不是关门，就是奄奄一息。工人工资永远追不上物价。最苦的当然还是农民，壮丁拉去当炮灰了，粮食拿去当军粮了，苛捐杂税一齐加在农民身上；人为的水旱虫灾，吞噬了2200万的农民。

一句话说，全中国人民，除了少数特权者没有一个人能过好生活；除了英勇地起来革命，便没有出路。这些人都要打破这痛苦的现状，都主张成立真正的民主联合政府。民主联合政府的基础和它必然实现的原因也就在这里。

大规模剿共已剿了一年零三个月，今天成绩如何，大家天天读报，知道得很清楚。东北国军形势危殆，共军已到长江北岸，连南京城门也关闭了。冯玉祥12岁当兵，1946年退役，做了55年的丘八，看不出捆绑来的壮丁能打胜仗，看不出违背人民利益的军队，会能得到最后的胜利。

张作霖、吴佩孚、孙传芳没有倒台以前，以为依靠帝国主义的援助，

四　国运维艰

总可以长期挣扎；然而孙中山先生1924年改组国民党以后，团结全国各革命的力量，不到四年工夫，便扫荡了军阀，完成了北伐。曾在中国人民的力量，从国民党民主派到共产党，经过了八年抗战[①]的锻炼，经过了胜利后民主奋斗的两年努力，已经一天一天地壮大起来了。中国今天的形势，又好像在1927年北伐大革命成功的前夜，只要把各党派各阶层一切民主的力量都联合起来，向贪污无能和反动的旧势力进攻，精诚团结、坚强组织，我们便是不能摧毁的革命力量，我们便可以促进民主胜利的更早到来。

今天在海外的同学们虽然非常困难、非常艰苦，虽然你们得不到随便卖给扬子、孚中公司的外汇，虽然你们之中的很多位，只买了半年用费的美金，半年之后的生活费和回国川资都无着落；但是另一方面，你们要认清，民主中国的前途是光辉灿烂的，民主的胜利已经为期不远。你们要效法孙中山先生在美国睡洗衣馆熨衣板的精神，要有孙中山先生伦敦蒙难不畏惧的精神，大家携起手来，团结起来为真正的联合政府而奋斗，让中华民国名副其实，让全中国都成为你们贡献研究心得的自由园地。这样，才不辜负我们今天来纪念双十节一场。

我们今天纪念先烈，要对得起流芳万古的秋瑾女士、黄花岗烈士、滦州起义的烈士和所有的烈士们；必须自己勉励自己，有"舜人也我亦人也"的精神，去努力，去奋斗。最后一句话，你们的决议案好极了，可是我还有一个建议请求你们尽量宣传，每一个人抱定一个志愿，写一千封信到国内去，把国内的同胞都唤醒过来，做到孙中山先生所说的"唤起民众"，那我们民主胜利的成功就更快了。

---

① 此处实指"十四年抗战"。

爱国的理由

黑暗中国的文艺界的现状
——为美国《新群众》作

鲁　迅①

现在，在中国，无产阶级的革命的文艺运动，其实就是惟一的文艺运动。因为这乃是荒野中的萌芽，除此以外，中国已经毫无其他文艺。属于统治阶级的所谓"文艺家"，早已腐烂到连所谓"为艺术的艺术"②以至"颓废"的作品也不能生产，现在来抵制左翼文艺的，只有诬蔑，压迫，囚禁和杀戮；来和左翼作家对立的，也只有流氓，侦探，走狗，刽子手了。

这一点，已经由两年以来的事实，证明得十分明白。

前年，最初绍介蒲力汗诺夫（Plekhanov）③和卢那卡尔斯基（Lunacharsky）的文艺理论进到中国的时候，先使一位白璧德先生（Mr. Prof. Irving Babbitt）的门徒，感觉锐敏的"学者"④愤慨，他以为文

---

① 鲁迅（1881—1936），伟大的文学家、思想家。著有小说集《呐喊》《彷徨》，散文集《野草》《朝花夕拾》，杂文集《坟》《且介亭文集》等。

② "为艺术的艺术"，19世纪在欧洲兴起的一种资产阶级文艺观点。它认为艺术应该超越一切功利而存在，创作的目的在于艺术本身，与社会政治无关。

③ 蒲力汗诺夫，今译普列汉诺夫（Г. В. Плеханов，1856—1918），俄国早期马克思主义理论家。鲁迅曾译过他的《艺术论》（包括《论艺术》《原始民族的艺术》《再论原始民族的艺术》《论文集〈二十年间〉第三版序》），1930年7月上海光华书局出版，为《科学的艺术论丛书》之一。

④ 这里的白璧德的门徒、"学者"，都指梁实秋。此外，鲁迅在《"硬译"与"文学的阶级性"》《"丧家的""资本家的乏走狗"》（都收入《二心集》）等文中又曾对他提出批评。

四　国运维艰

艺原不是无产阶级的东西，无产者倘要创作或鉴赏文艺，先应该辛苦地积钱，爬上资产阶级去，而不应该大家浑身褴褛，到这花园中来吵嚷。并且造出谣言，说在中国主张无产阶级文学的人，是得了苏俄的卢布。这方法也并非毫无效力，许多上海的新闻记者就时时捏造新闻，有时还登出卢布的数目。但明白的读者们并不相信它，因为比起这种纸上的新闻来，他们却更切实地在事实上看见只有从帝国主义国家运到杀戮无产者的枪炮。

统治阶级的官僚，感觉比学者慢一点，但去年也就日加迫压了。禁期刊，禁书籍，不但内容略有革命性的，而且连书面用红字的，作者是俄国的，绥拉菲摩维支（A. Serafimovitch），伊凡诺夫（V. Ivanov）和奥格涅夫（N. Ognev）不必说了，连契诃夫（A. Chekhov）和安特来夫（L. Andreev）①　的有些小说，也都在禁止之列。于是使书店只好出算学教科书和童话，如 Mr. Cat 和 Miss Rose② 谈天，称赞春天如何可爱之类——因为至尔妙伦（H. Zur Mühlen）③ 所作的童话的译本也已被禁止，所以只好竭力称赞春天。但现在又有一位将军④发怒，说动物居然也能说话而且称为 Mr.，有失人类的尊严了。

---

①　绥拉菲莫维支，今译绥拉菲摩维奇（А. С. Серафимович，1863—1949），苏联作家。著有长篇小说《铁流》等。
伊凡诺夫（В. ИЕанов，1895—1963），苏联作家。著有中篇小说《铁甲列车14—69号》等。
奥格涅夫（Н. Огнёв，1888—1933），苏联作家。著有《新俄学生日记》。
契诃夫（А. П. Чехов，1860—1904），俄国作家。著有短篇小说数百篇及剧本《万尼亚舅舅》《樱桃园》等。
安特来夫，今译安德列夫（Л. Н. Андреев，1871—1919），俄国作家。著有中篇小说《红笑》等。
②　英语：猫先生和玫瑰小姐。
③　至尔妙伦（1883—1951），德国女作家。她的童话《小彼得》即《小彼得的朋友们讲的故事》曾由许广平译成中文，鲁迅加以校订。1929年11月上海春潮书局出版。该书第六篇《破雪草的故事》中，曾将剥削阶级和剥削制度比喻为冬天，加以诅咒。
④　一位将军，指当时湖南军阀何键。他在1931年2月给国民党政府教育部的"咨文"中，主张禁止在教科书中把动物比拟为人类。

爱国的理由

　　单是禁止，还不是根本的办法，于是今年有五个左翼作家失了踪，经家族去探听，知道是在警备司令部，然而不能相见，半月以后，再去问时，却道已经"解放"——这是"死刑"的嘲弄的名称——了，而上海的一切中文和西文的报章上，绝无记载。接着是封闭曾出新书或代售新书的书店，多的时候，一天五家，——但现在又陆续开张了，我们不知道是怎么一回事，惟看书店的广告，知道是在竭力印些英汉对照，如斯蒂文生（Robert Stevenson），槐尔特（Oscar Wilde）① 等人的文章。

　　然而统治阶级对于文艺，也并非没有积极的建设。一方面，他们将几个书店的原先的老板和店员赶开，暗暗换上肯听嗾使的自己的一伙。但这立刻失败了。因为里面满是走狗，这书店便像一座威严的衙门，而中国的衙门，是人民所最害怕最讨厌的东西，自然就没有人去。喜欢去跑跑的还是几只闲逛的走狗。这样子，又怎能使门市热闹呢？但是，还有一方面，是做些文章，印行杂志，以代被禁止的左翼的刊物，至今为止，已将十种。然而这也失败了。最有妨碍的是这些"文艺"的主持者，乃是一位上海市的政府委员和一位警备司令部的侦缉队长②，他们的善于"解放"的名誉，都比"创作"要大得多。他们倘做一部"杀戮法"或"侦探术"，大约倒还有人要看的，但不幸竟在想画画，吟诗。这实在譬如美国的亨利·福特（Henry Ford）③ 先生不谈汽车，却来对大家唱歌一样，只令人觉得非常诧异。

　　官僚的书店没有人来，刊物没有人看，救济的方法，是去强迫早已经有名，而并不分明"左倾"的作者来做文章，帮助他们的刊物的流布。

---

　　① 斯蒂文生（1850—1894），英国小说家，著有小说《金银岛》等。
　　槐尔特，今译王尔德（1856—1900），英国作家，著有剧本《莎乐美》等。
　　② 政府委员，指朱应鹏。国民党上海市区党部委员、上海市政府委员、《前锋月刊》主编。侦缉队长，指范争波。国民党上海市党部常务委员、淞沪警备司令部侦缉队长兼军法处长、《前锋周报》编辑之一。他们都是"民族主义文学运动"的发起人。
　　③ 亨利·福特（1863—1947），美国经营汽车制造业的垄断资本家，有"汽车大王"之称。

四　国运维艰

那结果,是只有一两个糊涂的中计,多数却至今未曾动笔,有一个竟吓得躲到不知道什么地方去了。

现在他们里面的最宝贵的文艺家,是当左翼文艺运动开始,未受迫害,为革命的青年所拥护的时候,自称左翼,而现在爬到他们的刀下,转头来害左翼作家的几个人。为什么被他们所宝贵的呢?因为他们曾经是左翼,所以他们的有几种刊物,那面子还有一部分是通红的,但将其中的农工的图,换上了毕亚兹莱(Aubrey Beardsley)① 的个个好像病人的图画了。

在这样的情形之下,那些读者们,凡是一向爱读旧式的强盗小说的和新式的肉欲小说的,倒并不觉得不便。然而较进步的青年,就觉得无书可读,他们不得已,只得看看空话很多,内容极少——这样的才不至于被禁止——的书,姑且安慰饥渴,因为他们知道,与其去买官办的催吐的毒剂,还不如喝喝空杯,至少,是不至于受害。但一大部分革命的青年,却无论如何,仍在非常热烈地要求,拥护,发展左翼文艺。

所以,除官办及其走狗办的刊物之外,别的书店的期刊,还是不能不设种种方法,加入几篇比较的急进的作品去,他们也知道专卖空杯,这生意决难久长。左翼文艺有革命的读者大众支持,"将来"正属于这一面。

这样子,左翼文艺仍在滋长。但自然是好像压于大石之下的萌芽一样,在曲折地滋长。

所可惜的,是左翼作家之中,还没有农工出身的作家。一者,因为农工历来只被迫压,榨取,没有略受教育的机会;二者,因为中国的象形——现在是早已变得连形也不像了——的方块字,使农工虽是读书十年,也还不能任意写出自己的意见。这事情很使拿刀的"文艺家"喜欢。

---

① 毕亚兹莱(1872—1898),英国画家。多用图案性的黑白线条描写社会生活,常把人面画得瘦削。

爱国的理由

他们以为受教育能到会写文章,至少一定是小资产阶级,小资产者应该抱住自己的小资产,现在却反而倾向无产者,那一定是"虚伪"。惟有反对无产阶级文艺的小资产阶级的作家倒是出于"真"心的。"真"比"伪"好,所以他们的对于左翼作家的诬蔑,压迫,囚禁和杀戮,便是更好的文艺。

但是,这用刀的"更好的文艺",却在事实上,证明了左翼作家们正和一样在被压迫被杀戮的无产者负着同一的运命,惟有左翼文艺现在在和无产者一同受难(Passion),将来当然也将和无产者一同起来。单单的杀人究竟不是文艺,他们也因此自己宣告了一无所有了。

四　国运维艰

五四断想

闻一多

旧的悠悠死去，新的悠悠生出，不慌不忙，一个跟一个，——这是演化。

新的已经来到，旧的还不肯去，新的急了，把旧的挤掉，——这是革命。

挤是发展受到阻碍时必然的现象，而新的必然是发展的，能发展的必然是新的，所以青年永远是革命的，革命永远是青年的。

新的日日壮健着（量的增长），旧的日日衰老着（量的减耗），壮健的挤着衰老的，没有挤不掉的。所以革命永远是成功的。

革命成功了，新的变成旧的，又一批新的上来了。旧的停下来拦住去路，说："我是赶过路程来的，我的血汗不能白流，我该歇下来舒服舒服。"新的说："你的舒服就是我的痛苦，你耽误了我的路程。"又把它挤掉……如此，武戏接二连三地演下去，于是革命似乎永远"尚未成功"。

让曾经新过来的旧的，不要只珍惜自己的过去，多多体念别人的将来，自己腰酸腿痛，拖不动了，就赶紧让。"功成身退"，不正是光荣吗？"后生可畏，焉知来者之不如今也！"这也是古训啊！

其实青年并非永远是革命的，"青年永远是革命的"这定理，只在"老年永远是不肯让路的"这前提下才能成立。

爱国的理由

革命也不能永远"尚未成功"。几时旧的知趣了,到时就功成身退,不致阻碍了新的发展,革命便成功了。

旧的悠悠退去,新的悠悠上来,一个跟一个,不慌不忙,哪天历史走上了演化的常轨,就不再需要变态的革命了。

但目前,我们还要用"挤"来争取"悠悠",用革命来争取演化。"悠悠"是目的,"挤"是达到目的的手段。

于是又想到变与乱的问题。变是悠悠的演化,乱是挤来挤去的革命。若要不乱挤,就只得悠悠的变。若是该变而不变,那只有挤得你变了。

子在川上,曰:"逝者如斯夫,不舍昼夜!"古训也发挥了变的原理。

四　国运维艰

挥手之间

方　纪①

　　1945年8月28日清早,从清凉山上望下去,见有不少的人,顺山下大路朝东门外飞机场走去。我们《解放日报》的同志,早得了消息,见博古、定一同志相约下山,便也纷纷跟了下来,加入向东的人群,一同走向飞机场去。

　　人们的心情很不平静。近两个星期来形势的发展,真如天际风云,瞬息万变,表现了一个历史转折时期特有的复杂关系。记得10日夜间,新华社的译电员带着刚刚收到的日本投降的消息,一路喊着从我们的窑洞门前跑过,不到天亮,这个消息便像一阵风传遍了延安。第二天晚上,南门外新市场上便出现了群众自发的庆祝集会。卖水果的农民,把一筐一筐的花红果子抛向空中,喊着要人们吃"胜利果实"。有些学校的学生,把棉袄里的棉花掏出来,扎在棍子上,蘸着煤油点起火把来,在大路上游行。

　　当时群众对抗战胜利的热烈心情,是谁也不会觉得过分的。但是过了两天,令人气愤的消息便接连传来:蒋介石下命令不准八路军、新四军受降,阎锡山派兵进攻上党解放区……新的内战危机,忽又迫在眉睫

---

①　方纪(1919—1998),小说家、散文家。著有短篇小说集《不连续的故事》,长篇小说《老桑树底下的故事》,散文集《长江行》《挥手之间》等。

爱国的理由

了！毛主席8月13日做了报告（即《抗日战争胜利后的时局和我们的方针》），指出"内战危险是十分严重的，因为蒋介石的方针已经定了"。

这几天，不要说那些烧棉袄的人不免后悔，许多人心里都憋了一肚子气；把胜利的欢喜，化作对蒋介石的愤怒，早从精神上百倍地警惕起来。

前天延安飞机场上飞来一架美国飞机，这是美国特使赫尔利和国民党政府的代表张治中来了。来做什么？"还不是缓兵之计！"人们私下这样议论。昨天夜里，支部忽然传达了中央关于和国民党政府进行和平谈判的通知，思想上说什么也转不过弯来；并且是，毛主席要亲自去重庆！当时，心里像压上一块石头，点着一把火，又沉重，又焦急，通夜不能入睡！

也许，那天夜里，延安的许多同志，各个解放区的许多同志，都是在一种焦急和不安当中度过的吧？谁不知道蒋介石是个最无信无义的大流氓？谁不知道是美帝国主义在支持蒋介石政府挑动中国的内战？虽说赫尔利假惺惺地跑到延安来，难保不是一伙强盗做就的圈套！

回想起当时的情形，真是令人不安！不少同志义愤地说：谈判自然可以，这无非表示了蒋介石和美帝国主义，不能不承认党所领导的人民力量的强大；不能不承认中国人民的强烈的和平愿望；不能不承认苏联战胜法西斯以后，国际形势更有利于和平民主罢了。但是，毛主席不能去！要谈判，请他蒋介石自己到延安来，咱们保证和"西安事变"一样，有来有去；谈不成不要紧，要打仗，战场上去见高低！

更有不少老同志，感情深重地说：自从上了井冈山，毛主席就没有离开过我们一步！五次"围剿"，万里长征，八年抗战[①]，毛主席和我们在一起，没有离开过自己的军队，自己的根据地，如今，却要亲自去重庆，和他蒋介石谈判。

但是，中央决定了；通知也说得清楚：这是斗争！在当时形势下，我党中央提出了"和平、民主、团结"三大口号，是符合全国人民的要

---

① 此处实指"十四年抗战"。

四　国运维艰

求的。要是蒋介石竟敢冒天下之大不韪，拒绝和谈，发动内战，无非是他自取灭亡，革命胜利来得更快一些，如后来的历史所证明的那样罢了。

这正是我们党在决定国家命运的重要关头，所采取的唯一正确的方针，所表现的大公无私态度。毛主席的亲自去重庆，更是为国家民族，置个人安危于度外的大义大勇的行为！单是这一点，已大可以昭革命之信义于天下了。

送行的人群，陆续朝飞机场走去。出了东关大街，转过一个山嘴，不远就是飞机场。机场上停了一架绿色的军用座机。记得去年修飞机场时，延安的许多同志都参加了劳动，把凿得平平整整的大石头，一块块从山上拖来，一块块按直线铺平，放稳，砸结实，几十个人拉着大石磙子碾来碾去。朱总司令和许多其他领导同志都参加了劳动，和大家一起唱着歌，喊着号子。当时人们都很兴奋，劳动得特别卖力气，心里想着，在延安修飞机场了，这就是说，咱们也要有飞机了，抗战形势要发生重大变化，胜利快来了。

是的，胜利来了。人们所盼望的，所流血争取的独立自由和平民主的生活，又要被蒋介石和美帝国主义破坏！为了制止这种灾难，保卫人民的权利，实现人民的愿望，毛主席现在要从这里，从延安的同志们亲手修造的飞机场上，动身到斗争的最前线去！

飞机场上人越来越多，一会儿就聚集了上千人。但是，谁也不讲话，沉默着；整个机场上空气十分严肃，就像是在前线，战斗将要打响前的一刹那。

汽车的马达声清晰地传来，人们一齐转过头，望着大路。一辆吉普车驶出山嘴，驶入机场。车上跳下周恩来同志、王若飞同志，后面跟了穿着整齐、身佩短剑的张治中将军。按照当时的情形，张治中将军在延安人眼睛里只能是一位尴尬的角色；何况他那一套标准的国民党将官制服，在飞机场上出现，就显得十分不自然了。这种不自然，大约他自己

爱国的理由

也感觉到了，站在汽车跟前犹豫了一下。这时，博古同志迎上前去，和他握手寒暄，似乎还开了一句什么玩笑，引得他突然高声地大笑起来。

接着又是一辆吉普车驰来。车上跳下一个美国人，戴黑眼镜，叼着纸烟，衣服特别瘦，特别短，这使他显得脸比胸膛宽，腿有上身的两倍长，这就是美国的所谓"特使"赫尔利了。

人们转过身去，鼓起眼睛望着他——当然不是表示欢迎的意思。这一点，赫尔利是分明地感觉到了。他犹疑地站在吉普车前，一手扶着车门，一手叉在腰间，像是在估量当前的形势。等了一会儿，看到人群只是静静地，望着他，于是挥一挥手，纸烟也不拿下来，朝人们喊了一声"哈罗"，便急匆匆地朝飞机走去。

谁也不再注意他，人们又听到了汽车的马达声：一辆延安人都熟悉的带篷子的中型汽车正转过山嘴，朝飞机场驶来。立刻，人群像平静的水面上卷过一阵风，成一个整体地朝前涌去。接着，又停下来；正当汽车站住，车门打开的时候，机场上响起了一阵雷鸣般的掌声。

毛主席走下车来。和平日不同，穿一套半新的蓝布制服，皮鞋，头戴深灰色的盔式帽。整个装束，完全是像出门做客一样。这立刻引起人们一种深切的不安和离别的情绪，眼泪不由得涌了出来。

在延安人的记忆里，主席永远穿一套总是洗得很干净的旧灰布制服，布鞋，灰布八角帽。他的伟岸的身形、明净的额、温和的目光和热情的声音，时时出现在会场上、课堂上、杨家岭山下散步时的大道边。主席生活在群众中间，生活在同志们中间。主席的音容笑貌，举手投足，人们是熟悉的，理解的，怀着无限信任和爱戴，团聚在他的周围，一步不能离开，一步不曾离开！如今，主席穿起了做客的衣服，要离我们远去了！

一霎时，人们心里，像海上波涛般起伏汹涌。千百双眼睛，热切地投向主席身边。主席在汽车边站定，目光平视，望着全体送行的人，经过每一个人的脸；好像所有在场的人，他都看到了。这时，他眼睛里露

四　国运维艰

出一种亲切的、坚定的微笑，向人们点了点头。

站在前面的中央负责同志们，迎上前去。主席伸出他那宽大的手掌，和大家一一握手道别。主席的脸色是严肃的，从容的，眼睛里充满了无限的关切和鼓舞之情。然后，又停下来，望着所有送行的人，举起右手，用力一挥，便朝停在前面的飞机一直走去。

机场上人群静静地立着，千百双眼睛跟随着主席高大的身形在人群里移动，望着主席一步一步走近了飞机，一步一步踏上了飞机的梯子。

这一会儿时间好长啊！人们屏住了呼吸，一动不动地望着主席的一举手，一投足，直到他在飞机舱口停住，回转身来，又向着送行的人群。

人群又一次像疾风卷过水面，向着飞机拥了过去。主席站在飞机舱口，取下头上的帽子，注视着送行的人们，像是安慰，像是鼓励。人们不知道怎样表达自己的心情，只是拼命地一齐挥手，像是机场上蓦地刮来一阵狂风，千百条手臂挥舞着，从下面，从远处，伸向主席。

主席也举起手来，举起他那顶深灰色的盔式帽；但是举得很慢很慢，像是在举起一件十分沉重的东西。一点一点地，一点一点地，举起来，举起来；等到举过了头顶，忽然用力一挥，便停止在空中，一动不动了。

主席的这个动作，给全体在场的人，以极其深刻的印象。它像是表达了一种思维的过程，做出了断然的决定；像是集中了所有在场的人，以及不在场的所有革命的干部、战士和群众的心情，而用这个动作表达出来。这是一个特定的、历史性的动作，概括了当那个伟大的历史转折时期到来的时候，领袖，同志，战友，以及广大革命群众之间，无间的亲密，无比的决心，无上的英勇。

请感谢我们的摄影师吧，为人们留下了这刹那间的、永久的形象；这无比鲜明的、历史的记录！正是在这挥手之间，表明了一种深刻的历史过程，表现了主席的伟大性格。愿所有的人，通过这张照片，能够理解和体会，那当抗日战争胜利，我们的国家处在十字路口，处在两种命

爱国的理由

运、两个前途决定胜败的斗争的严重时刻，我们的党和毛主席，为国家和人民做出了怎样的贡献！

飞机的发动机响了，螺旋桨转动起来。随着这声音，人们的心猛烈地跳动，人们的眼睛一刻也不离开这架就要起飞的飞机；任凭螺旋桨卷起了盖地的尘沙，遮住了人们的眼睛。这架飞机该有多大的重量啊！它载负着解放区人民的心，载负着全中国人民的希望，载负着我们国家的命运！

主席的面容出现在飞机窗口，人们又一次拥上前去，拼命地挥手。主席把手抚在机窗的玻璃上，手指无声地弯动。直到飞机转了弯，奔上跑道，起在空中，在头顶上盘旋，然后向南飞去，人们还是仰着头，目光越过宝塔山上的塔顶，望着南方的天空，久久地不肯离去。

以后的事，大家都知道了。毛主席在重庆住了四十三天，最后才签订了"双十协定"。从《毛泽东选集》四卷《关于重庆谈判》一文的注释里，我们可以看到，当时为了顾全大局，为了实现全国人民要求的和平、民主的生活，我们党是做了怎样的有原则的让步，进行了怎样的针锋相对的斗争。如果不是9月间的上党战役消灭了阎锡山的三万五千人，恐怕连这样的"双十协定"也不会有的！

现在，重读《抗日战争胜利后的时局和我们的方针》《中共中央关于同国民党进行和平谈判的通知》以及《关于重庆谈判》等等伟大的历史文献，想起了当时在延安机场上为毛主席送行的情景，真如同是一面历史的镜子，照亮了过去，也照亮了今天和未来……

以后，是在战争中了。蒋介石撕毁了他亲手签订的"双十协定"，在美帝国主义支持下，向解放区大举进攻。解放战争全面打响了。一个夜晚，在承德前线，读到一位从北平"军调部"来的同志抄在一个小本子上的毛主席的《沁园春·雪》——这首诗第一次在重庆发表出来，震动了整个所谓"大后方"的人士，他们从这里看到了决定历史命运的真正力量，听到了革命进程的脚步声音！而我们，在前线，在炮火声中，在

四　国运维艰

闪耀的火光里望着战士们持枪跃进的身形，这诗里的思想、情绪，完全变成伸手可触的形象，身置其中的境界了。于是，诗的每一个字，如同火炬一般，燃烧起来。刹那间，整个前沿阵地，仿佛一片通明！解放战争的炮火，正在摧毁旧中国的一切黑暗势力。当时的敌人，看来是强大的；但是，正如诗里所写，决定历史命运的不是秦皇汉武、唐宗宋祖，而是人民自己，是当代的"风流人物"！

记得初到前方时，部队的同志告诉我：8月28日清早，部队上传达了毛主席亲自去重庆谈判的通知，当天十点钟，所有的战士都翘首西望，在天空中寻找那架从延安起飞的飞机，谛听着飞机的声音；并且当真，他们像是听到了这架飞机的沉重的隆隆声响！那时，我们的战士怀着怎样的心情啊！他们握紧手里的武器，等待事情的结局。如今，战士手中的武器，正在发挥自己的威力了。于是，在震耳的炮火声中，我们不禁高声朗诵起来——

>　……………
>　俱往矣，
>　数风流人物，
>　还看今朝！

延安机场上送行的情景，又出现在眼前了：主席伟岸的身形，站在飞机舱口；坚定的目光，望着送行的人群；宽大的手掌，握住那顶深灰色的盔式帽，慢慢地举起，举起，然后有力地一挥，停止在空中……

在他面前，是无数的战士，正朝着他所指引的方向，奋勇前进。

1960年10月

（原载《人民文学》1961年第10期）

爱国的理由

十月长安街

袁 鹰

我们伟大祖国的千秋青史,将要以璀璨辉煌的金字,记下一九七六年十月。

一九七六年十月六日,党中央政治局代表三千多万共产党员和九亿人民的共同心愿,奋然一击,粉碎了为祸十年的"四人帮",在万分危急的关头拯救了中国革命事业。于是,一阵声震九霄的风雷,传送了振奋亿万人心弦的喜讯;像一阵渴望的春雨,荡涤着祖国大地上的陈污积垢。

"忽如一夜春风来,千树万树梨花开。"霎时间,东西长安街成了喧腾的大海。从北京的车间矿井,平原山村,军营学校,大街小巷,涌来了无穷无尽的人潮,卷起了无边无际的旗浪。锣鼓声,鞭炮声,口号声,欢呼声,在这里汇成滚滚洪涛,又翻腾冲激着散向四面八方。就像大坝突然开放闸门,满满一水库的春水,白浪如山,呼啸着从泄洪道奔泻而下;就像沉寂多年的火山口突然喷火,蕴藏在地心深处的通红滚烫的岩浆汹涌地飞迸……

红旗如潮,歌声如海。十月长安街上,奔涌着的是千千万万人压抑、积郁了十年之久的难以平静的心潮啊!

两鬓如霜的老战士,跟青年人一起兴高采烈地挥舞小旗,红扑扑的脸上焕发着来自肺腑的欢悦。扑灭"四人帮"的辉煌胜利,使他们联想

四　国运维艰

起四十年前遵义会议的红楼。《长征组歌》里怎么唱来着？"英明领袖来掌舵，革命磅礴向前进！"他们跟随党中央和毛主席，南征北战数十年，披荆斩棘，夺取一个个胜利。今天，冲过险滩，踏平暗礁，革命的大航船在党中央率领下，又迎风破浪奋勇直前！你看他们高呼口号，一任喜泪和热泪簌簌地淌了满脸。他们沐浴着十月的阳光，依旧显示出当年过雪山草地和在太行山反"扫荡"时候的神采……

刚从炼钢炉前下了夜班的工人，来不及换下劳动服，就从郊外赶进城来到长安街上。咚咚咚咚，咚咚咚咚……重槌把大鼓敲得震天响，敲得人们心花怒放。这些炼钢炉前的闯将，不止一次在长安街上游行，也不止一次担任鼓手，但今天的鼓声啊，分外响亮，分外激昂。他们是在用鼓槌发言啊！从这一阵接一阵撼人心弦的鼓声里，人们不是能分明地感受到工人阶级对清除鬼蜮的热烈欢呼吗？

一些身体瘦弱的女同志，在游行队伍里跟小伙子们一样，一迭声地喊口号，顾不得嘶哑了嗓子。她们有的在延河滩上开过荒，有的在上海或者北平的大街上组织和参加过反对帝国主义和国民党反动派的示威游行，有的参加过土改运动，有的刚刚送走一批毕业的学生，有的正要出发去边疆巡回医疗……来到长安街上，她们年轻了十年、二十年。"四人帮"给她们带来的愁颜，被胜利的欢乐扫得无影无踪。你看，在天安门前的阵阵锣鼓声里，她们情不自禁地扭起了秧歌……

长安街上的人群里，青年人最是生机勃勃、热气腾腾的人。他们唱歌、跳舞、敲锣打鼓，放鞭炮，一刻不停。那年纪大几岁的，也许又想起在天安门前，长安街上，曾经多次接受毛主席和其他中央领导人的检阅，那难忘的时刻，常常激励着自己前进不息。今天，他们又将在天安门前向敬爱的党中央表明决心，斗志昂扬地开始新的长征……

然而，长安街上的锣鼓敲得再响，怎能全部表达出人们对清除"四人帮"这伙人面兽心的野心家、阴谋家的由衷喜悦呢？长安街上的

爱国的理由

彩旗挥得再高,又怎能充分反映出人们此时此地的千般思绪、万种情怀呢?

在东长安街朱红色的墙下,我看到一位白发苍苍的老人,坐在手推车上。那模样,像是一位腿脚不灵便的老工人或是早已退休的老教师。两个戴红领巾的姑娘扶着他——也许是他的孙女,也许是他的邻居。老人的眼睛,都笑得眯成缝了。他举着手里的小旗,向游行队伍不住挥舞。游行的人们,也挥动小旗,微笑地向这位老人致意。大街上热火朝天,听不清老人在说些什么。人们听到的,只是他不断地咧开嘴笑着说:"好啊!好啊!……"这简单的两个字里,包含着千言万语。岂仅是这位老人,走在长安街上的千千万万个男女老幼,谁没有千言万语要倾诉啊!

古老的长安街,宽阔明净的长安街,你这伟大的历史见证人,经历过几回今天这样的场景呢?

且不说那遥远的岁月里,你曾亲眼看到李闯王的农民起义军怎样纵马奔驰到你身边,一箭射中明朝皇宫的匾额;且不说你曾亲眼看到八国联军侵略者的铁蹄怎样粗暴地践踏街心的青石板,义和团的勇士们怎样视死如归,血染长街;且不说你曾亲眼看到英雄的人民,怎样砍倒黄龙旗、五色旗和青天白日旗,怎样折断日本鬼子的膏药旗和美国侵略者的星条旗,终于,在那个金光灿烂的十月,毛主席在万众欢腾中亲手升起鲜艳的五星红旗,长安街上响彻了胜利的礼炮声……且不说那么远了,就说今年这一年里,长安街啊,你经历了多么不平凡,多么难忘的三百多个日日夜夜!

在我们亿万人民的心头,将要以永恒的记忆,镌刻下一九七六年的悲痛和忧虑,哀伤和欢乐,困难和胜利。

我们敬爱的毛泽东主席、周恩来总理和朱德委员长,在仅仅九个月里相继与世长辞。长安街啊,浸透了悲恸的泪水,笼罩着浓重的哀

四　国运维艰

思——

谁能忘记：一月十一日那个惨淡的黄昏，东西长安街上伫立着一百多万人，迎着凛冽的寒风，目送一辆缀着黄黑二色绸带的灵车缓缓向西去。那灵车上，安卧着我们的好总理啊！灵车，请你走得再慢些、再慢些吧，让他安静地多睡一会儿吧。他为人民操碎了心，几十年都没有能好好休息啊！十里长街上，肃静的人群低声啜泣，失声痛哭，泪眼凝望灵车在黯黯的夕阳余晖中驶向八宝山。那天，直到深夜，长安街头还有人在等候着，等候敬爱的总理归来……以后，一月和四月，成千上万人来到天安门广场，把数不清的花圈送到人民英雄纪念碑前，把数不清的小白花缀在纪念碑周围的冬青树上，也把一颗颗深深怀念周总理的红心绾系在那无数白花上了。

谁能忘记：我们度过了一个愁云深锁的春天，又送走一个阴霾密布的夏天。正当满腔悲愤、心潮难平的时刻，我们又失去了受到全国军民衷心爱戴的革命老前辈。在深切哀悼朱德委员长的日子里，人们又一次把沉重哀伤的脚步深深印在长安街上。想起朱总司令的战马，曾经驰骋在大半个中国的疆场上，冲过几十年的烽火，我们就更加痛恨林彪、江青和他们那帮罪恶的同伙迫害革命老前辈的罪恶行径。从春到夏，从夏到秋，"四害"横行，妖氛猖獗，王张江姚那伙窃国奸贼，正圆睁豺狼的眼睛，盯住党和国家的最高权力；吐出毒蛇的舌头，喷向社会主义红色江山；伸出虎豹的魔爪，残害无辜的革命人民。人们看着长安街上的滚滚乌云，只能把无穷的忧虑埋在心底。

谁能忘记那悲痛欲绝、肝肠断裂的九月！长安街，跟祖国九百六十多万平方公里的山山水水一样，沉浸在无休止的泪水里。在瞻仰毛主席遗容的时候，在参加首都一百万军民追悼大会的时候，在追悼大会以后到天安门前宣誓留影的时候，我们走在长安街上，心里注满了铅，血液几乎都凝固了。我们景仰毛主席一生比昆仑山还高的丰功伟绩，我们怀

爱国的理由

念毛主席的比东海还深的恩情，然而，我们也紧蹙双眉，忧心忡忡：毛主席领导我们披荆斩棘开辟出来的道路，怎样继续走下去？那些早就躲在阴暗角落里把牙齿磨得格格响的两脚豺狼，会不会发疯地冲出来把它咬断？

国庆节后一天，我陪一位从远方来的老同志从西单沿长安街往东走。刚走过府右街口，我们的心都一下子揪紧了。过去，每次走过新华门，人们总要停一停脚步，深情地朝大门里凝望；白天，仿佛看到毛主席在庭院里散步；夜晚，仿佛看到周总理案头的灯光。然而今天，今天啊，我们第一次度过失去他们的国庆节了！

"你知道，"我的老战友低声说，"这些天来，我的心都快掏空了。我怕也许有朝一日，我们再不能这样安然地在长安街上走。这不是过分的担心吧？"

我对他默默点点头，表示同感。我告诉他，这一两年来，我到过不少地方，遇见过许多同志，长征路上的老红军、老船工，延安窑洞前的老边区劳动模范，天津新港的码头工人，大运河边的农村基层干部，上海、南京的满头白发的老同志和英气勃勃的青年干部……所有这些同志，自然互不相识，而且关山阻隔，海角天涯，但是，我深深感到，这些忠心耿耿的共产党员，这些正直无私的革命战士，这些对共产党怀有深厚无产阶级感情的劳动者，他们的心，都是相通的；他们的愿望，他们的爱和憎，都是相同的。人们再三向我这个从北京去的人，衷心地祝愿毛主席他老人家的健康，心神不定地探询周总理的病况，也愤懑地议论那几个"人面东西"的所作所为。唐山、丰南地震以后，我在天津工作过一个月，深深感受到灾区人民那种"天崩地裂何足惧，泰山压顶不弯腰"的英雄气概。党中央的亲切关怀，更增添灾区军民战胜严重困难的坚强意志。但是，在同一些老工人、一些共产党员深谈的时候，我感觉到在他们宽广的胸膛里，别有一种深沉的忧虑和愁思。在九月九日以后，这

四　国运维艰

种忧虑和愁思更加重了。他们说：七级地震不足惧，怕的是罩在祖国大地上、压在亿万人心头的那块凶险的乌云怕有朝一日会遮住万里晴空，使天地在刹那间改变颜色。

在那段日子里，战友相逢，知心倾诉，总是用最简练的语言，含蓄地然而坚定地表达彼此的心情。温习一段毛主席的教导："成千成万的先烈，为着人民的利益，在我们的前头英勇地牺牲了，让我们高举起他们的旗帜，踏着他们的血迹前进吧！"默默瞻仰周总理的遗像，想想他怎样鞠躬尽瘁，无限忠贞地把毕生精力献给壮丽的无产阶级革命事业，直到临终，还叮嘱要把自己骨灰撒在祖国江河土地上；背诵几句鲁迅的诗："横眉冷对千夫指，俯首甘为孺子牛""心事浩茫连广宇，于无声处听惊雷"；唱一节《国际歌》："最可恨那些毒蛇猛兽，吃尽了我们的血肉。一旦把它们消灭干净，鲜红的太阳照遍全球"……就足以产生互相鼓舞、互相激励的精神力量了。

这样，我们终于迎来了一九七六年的十月，英雄的十月，胜利的十月。我们迎来了天安门上的朝晖，迎来了长安街上的锣鼓。亿万人民长久盼望的一天，在我们没有料到的时间提前来到了！亿万人民衷心期待的胜利，在我们心急如焚、欲哭无泪的时刻突然成为钢浇铁铸的现实了！"剑外忽传收蓟北，初闻涕泪满衣裳，却看妻子愁何在？漫卷诗书喜欲狂……"杜甫的诗句，虽然被人重复背诵，又怎能表达狂喜的心情呢？"相对如梦寐"又怎能代替积郁在心头的千言万语呢？伟大的胜利，朝思暮想的胜利，怎能不使人心花怒放，喜泪盈眶？怎能不使人欢腾跳跃地涌上长安街，涌向天安门，纵情欢呼，放声歌唱！动乱不已、祸患频仍的日子终于结束了，白天不敢讲真心话、夜里不敢安心睡觉的日子终于结束了。伟大祖国的千年青史，终于展开了新的章页。

不是有位老战士在天安门前想起遵义会议的红楼吗？他联想得真好。一九七六年十月，就像一九三五年一月，像一九四九年十月，又一次成

爱国的理由

为革命的历史转折点。天安门是一艘庄严雄伟的战舰,载着中华民族的命运和希望,迎着风浪,一往无前地驶向远方。

十月长安街,真正成了无产阶级的盛大节日。瞳瞳红日,朗朗乾坤,万里长空,宽广大道。亿万人民的洪流,紧跟党中央,豪情满怀迎接新的战斗,浩浩荡荡地奔向更大胜利的明天。

十月长安街,一路红旗,一路战鼓,一路凯歌……

一九七六年十月底,北京锣鼓巷

四　国运维艰

四十年前开启国门的那一刻

梁　衡

今年是中国改革开放四十年。改革开放，这四个字已成了一个时代的标志，一代人永恒的记忆。

现在的中国人，小学生假期出国游，都已是很平常的事了。但是不可想象，四十年前中国的大部分高干都未曾踏出过国门。"文化大革命"已使我们多年隔绝于世。1978年，"文革"结束，中央决定派人出去看看，由副总理谷牧带队，选了二十多位主管经济的高干，出访西欧五国。行前，邓小平亲自谈话送行，嘱咐好生考察学习。

代表团组成后才发现，二十多人中只有两个人出过国，一个是水利部长钱正英，也就只去过苏联等社会主义国家，还有一个是外交部给配的工作人员。这些高干出国后诸多不习惯。宾馆等场合到处是落地玻璃门，工作人员提醒千万别碰头，但有一次还是碰碎了眼镜。吃冰激凌，有人怕凉，就有人说："可以加热一下嘛。"言谈举止，笑话不断。一个十多亿人口的大国，一个联合国的常任理事国，在世界舞台上竟是这样的手足无措。

生活小事不适应还好说，关键是每天都要脑筋急转弯。出国前脑子里想的是西方正在腐朽没落，我们要拯救世界上三分之二受苦的人。但眼前看到的富足、繁荣让他们天天感叹，处处吃惊。西德一个露天煤矿，

爱国的理由

年产煤五千万吨,只有两千名职工,最大的一台挖掘机,一天就产四十万吨。而国内,年产五千万吨煤大约需要十六万名工人,相差八十倍。法国一个钢铁厂年产钢三百五十万吨,职工七千人;而武汉钢铁公司年产两百三十万吨,有六万七千人。我们与欧洲的差距大体上落后二十年。震惊之下,代表团问我使馆:"长期以来,为什么不把实情报告国内?"回答是:"不敢讲。"

代表团6月归来,在大会堂里向最高层汇报,从下午三点半一直讲到晚上11点,听者无不动容,大呼"石破天惊"。

1978年10月邓小平又亲自出访当时已是"亚洲四小龙"的新加坡,而这之前我们常称人家为"美帝国主义的走狗"。邓深为对方的成就吃惊,尤其佩服其对外开放和引进外资的政策,便求教于李光耀总理。李直率地说,你要交朋友,要引资,先停止对别国反政府武装的支持,停止他们设在华南的广播电台。邓回国后断然停止"文革"中奉行的"革命输出",转而大胆引进外资,改革体制,直至提出"一国两制"。邓的虚心和坚决给李光耀留下了深刻的印象,多少年后他回忆说:"我从未见过一位共产党领袖,在现实面前愿意放弃自己的一己之见。尽管邓小平当时已七十四岁。"认错是痛苦的,但这更见一个伟人的伟大。

而当时的普通百姓是怎样接触并接受外部世界的呢?1984年,我时任中央某大报驻省记者,应该算是不很闭塞的人了。一次回京,见办公室一群人围着一件东西看,这是报社驻西柏林记者带回的一张绵纸,八寸见方,雪白柔软,上面压印着极精美的花纹。大家就考我,是什么物件。当时中国还没有纸巾这个词,也没有一次性这个概念,我无论如何答不上来。那位记者说:"这是人家公共厕所里的擦手纸。"天啊,我简直要晕了过去。老外这样的阔气,又这样的浪费呀!我把这张纸带回驻地,给很多人传看,无不惊得合不上嘴。

不久,我第一次出国到欧洲,飞机上喝水用一种硬塑杯,晶莹剔透,

四　国运维艰

比玻璃杯还漂亮，喝完便扔。但我觉得实在是一件艺术品，舍不得扔掉，把玩许久，一直带回国内。喝热茶时每人一套精美的茶具，喝咖啡时又是另一套咖啡具。机上走廊很窄，空嫂来回更换不厌其烦。该送咖啡了，我嫌面前小桌上的杯盘太多，也为空嫂少洗一套杯具着想，便将空的茶杯递了过去。不想这位洋大嫂用吃惊、鄙夷的眼光，深深地瞪了我一眼，那潜台词是："你这个中国土包子！"我一时羞愧难当，永远也忘不了那个抽了我一鞭子似的目光。

这就是当时我们与世界的差距。

当中国十年冰冻的体制、停滞的生产力受到外来信息的吹拂时，一切守旧的思想开始在春风中慢慢融化。责任制、承包、下海、商品经济等，这些新概念先是如幽灵般地在人们身边徘徊，最后聚成了一个时代大潮，而一批时代的弄潮儿也就出现了。

1980年春，当时人民公社的体制还未撤销。我到山西五台山下的一个小村庄里采访一位奇人。他在"文革"前即考上清华大学，却因出身不好，被退回乡里务农。他躬耕于农亩却不改科研的初心，自学两门外语，研究养猪技术。公社猪场连年亏损。改革春风稍一吹动，他便带上自己的一个小存款折，推开公社书记办公室的门，说："我愿承包公社猪场，一年翻身。如若不能，甘愿受罚。口说无凭，立个军令状，以此相押。"说罢将存折啪的一声，拍在桌子上。书记也豪爽，说："如若有失，你我共担。"结果这个猪场一年翻身，大大盈利。这篇稿子见报后，一个月竟收到五千多封来信。全国各地前来学习的农民络绎不绝，他就借势办起了养猪培训班。当地破格将这个农民转为国家干部，又直接任为科委副主任。科学的春天、政治的春天一起到来了。那篇新闻稿也获得当年全国好新闻。

还有更破格的。1981年2月，我去采访一个煤矿，矿长是学采煤专业的大学生，长期在矿上工作。我去时他正戴着安全帽下井。稿子见报

爱国的理由

不久，他突然被任命为省长。一届任满后又调任煤炭部长。那几年经我报道过的普通人，就有四人当上全国人大代表，甚至人大常委。那时，新人成长、重用，真正用上了那个词：雨后春笋。恩格斯说："文艺复兴时期是需要巨人，而且产生了巨人的时代。"四十年前的1978年和随后的日子正是一个产生了巨人和奇迹的时代。

当时虽然大力启用知识分子，但也只能用一小部分。你想，从错划右派，知识分子下放，到十年内乱再次打压，民间窝了多少人才啊。我们一个小小记者站每天挤满上访的人，有申冤的，有要工作的，还有申报发明的。他们以为报纸可帮他们解决一切问题。于是我突发奇想，提出"像开发矿藏一样开发人才"，组织一个人才开发公司，让他们自己解放自己。省政府大力支持，随即拨款四十万元。这在当时是全国第一家人才公司，消息还上了《人民日报》。

那时处在社会最底层的农民在想什么？强烈地想摆脱贫穷，要发财致富。长期穷的原因不是自然条件不好，也不是人懒，是政治上的束缚。本来经济发展就是如河水行地，利益所驱，自通有无。这一招，早在春秋时的政治家管仲治齐就大见灵验，全球资本主义发展也大得其利。而我们搞社会主义，却弃之不用，还避之如瘟疫，防之如猛虎。当时国家供应短缺，农民卖一点自产品却要撵、要抓、要罚，人为地制造穷困。

我那个家乡出煤，煤矿工人有钱但无肉吃。一日一青年农民就趁天未亮时背上猪肉到矿上去卖。突然有谁喊了一声："来人了！"那青年慌急间剁肉，一刀下去砍在自己的左手上，齐刷刷断了四指。这就是那个春风未绿江南岸的黎明前时刻的悲剧。

随着大气候的变暖，开放集市的呼声愈来愈高。报上只是试探性地登了一条四指宽的"群众来信"《是赶集还是撵集》，当日便报纸脱销，甚至有人上门要加订报纸。农民赶集时将这张报纸挂在扁担上作为护身符。冰冻十年的市场，哗啦一下，春潮澎湃。

四　国运维艰

晋南平原产芝麻，一个叫朱勤学的农民从收音机里听到城里副食店缺芝麻酱，就立即手磨一小罐到北京推销，一下拿到上百吨的订单，还带出了一个靠做芝麻酱致富的"麻酱村"。我采访时他拿出自己订的十几种报刊，大谈如何利用外部的科技信息、商品信息。这在当时是很新鲜的事。我很快在报上发了一个头条《听农民朱勤学谈信息》。

马克思说："人们能够自由地获得世界范围内的最大信息，才能得到完全的精神解放。"古今中外，历来的改革都是先睁开眼睛看世界，从对比中找差距。当俄国农奴制走进死胡同时，彼得大帝发起改革，组织庞大的出访团巡访欧洲，而他自己则化装为一个普通团员随团学习。清末，当中国封建社会已千疮百孔，感到不得不改时，也于1866年派出了第一个出国考察团。西方先进文化的信息逐渐吹入国内。然而，近代以来中国对外的大门总是时开时闭，思想也就一放一收。

历史证明，国门打开多大，改革的步子就有多大。五四运动是近代以来最大的一次打开国门，思想解放，直接导致后来新中国的成立；1978年以后中国人再次睁开眼睛看世界，是又一次思想大解放，直接导致了中国特色社会主义的出现。

五 忧国之铭

五　忧国之铭

导　读

思想家总是超前的。

忧国者是思想家中的一种，他不像老子、黑格尔那样是纯粹的思想家，也不仅仅是反思历史车辙的思想者，他居安思危以天下为己任，专以敏锐的目光发现历史车轮前的坎坷，看到的总是危机和隐患，忧国忧民泪水盈眶。因为忧国者总是比一般人想得多，比纯粹思想家更面对现实，他就比别人更多一点痛苦，多一点折磨。由于思想的超前，忧国者很难享受到自己思想的果实，甚至还因为醒得太早，必然遭受晨霜寒风的侵袭。忧国者是历史的悲剧，他们煎熬自己的精神来炼取救国的金丹。他们信奉"先天下之忧而忧，后天下之乐而乐"，而实际上很多人在他们有生之年并没有得到什么快乐。但正是这种博大的胸怀，远大的目光，超前的思想，使他们的人格能超尘脱俗，高标青史，使他们的生命能跨越时空得到永生。

本节古文中选了一篇胡铨的奏折，为使现代读者易懂这篇名文，重拟了一个题目《请杀秦桧书》。因为它反映了中国历史上最典型的一场爱国和卖国之争。现代人中有马寅初等，他们用自己的党性、人格和文章来证明对国家的忠诚。

本节共收文章七篇。

爱国的理由

少年中国说（节选）

梁启超①

日本人之称我中国也，一则曰老大帝国，再则曰老大帝国，是语也，盖袭译欧西人之言也。呜呼！我中国其果老大矣乎？梁启超曰：恶[1]，是何言！是何言！吾心目中有一少年中国在。

欲言国之老少，请先言人之老少：老年人常思既往，少年人常思将来。惟思既往也，故生留恋心；惟思将来，也故生希望心。惟留恋也，故保守；惟希望也，故进取。惟保守也，故永旧；惟进取也，故日新。惟思既往也，事事皆其所已经者，故惟知照例；惟思将来也，事事皆其所未经者，故常敢破格。老年人常多忧虑，少年人常好行乐。惟多忧也，故灰心，惟行乐也，故盛气。惟灰心也，故怯懦；惟盛气也，故豪壮。惟怯懦也，故苟且[2]；惟豪壮也，故冒险。惟苟且也，故能灭世界；惟冒险也，故能造世界。老年人常厌事，少年人常喜事。惟厌事也，故常觉一切事无可为者；惟好事也，故常觉一切事无不可为者。老年人如夕照，少年人如朝阳；老年人如瘠牛，少年人如乳虎[3]。此老年与少年性格不同之大略也，梁启超曰：人固有之，国亦宜然。

造成今日之老大中国者，则中国老朽之冤业也；制出将来之少年中国者，则中国少年之责任也。彼老朽者何足道，彼与此世界作别之日不

---

① 梁启超（1873—1929），近代思想家、文学家、学者。著有《饮冰室合集》。

五 忧国之铭

远矣,而我少年乃新来而与世界为缘。使举国之少年而果为少年也,则吾中国为未来之国,其进步未可量也;使举国之少年而亦为老大也,则吾中国为过去之国,其澌亡[4]可翘足而待[5]也。故今日之责任,不在他人,而全在我少年。少年智则国智,少年富则国富,少年强则国强,少年独立则国独立,少年自由则国自由,少年进步则国进步,少年胜于欧洲,则国胜于欧洲,少年雄于地球,则国雄于地球。红日初升,其道大光;河出伏流,一泻汪洋。潜龙腾渊,鳞爪飞扬;乳虎啸谷,百兽震惶。鹰隼试翼,风尘吸张[6];奇花初胎,矞矞皇皇[7]。干将发硎,有作其芒[8]。天戴其苍,地履其黄[9]。纵有千古,横有八荒[10]。前途似海,来日方长。美哉我少年中国,与天不老;壮哉我中国少年,与国无疆。

【注释】

[1] 恶(wū):表示感叹的助词。有反对的意思。

[2] 苟且:只顾眼前,得过且过。

[3] 乳虎:幼虎。

[4] 澌(sī)亡:灭亡。澌,尽。

[5] 翘足而待:一抬脚就可以来到。极言其时间短,轻易。

[6] 吸张:收缩扩大。又写作"翕(xī)张"。

[7] 矞(yù)矞皇皇:光明盛大的样子。

[8] 干将发硎(xíng),有作其芒:意思是宝剑刚磨出来,锋刃大放光芒。干将,原是铸剑的人的名字,这里指宝剑。硎,磨刀石。

[9] 天戴其苍,地履其黄:意思是头顶着青色的长天,足踏着黄色的大地。戴,顶着。履,踏着。

[10] 纵有千古,横有八荒:是说中国历史悠久,疆域广阔。八荒,东、南、西、北、东南、东北、西南、西北八方荒远的地方,泛指周围。

爱国的理由

"西安事变"后的广播讲话

张学良①

各位听众,各界同胞们:

东北沦亡已经五年多了,华北也几乎名存实亡,西北的危机,也一天比一天地加深。"九一八"后政府所签订的几次协定,实在是断送了许多的主权。日本施行一贯的大陆政策,整个中华民国眼见就要沦为日本帝国主义的殖民地了!

我们的隐忍已经到了最后关头。近来国际形势越发危急,我们再不起来向我们最大的敌人反攻,恐怕以后再没有机会了!

绥东的抗战,全国民气激昂万分,在这个时机,我们的中央政府、我们素日所拥护的领袖,应该如何激励全国军民、发动全国的整个的抗日战争;而事实上我们的忠勇的守土将士,正在前方浴血杀敌,我们的领袖还是胶执"剿匪"的主张,把国内大部的兵力财力,都用在内战式的"剿匪"上。我们的政府的诸公,在后方力谋妥协,只顾苟安一时,不惜把民族立国的精神完全断送。

此外更在上海逮捕了大批爱国分子,查禁了十四种救国刊物,以至

---

① 张学良(1901—2001),国民党爱国将领。1928年任东三省保安司令,是年12月29日通电宣布东三省易帜,后任全国陆海空军副司令等职。事变的组织者。事变结束送蒋回南京即遭软禁,后被押送至台北,直至1988年被台湾当局解除软禁。

五　忧国之铭

人心愤慨，舆论沸腾，这种情形是大家共闻共见的。12月9号西安学生游行，完全出于自动爱国的精神，并无扰乱秩序的地方，蒋委员长竟主张以武力弹压，并申斥必须以机关枪扫射，才能停止这些爱国青年。几次苦谏均被申斥、拒绝，绝无改变他的主张的希望。

学良追随蒋委员长多年，为公为私实在不忍坐视蒋委员长因这种行为，走到自误误国路上去，不得不实行最后的诤谏，希望蒋委员长能有最大的反省。

现在蒋委员长在此极为安全，诸位要知道我绝不是反对蒋委员长个人，是反对蒋委员长的主张和办法；反对他的主张和办法，使他反省，正是爱护他，至于我个人的主张，不合民意，必至覆亡。我们可以问问全国民众，还是愿意立起抗敌、死里求生呢？还是屈辱到底、任人宰割呢？！

一个国家必须有强固的中央政府。但是中央政府必须建筑在民意的基础上。合乎民意的政府，当然要誓死拥护的，若政府措施违反民意，一定会把国家领到灭亡的路上去。大家只知做官，自然有改组之必要。我们这次举动，完全是"为民请命"，绝非造成内乱。一切办法决诸公论。只要合乎抗日救亡的主张，个人生命在所不计。若有不顾舆情、不纳忠言，一味肆行强力压迫者，是即全国之公敌，我们为保有国家民族一线生机打算，不能不誓死周旋，绝不屈服于暴力之下。即不幸而剩一兵一卒，亦必用在抗日疆场上。天日在上，绝无一字之虚伪。诸位要知，我们谋国只应论事不能论人。一般不识大体的人，或者说我们的举动或者有犯上之嫌，若就事论，试问全国四万万五千万民命重，还是蒋委员长一时之身体自由重？我们也曾用过种种的方法，请求蒋委员长即刻领导起来抗日，不要摧残民气。他始终不听，我们才不得已而行权，我们的心地是绝对纯洁，我们的方法是绝对正当，如有反对者，必为全国民众所唾弃，结果必归失败的！

爱国的理由

今后我们要共同负起抗日的神圣任务,共同走上民族解放的阵线上。我们否认对日一切屈服的条约,我们要确实实现孙总理最后所诏告我们的"唤起民众"及"联合世界上以平等待我之民族,共同奋斗"!

最后我们要郑重地向国人提出八项主张:

1. 改组南京政府,容纳各党各派,共同负责救国。
2. 停止一切内战。
3. 立即释放上海被捕之爱国领袖。
4. 释放全国一切政治犯。
5. 开放民众爱国运动。
6. 保障人民集会、结社一切之政治自由。
7. 确实遵行孙总理遗嘱。
8. 立即召开救国会议。

我们愿诚恳地接受各方面的指教和批评,对任何人都认为是中国人,对任何党都视作抗日的力量。

附带声明一件事,就是现在南京方面,把我们的电讯隔断,并且给我们造了很多谣言,他们不愿意国人知道我们在这里做些什么,真是一件不幸的事。我们希望国人明了真相,我们不愿意任何人利用这个机会造内乱,给侵略我们的帝国主义造机会,我们只求有利于国家民族,至于个人的毁誉生死,早置之度外。广播完了。

五　忧国之铭

重申我的请求①

马寅初②

我在拙著《我的哲学思想和经济理论》③一文中有一个附带声明,就是我接受《光明日报》开辟一个战场的挑战书。我说"这个挑战是很合理的,我当敬谨拜受。我虽年近八十,明知寡不敌众,自当单身匹马,出来应战,直至战死为止,决不向专以力压服不以理说服的那种批判者们投降。不过我有一个要求,过去的批判文章都是'破'的性质,没有一篇是'立'的性质;徒破而不立,不能成大事。如我国的革命,只破而不立,决不能有今天"云云。但十一月三十日和十二月七日十四日《光明日报》和《新建设》十二月号所发表的评论,仍属于"破"的性质,不过写的人换了一批新的,素年没有见过面的人,原来的一批"老手"不出面了。这倒是一件好事。人越多,意见越多,使我领教的机会更多,不难最后只要以一篇文章来答谢几百位先生的好意。这予我以极大的方便,几百位先生愿以困难留给自己,以方便让给了我,这真是有高度政治觉悟的人才做得到。不过过去二百多位先生所发表的意见都是

---

①　本文原载《新建设》1960年第1期,1960年1月出版。系马寅初对全国性的大批判的再次响亮回答。

②　马寅初(1882—1982),人口学家、教育学家。曾提出著名的"新人口论"。著作多种,辑成文集出版。

③　载《新建设》1959年11月号。

爱国的理由

大同小异,新鲜的东西太少,不够我学习,十一月三十日《光明日报》登了庄次彭先生的一篇文章,说过去批判我的人已经把我驳得"体无完肤",既然是体无完肤,目的已经达到,现在何必再驳呢?但在我看来,不但没有驳得"体无完肤",反而驳得"心广体胖"了。最近在十一月三十日和十二月七、十四日的《光明日报》上和《新建设》十二月号上所发表的五篇文章更帮助我把我的几个理论弄得益加完整和坚固。我要对这五篇文章作者们表示衷心的感谢,过了新年我就要出京视察三四个月后才回京。回京后再加以一番分析和研究,拟以一篇文章来答谢诸位先生的盛意。可惜以后在《光明日报》上登出来的好文章,我是看不见了。去年我花了五个月的工夫视察九个省份,南自海南岛北至长春,买不到一份《光明日报》。直到了广州,请我的秘书托广东交际处向广东科学院借用自八月一日到九月底两个月的《光明日报》,因为我的文章是分四次登出的(登在去年七月二十四、二十九、三十、三十一日的《光明日报》上),所以我要借八、九两月的《光明日报》看看有没有人批评我的文章。结果大失所望,借来的报残缺不全,只得请《北京大学学报》人文科学编辑委员会把我的这篇文章在一九五九年第一期中转载一下,以资保存而便参考。因此在我视察的期间,既然看不到《光明日报》上所载的文章,恕不答复。迨回京后再行答谢。但我要一再重申我的请求,过去的二百多篇批判文章都是"破"的性质,现在的五篇也是"破"的,我总希望诸位先生多费些时间,做些真正的研究工作,写出一篇"立"的文章出来。你既然说"马寅初对大跃进情解释是不科学的",那么,读者们都希望你做出一个科学解释来。你们说:我要独树一帜以示异鸣高。这话怎么说得出口?正因为我不要独树,所以请你们来共树;正因为我不要一家独鸣,所以请你们来大家共鸣。你们不来共鸣,也是一种示异鸣高。有些人更变本加厉地说我要独树一帜,以与马克思对抗,这真是千古奇谈了。比如十一月三十日《光明日报》所载的庄次彭先生

五　忧国之铭

的文章末段所说，马寅初要独树一帜，以与马克思对抗，他把重点放在"我的"两字（因为我的文章是以《我的经济理论和哲学思想》为题），我用"我的"两字完全是一个责任问题，我立的学说当然是我的，我负责任；你立的学说，当然是你的，你负责任。你立得好，我不来平分秋色；你立得不好，我亦不来代你负责。如果不说"我的""你的"，请问谁来代我们负责啊？党和政府决定"百花齐放、百家争鸣"的方针的时候，决不会怀疑做科学研究工作的人有与马克思对抗的企图。

江苏《群众》杂志第十六期社论反对对敢想敢说的人泼冷水。在这里我要很"坦白"地对诸位先生说一说：泼冷水是不好的，但对我倒有好处。我最不怕的是冷水，因为我洗惯了冷水澡，已经洗了五十多年了，天天洗，夜夜洗，一天洗两次，冬夏不分。因此对我泼冷水，是最受欢迎的。这虽然是锻炼身体的一个好方法，但直接间接影响我的头脑，因此我获得了一个冷静的头脑，很适宜于做科学研究工作。话不多谈了，我相信党，我也拥护党，所以我从党报和党刊（《人民日报》和《红旗》）上引文两段作为对诸位先生的一种贡献。（引文略）

我很高兴地告诉施东向先生：自《新建设》十一月号登出我的文章后，同意我的信已经不是少数了，有的虽表示同意，但不敢签名，只写"读者谨上"字样，这部分地表明了今日的"百花齐放，百家争鸣"的真实情况。我只得唱"独脚戏"，我只得单身匹马出来应战。

在我的文章中没有把中国人口分为"高等人"和"低等人"。我只说把中国人口的质量提高，包括所有阶层在内，工农和知识分子都在内。不错，国内报上常用"高级知识分子"字样，但这并不是我开始用的，而且这几个字并不代表一个阶级。现代"高级知识分子"都入了工会，大家都是工会会员，只有职务上的区别，没有阶级上的区别。有的人如宗正把中国人口分为"高等人""劣等人"，根本不反映今日的现实。至于英国的罗苏和赫胥黎，美国的柯克和爱伦·台耳怎么想、怎么说，那

爱国的理由

是英国、美国的事,我们知道得太少;即有所知,亦不过书本上的知识,死记几句教条主义,亦不能解决中国的人口问题。无论英美学者怎样说,无关于我们的事。他们尽管说,资本家是"优秀遗传的人",是"坚强有力的人",属于"高等人";劳动人民是"心理不健全"的劣等人,应实行节育。他们尽管把人类分成"优等民族"和"劣等民族",并宣传白种人是"优等民族",应该担负领导世界的任务;主张"劣等民族"应该限制繁殖,"改良人种"。这是他们的胡说八道,与我何干?我所主张的,中国人口,包括各阶层在内都要节制生育,都要提高知识水平。文盲固然要教他们读书,高级知识分子亦要努力研究,提高自己,于必要时要向苏联或其他兄弟国家学习,分阶级的说法对我是不能套用的。中国现在正在形成没有阶级的社会,地主与资本家已经不存在,抄写几句外国书本的教条主义是纸上谈兵,工人和农民听起来亦不会感兴趣。如果在工人和农民没有解放之前,在反动党统治时代,在反动党统治的南京或重庆,这些人能勇气百倍,不顾死活,把这些话讲出来写出来,那倒是富有意义的,工人和农民听了,不但会感兴趣,亦且会感激无既。或在共产党境遇很困难的时候,能够说出这些话来,那倒是能起作用的。现在工人和农民已经变为国家的主人翁了,资产阶级已经基本上消灭了,中国已站起来了,不再是半殖民地了,而共产党也已掌握政权,你还来说这些话,既不及时,亦不切实际;不但不切实际,亦是无的放矢。这些人从外国书本上的教条主义中得出"马寅初为资产阶级服务"的结论,这个论断是站不住脚的,因为我讲的是中国的人口问题,是一个特殊问题,不是世界人口问题。中国的资产阶级基本上已经消灭,我要为它服务亦无从服起。反过来,法国的学者们和政府如这些人一模一样,正在竭力鼓吹人口增殖,难道法国的学者们是为无产阶级服务吗?这些人既然要硬说我的控制人口论是为资产阶级服务,我何尝不可硬说他们的人口增殖论是为法国人服务呢?因此从书本知识来推论,是非常危险的,

五　忧国之铭

不免把一把火烧到自己的身上来。中国人口问题的根源不在于外国的书本子上，乃在于中国人民的心理上，广大群众对人口问题到底怎么想，每一对年轻的夫妇是不是还要"儿孙满堂，五世其昌"呢？是不是还相信"不孝有三，无后为大"呢？抑情愿少生几个来提高自己和子女的文化和物质生活呢？因此我们要做一番调查、分析和研究工作，不能徒凭感想来发言。

有的人还把我三四十年前的老文章拿出来作为我为资产阶级服务的证据。挖老根，那是挖不胜挖的，这笔账是算不清的，可以不必费心。不错，在一九三九年以前，我是不与共产党一起的，我也作过文章批评过马克思。但在那年我以实际行动否定了我自己的阶级，否定了过去的我。所以对一九三九年以前的老文章，我不负责任了，我自己亦不引用了，正如马克思否定了自己的阶级一样。自那年起直到现在，无时无刻不与共产党在一起，挑拨离间的企图，是注定要失败的。总而言之，中国的人口问题是一个特殊的人口问题。要调查、分析和研究，要用大量的有关资料来立自己的，不能专凭教条来破别人的。毛泽东主席说过："真正的理论在世界上只有一种，就是从客观实际抽出来又在客观实际中得到了证明的理论。"因此我重申我的请求。

爱国的理由

致聂荣臻同志信

梁思成①

荣臻将军市长：

  北平都市计划委员会成立之初，我很荣幸地被聘，忝为委员之一，我就决心尽其绵力，为建设北平而服务。现在你继叶前市长之后，出来领导我们，恕我不忖冒昧，在欢欣拥戴之热情下，向我的市长兼主任委员略陈管见。

  都市计划委员会最重要的任务是在有计划地分配全市区土地的使用，其次乃以有系统的道路网将市区各部分连贯起来，其余一切工作，都是这两个大前提下的部分细节而已。

  在都市计划委员会建立以后，各方面都能与该会合作，来建立一个有秩序有计划的，而不是混乱无计划的新首都，所以有新的兴建，或拟划用土地时，都事先征询市划会的意见。大者如人民日报社新厦的地址问题，小者如西郊新市区小小一个汽油库的地址问题，都尊重市划会的意见，是极可钦佩的表现。近来听说有若干机关，对于这一个主要原则或尚不明了，或尚不知有这应经过的步骤，竟未先征询市划会的同意就先请得上级的批准，随意地兴建起来。这种办法若继续下去，在极短的

---

  ① 梁思成（1901—1972），广东新会县人。我国著名建筑学家，清华大学教授。著述收集在《梁思成文集》中。

五　忧国之铭

期间内，北平的建设工作即将呈现混乱状态，即将铸成难以矫正的错误，欧美许多城市，在十九世纪后半工业骤然发达的期间，就因这种疏忽，形成极大的错误，致使工业侵入住宅区，工业不能扩展，住宅不得安宁，交通拥塞，以及其他种种混乱状态，使工作效率减低，人民健康受害，车祸频仍，全局酿成人力物力、时间效率上庞大不堪设想的损失。例如伦敦、纽约两市，就计划以五十年的长时间和数不清的人力物力来矫正这错误。追究其源始，也不过最初一处一处的随时随地无计划地兴建累积起来的结果。

我们人民的首都在开始建设的时候必须"慎始"。在"都市计划法规"未颁布之先，我恳求你以市长兼市划会主委的名义布告所有各级公私机关团体和私人，除了重修重建的建筑外，凡是新的建筑，尤其是现有空地上新建的建筑，无论大小久暂，必须事先征询市划会的意见，然后开始设计制图。这是市划会最主要任务之一（虽然部分是消极性的），若连这一点都办不到，市划会就等于虚设，根本没有存在的价值了。

另外一点，与都市计划有不可分划的关系的，就是如何罗致建筑设计人才来北平的问题。朱总司令对于北平建设非常关切，不久以前，他曾垂询我关于建设的计划，并嘱咐我协助公营建筑公司之设立，嘱咐我尽力罗致专材，他是很明白地认识我们需要建筑师之迫切的。

胜利以后，北平建筑师极少，偶有建筑，大多由营造厂商或土木工程师设计，造成极可惋惜的极低水准，假使都市总计划很完善而各个建筑物不好，则都市计划也是徒然的。所以即将成立的公营建筑公司的设计工作，必须由在国内或国外曾有专门训练及研究，在国内又有建造的经验，为同业所称誉者来领导，集体合作，就是干部人才也必须是学建筑成绩优良的毕业生。

最重要的是我们必须将建筑师与土木工程师及承包施工的营造厂商不同的任务区别清楚。这是一向为一般人所不甚明白的。土木工程师是

爱国的理由

从事于铁路、公路、水利、桥梁等等工程的设计的,在房屋结构方面,他的知识只限于土木材料之计算及使用,建筑师除了具备土木工程师所有的房屋结构知识外,在训练上他还受了四年乃至五年严格的课程,以解决人的生活需要为目的。他的任务在运用最小量的材料和地皮,以取得最适用、最合理、最大限度的有用空间,和最美观(就是朴实庄严,不是粉饰雕琢之意)的外表。建筑师是以取得最经济的用材和最高的使用效率,以及居住者在内中工作时的身心康健为目的。近年来国际上对这种训练越加重视,建筑师所注意努力的各点越同土木工程师的范围分开,如室内的光线、音响、空气、阳光,户外通行的秩序,树木道路同人的健康的密切关系。现代在建筑技术上各种科学的研究不一而足,这都是建筑师的专责。

现在北平已开始建设,希望政府首先了解建筑师与土木工程师的区别,并用各种方法鼓励建筑师北来,并与土木工程师合作,以取得最经济、最适用、最高效率、最美观的建筑,以免因建筑物设计之不当,无形中浪费了国家、人民的人力物力,有形中损毁了市容。建筑物建造之后,假使有了错误,是不能任意拆改,是数十年乃至数百年难以矫正的,所以我呼吁我们必须"慎始"。

我因朱总司令的关怀,又受曹言行局长的催促,由沪宁一带很费力地找来了二十几位青年建筑师。此外在各部门做领导工作的,也找来了几位,有拟聘的建筑公司总建筑师吴景祥先生,拟聘的建设局企划处处长陈占祥先生……以及自由职业的建筑师赵深先生等。各人在建筑学上都是有名誉的人才。陈占祥先生在英国随名师研究都市计划学,这在中国是极少有的。在开办之初,政府必须确定他们可以在技术上发展他们的才能,不受过去以营造厂商而兼"打图样"者的阻碍,才有办法。我所介绍来的几位建筑师对于这点最惑疑,来后都因没有确定机构及工作地址,也不明了工作性质范围,也没有机会与各有关方面交换意见,一

五　忧国之铭

切均极渺茫而困惑的感觉。我诚恳地希望，关于这一点，各机关的直接领导者和上级能认识清楚，给他们一点鼓励和保证。

此外还有一些枝节的小问题：如受政府聘请北来人员，人地生疏，带着眷属，困于居住的问题。北来旅费及参考书籍的运费等，亦使他们为难。事情虽小，但在个别的每人来平之前，总要我为他们打听情形，看来我们总应该有个原则上的决定。

我因为对于整个北平建设以及其对于今后数十百年影响之极度关心，所以冒昧陈辞，拉杂写来，聊备参考。琐琐奉陈，务乞宥谅。专此即致崇高的敬礼。

梁思成　敬上
1949 年 9 月 19 日

爱国的理由

梁思成落户大同

梁　衡

当北京正在为拆掉梁思成、林徽因故居而弄得沸沸扬扬满城风雨时，山西大同却悄悄地落成一座梁思成纪念馆。这是我知道的国内第一座关于他的纪念馆，没有出现在他拼死保护的古都北京，也没有出现在他的祖籍广东，却坐落在塞外古城大同。我当时听到这件事不觉大奇，主持城建的耿彦波市长却静静地回答说："这有两个原因，一是上世纪30年代梁先生即来大同考察，为古城留下许多宝贵资料，这次古城重建全赖他当年的文字和图录；二是解放初梁先生提出将北京新旧城分开建设以保护古都的方案，惜未能实现。60多年后，大同重建正是用的这个思路。"大同人厚道，古城重建工程还未完工，便先在城墙下为先生安了一座住宅。开馆半年，参观者已过三万人。

梁思成是古建专家，但更不如说他是古城专家、古城墙专家。他后半生的命运是与古城、古城墙连在一起的。1949年初解放军攻城的炮声传到了清华园，他不为食忧，不为命忧，却为身边的这座古城北平担忧。一夜有两位神秘人物来访，是解放军派来的，手持一张北平城区图，诚意相求，请他将城内的文物古迹标出，以免为炮火所伤。从来改朝换代一把火啊，项羽烧阿房，黄巢烧长安，哪有未攻城先保城呢？仁者之师啊。他激动得说不出话来，标图的手在颤抖。这是他一生最难忘的一幕。

五　忧国之铭

中国有世界上最古老的房子，却没有留下怎么盖房的文字。一代一代，匠人们口手相传地盖着宏伟的宫殿和辉煌的庙宇，诗人们笔墨相续，歌颂着雕栏玉砌，却不知道祖先留下的这些宝贝是怎么样造就的。梁思成说："独是建筑，数千年来，完全在技工匠师之手。其艺术表现大多数是不自觉的师承及演变之结果。这个同欧洲文艺复兴以前的建筑情形相似。这些无名匠师，虽在实物上为世界留下许多伟大奇迹，在理论上却未为自己或其创造留下解析或夸耀。"如何发扬光大我民族建筑技艺之特点，在以往都是无名匠师不自觉的贡献，今后却要成近代建筑师的责任了。直到上世纪20年代末，国内发现了一本宋版的《营造法式》，但人们不懂它在说些什么。大学者梁启超隐约觉得这是一把开启古建之门钥匙，便把它寄给在美国学建筑的儿子梁思成，希望他能在洪荒中开出一片新天地。梁思成像读天书、破密码一样，终于弄懂这是一本古代讲建筑结构和方法的图书。

纸上得来终觉浅，他在欧美留学回来便一头扎进实地考察之中。那时的中国兵荒马乱，梁带着他美丽的妻子林徽因和几个助手跑遍了河北、山西的古城和古庙。山西的北部为佛教西来传入中原时的驻足之地，庙宇建筑、雕塑壁画等保存丰富；又是北方游牧民族定居、建都之地，城建规模宏大。上世纪30年代，西方科学研究的"田野调查"之法刚刚引进，这里就成为中国第一代古建研究人的理想实验田。1933年9月6日，梁思成、林徽因一行来到大同，下午即开始调查测量华严寺，接着又对云冈、善化寺进行详细考察，17日后又往附近的应县木塔、恒山悬空寺调查。再后来，梁、林又专门去了一次五台山，直到卢沟桥的炮声响起他们才撤回北平。因为有梁思成的到来，这些上千年的殿堂才首次有现代照相机、经纬仪等设备为其量身造影。在纪念馆里我们看到了梁思成满面风尘爬在大梁上的情景，也看到了秀发披肩，系着一条大工作围裙的林徽因正双手叉腰，专注地仰望着一尊有她三倍之高的彩塑大佛。这

爱国的理由

就是他们当时的工作。幸亏抢在日本人占领之前,这次测量留下了许多宝贵资料。以后许多文物即毁在侵略者的炮火下。抗战十四年,他们到处流浪,丢钱丢物也不肯丢掉这批宝贵资料,终于在四川长江边一个叫李庄的小镇上完成了中国古建研究的重要成果,也成就了梁、林在中国建筑史上的地位。

现在纪念馆的墙上和橱窗里还有梁、林当年为大同所绘的古建图,严格的尺寸、详尽的数据、漂亮的线条,还有石窟中那许多婀娜灵动的飞天。真不知道当时在蛛网如织、蝙蝠横飞、积土盈寸的大殿里,在昏暗的油灯下,在简陋的旅舍里,他们是怎样完成这些开山之作的。这些资料不只是为大同留下了记录,也为研究中国建筑艺术提供了依据。

1949年新中国成立,饱受战乱之苦又饱览古建之学的梁思成极为兴奋。他想得很远,9月开国前夕,他即上书北平市长聂荣臻将军,说自己"对于整个北平建设及其对于今后数十百年影响之极度关心","人民的首都在开始建设时必须'慎始'",要严格规划,不要"铸成难以矫正的错误"。他头脑里想得最多的是怎样保存北京这座古城。当时保护文物的概念已有,但是,把整座城完好保存,不破坏它的结构布局,不损失城墙、城楼、民居这些基本元素,这却是梁思成首次提出。他曾经设想为完整保留北京古城,在其西边再另辟新城以应首都的工作和生活之需。他又设想在城墙上开辟遗址公园。"城墙上面,平均宽度约十米以上,可以砌花池,栽植丁香、蔷薇一类的灌木,或铺些草地,种植草花,再安放些园椅。夏季黄昏,可供数十万人的纳凉游息。秋高气爽的时节,登高远眺,俯视全城,西北苍苍的西山,东南无际的平原,居住于城市的人民可以这样接近大自然,胸襟壮阔。还有城楼角楼等可以辟为陈列馆、阅览室、茶点铺。这样一带环城的文娱圈、环城立体公园,是全世界独一无二的。"你看,他的论文和建议,也这样富有文采,可知其人是多么纯真浪漫,这就是民国一代学人的遗风。现在我们在纪念馆里还可以看

五 忧国之铭

到他当年手绘的城头公园效果图。但是他的这个思想太超前了,不但与新中国翻身后建设的狂热格格不入,就是当时比较发达,正亟待从战火中复苏的伦敦、莫斯科、华沙等都市也无法接受。其时世界各国都在忙于清理战争垃圾,重建新城。刚解放的北京竟清理出34.9万吨垃圾、61万吨大粪。人们恨不能将这座旧城一锹挖去。他的这些理想也就只能是停留在建议中和图纸上了。新中国成立后的十多年间,北京今天拆一座城楼,明天拆一段城墙。每当他听到轰然倒塌的声响,或者锹镐拆墙的咔嚓声,他就痛苦得无处可逃。他说拆一座门楼是挖他的心,拆一层城墙是剥他的皮。诚如他在给聂荣臻的信里所言,他想的是"今后数十百年"的事啊。向来,知识分子的工作就不是处置现实,而是探寻规律,预示未来。他们是先知先觉,先人之忧,先国之忧。所以也就有了超出众人,超出时代的孤独,有了心忧天下而不为人识的悲伤。

1965年,他率中国建筑代表团赴巴黎出席世界建筑师大会,这时许多名城如伦敦、莫斯科、罗马在战后重建中都有了拆毁古迹的教训,法国也正在热烈争论巴黎古城的毁与存。会议期间法国终于通过了保护巴黎古城另建新区的方案。而这时比巴黎更古老的北京却开始大规模地拆毁城墙。消息传来,他当即病倒。回国途中他神志恍惚,如有所失,过莫斯科时在中国大使馆小住,他找到一本《矛盾论》,把自己关在房子里苦读数遍,在字里行间寻找着,希望能排解心中的矛盾。一年后,"文革"爆发,北京开始修地铁,而地铁选线就正在古城墙之下,好像专门要矫枉过正,要惩罚保护,要给梁思成这些"城墙保皇派"一点颜色看,硬是推其墙、毁其城、刨其根,再入地百米,铺上铁轨,拉进机车,终日让隆隆的火车去震扰那千年的古城之根。这正合了"文革"中最流行的一句革命口号,"打翻在地,再踏上一只脚",算是挖了古城北京的祖坟。记得那几年我正在北京西郊读书,每次进出城都是在西直门城楼下的公交车站换车,总要不由自主地仰望一会儿那巍峨的城楼和翘起的飞

爱国的理由

檐。如果赶在黄昏时刻那夕阳中的剪影,总叫你心中升起一阵莫名的感动。但到毕业那年,楼去墙毁,沟壑纵横,黄土漫天。而这时梁思成早已被赶出清华园,经过无数次的批斗,然后被塞进旧城一个胡同的阴暗小屋里,忍受着冬日的寒风和疾病的折磨,直到1972年去世。辛弃疾晚年怀才不遇,报国无门,他曾自嘲自己的姓氏不好,"艰辛就做,悲辛滋味,总是辛酸、辛苦"。梁先生是熟悉宋词的,他晚年在这间房子里一定也联想到自己的姓氏,真是凄凉做就,悲凉滋味,凉得叫他彻心彻骨。这是他在这个生活、工作,并拼命为之保护的城市里的最后一个住所,就是这样一间旧房也还是租来的。我们伟大的建筑学家,研究了中国古往今来所有的房子,终身以他的智慧和生命来保护整座北京城,但是他一生从没有一间属于自己的房子。

今天我站在新落成的大同古城墙上,想起林徽因当年劝北京市领导人的一句话:"你们现在可以拆毁古城,将来觉悟了也可以重修古城,但真城永去,留下的只不过是一件人造古董。"我们现在就正处在这种无奈和尴尬之中。但是重修总是比抛弃好,毕竟我们还没有忘记历史,在经历了痛苦的反思后又重续文明。现在的城市早已没有城墙,有城墙的城市是古代社会的缩影,城墙上的每一块砖都保留着那个时代的信息和文化的基因。每一个有文化的民族都懂得爱护自己的古城犹如爱护自己身上的皮肤。我看过南京的明城墙,墙缝里长着百年老树,城砖上刻有当年制砖人名字,而缘砖缝生长的小树根竟将这个我们不相识的古人拓印下来,他生命的信息融入了这棵绿树,就这样一直伴随着改朝换代的风雨走到我们的面前。我想当初如果听了梁先生的话,北京那40公里长的古城墙,还有十多座巍峨的城楼,至今还会完好保存。我们爬上北京的城楼能从中读出多少感人的故事,听到多少历史的回声。现在我只能在大同城头发思古之幽情和表示对梁先生的敬意了。

我手抚城墙,城内的华严寺、善化寺近在咫尺,那不是假古董,而

五　忧国之铭

是真正的辽、宋古建文物，是《营造法式》书中的实物。寺内的佛像至今还保存完整，栩栩如生。他们见证了当年梁先生的考察，也见证了近年来这座古城的新生。抚着大同的城墙我又想起在日本参观过的奈良古城，梁思成是在日本出生的，其时他的父亲梁启超正流亡日本。日本人民也世代不忘他的大恩。"二战"后期盟国开始对日本本土大规模轰炸，有199座城市被毁，九成建筑物被夷为平地，这时梁先生以古建专家的身份挺身而出，劝阻美军轰炸机机下留情，终于保住了最具有日本文化特色的奈良古城。30年后这座城市被联合国宣布为世界文化遗产，它保有了全日本十分之一的文物。梁思成是为全人类的文化而生的，他超越民族、超越时空。这样想来，他的纪念馆无论是在古都北京还是在塞外大同都是一样的，人们对他的爱对他的纪念也是超越地域、超越时空的。

我手抚这似古而新的城墙垛口，远眺古城内外，在心中吟哦着这样的句子：大同之城，世界大同。哲人大爱，无复西东。古城巍巍，朔风阵阵，先生安矣！在天之魂。

爱国的理由

一座小院和一条小路

梁　衡

作为伟人的邓小平，一生不知住过多少宅院宾馆，但唯有这座小院最珍贵，这是"文化大革命"中他突然被打倒、被管制时住的地方。作为伟人的邓小平，一生辗转南北，不知走过多少路，唯有这条小路最宝贵，这是他从中央总书记、国务院副总理任上突然被安排到一个县里当钳工时，上班走的路。在小平同志去世后两个月，我有缘到江西新建县拜谒这座小院和轻踏这条小路。

这是一座有六七百平方米的院子，原本是一所军校校长的住宅，"文化大革命"中军校停办。1969年10月小平同志在中南海被软禁三年之后和卓琳还有他的养母又被转到江西，三个平均年龄近七十岁的老人守着这座孤楼小院。仿佛是一场梦，他从中南海的红墙内，从总书记的高位上被甩到了这里，开始过一个普通百姓的生活，不，比普通百姓还要低一等的生活。他没有自由，要受监视，要被强制劳动。

我以崇敬之心，轻轻地踏进院门。现在单看这座院子，应该说是一处不错的地方。楼前两棵桂花树簇拥着浓绿的枝叶，似有一层浮动的暗香，地上的草坪透出油油的新绿。人去楼空，二层的窗户静静地垂着窗帘，储存着一段珍贵的历史。整个院子庄严肃穆，甚至还有几分高贵。但是当我绕行到楼后时，心就不由得一阵紧缩，只见在青草秀木之间斜

五　忧国之铭

立着一个发黑的柴棚和一个破旧的鸡窝，稍远处还有一块菜地，这一下子破坏了小院的秀丽与平静，将军楼也无法昂起它高贵的头。小院的主人曾经受到了一种怎样的屈辱啊。

当时三个老人中六十五岁的邓小平成了唯一的壮劳力，因此劈柴烧火之类的粗活就落在他的身上。他曾经是指挥过淮海战役的直接统帅啊，当年巨手一挥收敌六十五万，接着又挥师过江，再收半壁河山。可是现在，他这双手只能在烟熏火燎的煤炉旁劈柴，只能弯下腰去，到鸡窝里去收那只还微微发热的鸡蛋，到菜地里去泼一瓢大粪，好收获几苗青菜，聊补菜金的不足。要知道，这时他早已停发工资，只有少许生活费。就这样还得节余一些，捎给那一双在乡下插队的小儿女。这不亚于韩信的胯下之辱，但是他忍住了。士可杀而不可辱，名重于命固然可贵，但仍然是为一己之名。士之明大义者，命与名外更有责，是以责为重，名为轻，命又次之。有责未尽时，命不可轻抛，名不敢虚求。司马迁所谓："耻辱者，勇之决也。"自古能担大辱而成大事者是为真士，大智大勇，真情真理。人生有苦就有乐，有得意就有落魄。共产党人既然自许只有解放全人类才能最后解放自己，就忍得人间所有的苦，受得世上所有的气。共产党从诞生那一天起就开始受挤压，受煎熬。有时一个国家都难逃国耻，何况一个人呢？世事沧桑不由己，唯有静观待变时。

一年后，他的长子，"文化大革命"中被迫害致残的邓朴方也送到这里。多么壮实的儿子啊，现在却只能躺在床上了。他给儿子翻身，背儿子到外面去晒太阳。他将澡盆里倒满热水，为儿子一把一把地搓澡。热气和着泪水一起模糊了老父的双眼，水滴顺着颤抖的手指轻轻滑落，父爱在指间轻轻地流淌，隐痛却在他的心间阵阵发作。这时他抚着的不只是儿子摔坏的脊梁，他摸到了国家民族的伤口，他心痛欲绝，老泪纵横。我们刚刚站立不久的国家，我们正如日之升的党，突然遭此拦腰一击，其伤何重，元气何存啊！后来邓小平说，"文化大革命"是他一生最痛苦

爱国的理由

的时刻。痛苦也能产生灵感，伟人的痛苦是和国家的命运连在一起的。作家的灵感能产生一部作品，伟人的灵感却可以产生一个时代。小平在这种痛苦的灵感中看到了历史又到了一个拐弯处。

我在院子里漫步，在楼上楼下寻觅，觉得身前身后总有一双忧郁的眼睛。二楼的书橱里，至今还摆着小平同志研读过的《列宁全集》。楼前楼后的草坪，早已让他踩出一道浅痕，每天晚饭后他就这样一圈一圈地踱步，他在思索，在等待。他戎马一生，奔波一生，从未在一个地方闲处过一年以上。现在却虎落平川，闲踏青草，暗落泪花。如今沿着这一圈踩倒的草痕已经铺了方砖，后人踏上小径可以细细体味一位伟人落难时的心情。我轻轻踏着砖路行走，前面总像有一个敦实的身影。"居庙堂之高则忧其民，处江湖之远则忧其君"，贬臣无己身，唯有忧国心。当年屈原在汨罗江边大概就是这个样子。现在，赣江边又出现一个痛苦的灵魂。

但上面绝不会满足于就让小平在这座院子里种菜、喂鸡、散步，也不能让他有太多的时间去遐想。按照当时的逻辑，"走资派"的改造，是重新到劳动中去还原。小平又被安排到住地附近的一个农机厂去劳动。开始，工厂想让他去洗零件，活轻，但人老了，腿蹲不下去；想让他去看图纸，眼又花了太费神。这时小平自己提出去当钳工，工厂不可理解。不想，几天下来，老师傅伸出大拇指说："想不到，你这活够四级水平。"小平脸上静静的，没有任何表情。他的报国之心，他的治国水平，该是几级水平呢？这时全国所有报纸上的大标题称他是中国二号"走资派"（但是奇怪，"文化大革命"后查遍所有的党内外文件，却找不到任何一个对他处分的决定）。金戈铁马东流水，治国安邦付西风，现在他只剩下了钳工这个老手艺了。钳工就是他十六岁刚到法国勤工俭学时学的那个工种，时隔半个世纪，恍兮，惚兮，历史竟绕了这么大一个圈子。

工厂照顾小平年迈，就在篱笆墙上开了一个口子，这样他就可以抄

五　忧国之铭

近路上班,大约走二十分钟。当时决定撕开篱笆墙的人绝没有想到,这一举措竟为我们留下一件重要文物,现在这条路已被当地人称为"小平小路"。工厂和住地之间有浅沟、农田,"小平小路"蜿蜒其间,青青的草丛中袒露出一条红土飘带。我从工厂围墙(现已改成砖墙)的小门里钻出来,放眼这条小路,禁不住一阵激动。这是一条再普通不过的乡间小路,我在儿时,就在这种路上摘酸枣、抓蚂蚱,看着父辈们背着牛腰粗的柴草,腰弯如弓,在路上来去。路上走过牧归的羊群,羊群荡起尘土,模糊了天边如血的夕阳,中国乡间有多少条这样的路啊!有三年时间,小平每天要在这条小路上走两趟。他前后跟着两个负监视之责的士兵,他不能随便和士兵说话,而且也无法诉说自己的心曲。他低头走路时只有默想,想自己过去走的路。想以后将要走的路,他肚里已经装了太多太多的东西,他有许多许多的想法。他是与中国现代史、与中国共产党史同步的人。五四运动爆发那年,他十五岁就考入留法预备学校,中国共产党成立的第二年,他就在法国加入少年共产党。以后到苏联学习,回国领导百色起义,参加长征,太行抗日,淮海决战,建国,当总书记、副总理。党和国家走过的每一步,都有他的脚印。但是他想走的路,并没有能全部走成,相反,还因此而受打击,被贬抑。他像一只带头羊,有时刚想领群羊走一条捷径,背后却突然飞来一块石头,砸在后脖颈上。他一惊,只好作罢,再低头走老路。第一次是1933年,"左"倾的临时中央搞军事冒险主义,他说这不行,挨了一石头,从省委宣传部部长任上一下被贬到边区一个村里去开荒。第二次是1962年,"大跃进"、公社化严重破坏了农村生产力,他说这不行,要让群众自己选择生产方式,不管白猫黑猫,抓住老鼠就是好猫。结果又挨了一石头,这次他倒没有被贬职,只是挨了批评,当然他的建议也没有被接受。第三次就是"文化大革命"了,他不能同意林彪、江青一伙胡来,就被彻底贬了下来,贬到了江西老区,他第一次就曾被贬的地方,也是他当年开始

爱国的理由

长征的地方。历史又转了一个圈，他重新踏上了这块红土地。

这里地处郊县，还算安静。但是报纸、广播还有串联的人群不断传递着全国的躁动。到处是大字报的海洋，到处在喊"砸烂党委闹革命"，在喊"宁要社会主义的草，不要资本主义的苗"。疯了，全国都疯了。这条路再走下去，国将不国，党将不党了啊。难道我们从江西苏区走出去的路，从南到北长征万里，又从北到南铁流千里，现在却要走向断崖，走入死胡同了吗？他在想着历史开的这个玩笑。他在小路上走着，细细地捋着党的七大、八大、九大，我们到底出了什么问题？曾作为国家领导人，一位惯常思考大事的伟人，他的办公桌没有了，会议室没有了，文件没有了，用来思考和加工思想的机器全被打碎了，现在只剩下这条他自己踩出来的小路。他每天循环往复走在这条远离京都的小路上，来时二十分钟，去时还是二十分钟。秋风乍起，衰草连天，田园将芜。他一定想到了当年被发配到西伯利亚的列宁。海天寂寂，列宁在湖畔的那间草棚里反复就俄国革命的理论问题做着痛苦的思考，写成了《俄国社会民主党人的任务》，提出了一个著名的原理："没有革命的理论就不会有革命的运动。"那么，我们现在正遵从着一个什么样的理论呢？他一定也想到了当年的毛泽东，也是在江西，毛泽东被"左"倾的党中央排挤之后，静心思考写作了《中国的红色政权为什么能够存在？》。那是从这红土地的石隙沙缝间汲取养分而成长起来的思想之苗啊。实践出理论，但是实践需要总结，需要拉开一定的距离进行观察和反思。就像一个画家挥笔作画时，常常要退后两步，重新审视一番，才能把握自己的作品一样，革命家有时要离开运动的旋涡，才能看清自己事业的脉络。他从十五岁起就寻找社会主义，从法国到苏联，再到江西苏区，直到后来掌了权，自己动手搞社会主义，搞合作化、"大跃进"、公社化，还有这"文化大革命"。现在离开了运动本身，又由领袖降成了平民，他突然问自己：到底什么是社会主义？中国需要什么样的社会主义？整整三年，

五　忧国之铭

小平就在这条路上来来回回地思索，他脑子里闪过一个题目，渐渐有了一个轮廓。就像毛泽东当年设计一个有中国特色的武装斗争道路一样，他在构思一个有中国特色的社会主义。这思想种子的发芽破土，是在十年后党的十二大上，他终于发出一声振聋发聩的呼喊："走自己的道路，建设有中国特色的社会主义，这就是我们总结长期历史经验得出的基本结论。"伟人落难和常人受困是不一样的。常人者急衣食之缺，号饥寒之苦；而伟人却默穷兴衰之理，暗运回天之力。所谓西伯拘而演《周易》，孔子厄而作《春秋》，屈原赋《骚》，孙子论《兵》，置己身于度外，担国家于肩上，不名一文，甚至生死未卜，仍忧天下。整整三年时间，小平种他的菜，喂他的鸡，在乡间小路上日出而作，日入而歇。但是世纪的大潮在他的胸中风起云涌，湍流激荡，如长江在峡，如黄河在壶，正在觅一条出路，正要撞开一个口子。可是他的脸上静静的，一如这春风中的田园。只有那双眼睛透着忧郁，透着明亮。

1971年秋季的一天，当他又这样带着沉重的思考步入车间，正准备摇动台钳时，厂领导突然通知大家到礼堂去集合。军代表宣布一份文件：林彪仓皇出逃，自我爆炸。全场都惊呆了，空气像凝固了一样。小平脸上没有表情，只是努力侧起耳朵。军代表破例请他坐到前面来，下班时又允许他将文件借回家中。当晚人们看到小院二楼上那间房里的灯光，一直亮到很晚。一年多后小平同志奉召回京。江西新建县就永远留下了这座静静的院子和这条红土小路。而这之后中国又开始了新的长征，走出了一条改革开放、为全世界震惊的大道。

爱国的理由

请杀秦桧书

——戊午上高宗封事[1]

胡　铨①

臣谨[2]按：王伦本一狎邪小人，市井无赖。顷缘宰相无识，遂举以使敌[3]，专务诈诞，欺罔天听，骤得美官，天下之人，切齿唾骂。今者无故诱致敌使，以诏谕江南为名[4]，是欲臣妾我也，是欲刘豫我也[5]！刘豫臣事金国，南面称王，自以为子孙帝王万世不拔之业。一旦金人改虑，捽而缚之，父子为虏[6]。商鉴不远[7]，而伦又欲陛下效之。

夫天下者，祖宗之天下也，陛下所居之位，祖宗之位也。奈何以祖宗之天下为金人之天下，以祖宗之位为金人藩臣之位乎？且安知异时无厌之求，不加我以无礼如刘豫哉！夫三尺童子，至无知也，指仇敌而使之拜，则怫然怒；堂堂大国，相率而拜仇敌，曾无童稚之羞，而陛下忍为之耶？

伦之议乃曰："我一屈膝，则梓宫可还，太后可复，渊圣可归，中原可得[8]。"呜呼！自变故以来[9]，主和议者，谁不以此说啖陛下哉！然而卒无一验，则敌之情伪已可知矣。陛下尚不觉悟，竭民膏血而不恤，忘国大仇而不报，含垢忍耻，举天下而臣之，甘心焉。就令敌决可知，尽如伦议，天下后世谓陛下何如主也！况敌人变诈百出，而伦又以奸邪

---

① 胡铨（1102—1180），进士，枢密院编修官。曾竭力反对屈辱投降的"隆兴和议"，是南宋著名的抗金人物。著有《澹庵文集》。

五 忧国之铭

济之,则梓宫决不可还,太后决不可复,渊圣决不可归,中原决不可得。而此膝一屈,不可复伸,国势凌夷,不可复振,可为痛哭流涕长太息也!

向者陛下间关海道[10],危如累卵,当时尚不肯北面臣敌;况今国势稍张,诸将尽锐,士卒思奋!只如顷者敌势陆梁,伪豫入寇[11],固尝败之于襄阳,败之于淮上,败之于涡口,败之于淮阴,较之前日蹈海之危,已万万矣。倘不得已而用兵,则我岂遽出敌人下哉[12]!今无故而反臣之,欲屈万乘之尊,下穹庐之拜,三军之士,不战而气已索。此鲁仲连[13]所以义不帝秦,非惜夫帝秦之虚名,惜夫天下大势有所不可也。今内而百官,外而军民,万口一谈,皆欲食伦之肉。谤议汹汹,陛下不闻,正恐一旦变作,祸且不测。臣窃谓不斩王伦,国之存亡,未可知也。

虽然,伦不足道也,秦桧以心腹大臣而亦然[14]。陛下有尧、舜之资,桧不能致陛下如唐、虞[15],而欲导陛下为石晋[16]。近者礼部侍郎曾开等引古谊以折之[17],桧乃厉声[18]责下:"侍郎知故事,我独不知!"则桧之遂非愎谏[19],已自可见。而乃建白,令台谏侍臣佥议可否[20],是盖恐天下议己,而令台谏侍臣共分谤耳。有识之士皆以为朝无正人。吁,可惜哉!

顷者孙近傅会桧议[21],遂得参知政事。天下望治,有如饥渴,而近伴食中书[22],漫不敢可否一事。桧曰"敌可讲和",近亦曰"可和"。桧曰"天子当拜",近亦曰"当拜"。臣尝至政事堂[23],三发问而近不答,但曰"已令台谏侍从议之矣"。呜呼!参赞大政[24],徒取容充位如此[25],有如敌骑长驱,尚能折冲[26]御侮!臣窃谓秦桧、孙近亦可斩也。

臣备员枢属[27],义不与桧等共戴天日。区区之心,愿斩三人头,竿之藁街[28],然后羁留敌使,责以无礼,徐兴问罪之师,则三军之士不战而气自倍,不然,臣有赴东海而死,宁能处小朝廷求活耶!?

爱国的理由

【注释】

　　[1] 戊午：指宋高宗绍兴八年，即公元1138年。封事：给皇帝上书奏事，为防泄漏，用袋密封，因称"封事"。

　　[2] 臣：胡铨自称。谨：谨慎，仔细。旧时上行公文常用词。

　　[3] 顷：近来。缘：由于。宰相：指秦桧。举：选拔。使：出使。敌：指金朝。

　　[4] 诏谕：古代国君对臣下发布的命令和指示。宋高宗绍兴八年王伦至金后，金朝派萧哲等为"江南诏谕使"，同王伦一道前来南宋都城临安会商议和之事。金朝派使者到南宋，竟自称"江南诏谕使"，分明已把南宋看成它的臣属。所以名为议和，实际就是要南宋屈膝投降。诱致：引来。

　　[5] 臣妾：古时称男奴为臣，女奴为妾。刘豫：南宋阜城（今河北泊头）人，建炎二年叛宋降金，金朝立为大齐国皇帝，把旧黄河以南的地区归他统治，作为金的附庸，最后被金废黜。这里"臣妾""刘豫"都做动词用。这是要我们做奴隶，这是要我们做刘豫。

　　[6] 改虑：改变主意。捽（zuó）：抓，揪。父子为虏：绍兴七年金人废黜刘豫，刘豫和他的儿子都成了阶下囚。

　　[7] 商鉴：同"殷鉴"。原意是商朝灭夏以后，商朝的子孙以夏的灭亡为鉴戒，后遂用以泛指可做鉴戒的往事。这里指刘豫降金称王终被废黜的教训。

　　[8] 这五句是秦桧、王伦等配合金人诱降阴谋所散布的谬论。梓宫：皇帝棺柩的代称（皇帝的棺柩是用梓木做的），这里指宋徽宗的灵柩。宋徽宗被金军俘虏北去，于绍兴五年死于五国城。太后：指宋高宗生母韦氏。她同宋徽宗一起被金军掳去，高宗即位后，尊称她为宣和皇太后，后被金人放回。复：返，回。渊圣：指宋钦宗赵桓，他和徽宗同时被掳，高宗即位后尊称他为渊圣皇帝。中原：指当时被金军侵占的黄河中下游一带。

五　忧国之铭

[9] 变故：指北宋靖康元年（1126）冬金军攻破东京（今河南省开封），次年四月，俘虏徽宗、钦宗和后妃官员等数千人北去，东京城被劫掠一空等事，史称"靖康之变"。

[10] 向者：以前。间关海道：指建炎三年至四年（1129—1130）金兵南下，宋高宗从建康（今南京）逃到杭州，以后又航海逃到温州，再辗转回抵越州（今浙江省绍兴）。间关，形容道路艰险。这里做动词用，历尽艰难险阻的意思。

[11] 只如：即如。陆梁：同"强梁"，形容敌人的猖狂。伪豫：指刘豫。入寇：进犯。

[12] 我岂遽出敌人下哉：我们难道就会在敌人之下吗？

[13] 鲁仲连：战国时齐人。据《战国策·赵策》记载：秦昭王派兵围攻赵国都城邯郸（今河北省邯郸），魏国派使者辛垣衍劝说赵国迎合秦意，尊奉秦昭王为帝，以求解围。这时，鲁仲连正在邯郸，便去会见辛垣衍，分析尊秦为帝之害，说假使让秦为帝，他宁可蹈东海而死，不愿做秦国的百姓。

[14] 秦桧（1090—1155）：字会之，江宁（今南京）人，靖康二年被金俘虏，叛变投敌，后由金人遣回，两度担任南宋宰相，干了许多出卖南宋的勾当。心腹大臣：皇帝的亲信大臣。亦然：也是这样。

[15] 致：使达到。唐、虞：上古时期两个部落联盟。尧、舜是这两个部落联盟的首领，古代传说中的圣君。

[16] 石晋：指五代时的后晋（936—946）。后晋高祖石敬瑭，原系后唐河东节度使，勾引契丹贵族灭后唐，被册立为皇帝，国号晋。石敬瑭割让燕云十六州给契丹，称契丹君主为"父皇帝"，自称"儿皇帝"。

[17] 侍郎：部的副长官。曾开：字天游，赣州（今江西省赣州）人。引古谊以折之：引用古人的道理来驳斥秦桧。折，驳斥。

[18] 厉声：声音严厉。

[19] 遂非：坚持错误。愎（bì）谏：不听劝谏。

爱国的理由

[20] 建白：对上级有所论列、建议。台谏：指御史和谏议官。佥（qiān）：都，全。

[21] 孙近：字叔诸，无锡人，绍兴八年由于附和秦桧的投降主张，由翰林学士承旨升为参知政事（副宰相）。傅会：一作"附会"，附和。

[22] 伴食中书：这是讽刺孙近身居高位，不能尽职，在中书省里只是陪伴着吃饭而已。中书，中书省，唐、宋时宰相办公的衙署。

[23] 政事堂：宋时宰相、执政大臣办公议事的厅堂。

[24] 参赞大政：参与决定国家大政。

[25] 徒：只。取容：取悦于人。充位：聊备官位的意思。

[26] 折冲：抵抗敌军的进攻。

[27] 备员：意为作为充数的一员。为自谦之词。枢属：枢密院（宋代掌管全国军政的官署）的属官。当时胡铨任枢密院编修官。

[28] 竿：竹竿，做动词用，悬挂。藁（gǎo）街：原为西汉京城长安外来使臣居留的地方。把三人的头悬挂在外来使臣居住的地方，让金人知道南宋抗金的决心。

【说明】

本文作于高宗绍兴八年（1138）。1137年，金统治集团加紧对南宋诱降，提出归还一部分土地，而要南宋向金纳贡称臣，且要赵构行跪拜仪式接受诏书。一时朝中文武官员群起反对，胡铨就于此时给赵构上了这道密封奏章。

这篇义正词严的奏章，当时即广为传诵，相传"金敌闻之，募其书千金，三日得之，君臣夺气"。可是南宋投降派却给加上"语言凶悖，鼓众劫持"的罪名，对作者进行了长期残酷的打击、迫害。为便于现代读者阅读，选文有改动。

六 报国丹心

六　报国丹心

导　读

　　报国可以有各种方式，各种表现，但只需一颗诚心。有了这个出发点，眺望河山则益爱吾国，披览史书则不忘经典，做事常忧国，俯首更为民。爱国丹心，在国难当头时是一颗炸弹，可以爆出一声惊雷，一团火焰；而在平时则是一眼山泉，向大地奉献着涓涓细流。

　　这一节收录了七篇反映我国各个历史时期的最能体现爱国情怀的文章，有的是爱国者的自白，有的是作者对一些伟大爱国者的记述和赞美。

爱国的理由

清 贫

方志敏

我从事革命斗争，已经十余年了。在这长期的奋斗中，我一向是过着朴素的生活，从没有奢侈过。经手的款项，总数在百万元；但为革命而筹集的金钱，是一点一滴地用之于革命事业。这在国方[①]的伟人们看来，颇似奇迹，或认为夸张；而矜持不苟，舍己为公，却是每个共产党员具备的美德。所以，如果有人问我身边有没有一些积蓄，那我可以告诉你一桩趣事：

就在我被俘的那一天——一个最不幸的日子，有两个国方兵士，在树林中发现了我，而且猜到我是什么人的时候，他们满肚子热望在我身上搜出一千或八百大洋，或者搜出一些金镯金戒指一类的东西，发个意外之财。哪知道从我上身摸到下身，从袄领捏到袜底，除了一只时表和一支自来水笔之外，一个铜板都没有搜出。他们于是激怒起来了，猜疑我是把钱藏在哪里，不肯拿出来。他们之中有一个，左手拿着一个木柄榴弹，右手拉出榴弹中的引线，双脚拉开一步，做出要抛掷的姿势，用凶恶的眼光盯住我，威吓地吼道："赶快将钱拿出来，不然就是一炸弹，把你炸死去！"

---

① 指国民党反动派方面。

六　报国丹心

"哼！你不要做出那难看的样子来吧！我确实一个铜板都没有存；想从我这里发洋财，是想错了。"我微笑淡淡地说。

"你骗谁！像你当大官的人会没有钱！"拿榴弹的兵士坚不相信。

"决不会没有钱的，一定是藏在哪里，我是老出门的，骗不得我。"另一个兵士一面说，一面弓着背重来一次将我的衣角裤裆过细地捏，总企望着有新的发现。

"你们要相信我的话，不要瞎忙吧！我不比你们国民党当官，个个都有钱，我今天确实是一个铜板也没有，我们革命不是为着发财啦！"我再向他们解释。

等他们确知在我身上搜不出什么的时候，也就停手不搜了；又在我藏躲地方的周围，低头注目搜寻了一番，也毫无所得，他们是多么地失望啊！那个持弹欲放的兵士，也将拉着的引线，仍旧塞进榴弹的木柄里，转过来来抢夺我的表和水笔。后彼此说定表和笔卖出钱来平分，才算无话。他们用怀疑而又惊异的目光，对我自上而下地望了几遍，就同声命令地说："走吧！"

是不是还要问问我家里有没有一些财产？请等一下，让我想一想，啊，记起来了，有的有的，但不算多。去年暑天我穿的几套旧的汗褂裤，与几双缝上底的线袜，已交给我的妻放在深山坞里保藏着——怕国军进攻时，被人抢了去，准备今年暑天拿出来再穿；那些就算是我唯一的财产了。但我说出那几件"传世宝"来，岂不要叫那些富翁们齿冷三天？！

清贫，洁白朴素的生活，正是我们革命者能够战胜许多困难的地方！

1935 年 5 月 26 日写于囚室

爱国的理由

与妻书

林觉民①

意映卿卿[1]如晤：

吾今以此书与汝永别矣！吾作此书时，尚为世中一人；汝看此书时，吾已成为阴间一鬼。吾作此书，泪珠和笔墨齐下，不能竟书而欲搁笔。又恐汝不察吾衷，谓吾忍舍汝而死，谓吾不知汝之不欲吾死也，故遂忍悲为汝言之。

吾至爱汝！即此爱汝一念，使吾勇于就死也！吾自遇汝以来，常愿天下有情人都成眷属，然遍地腥云，满街狼犬，称心快意，几家能彀？司马春衫[2]，吾不能学太上[3]之忘情也。语云，仁者"老吾老以及人之老，幼吾幼以及人之幼"[4]。吾充吾爱汝之心，助天下人爱其所爱，所以敢先汝而死，不顾汝也。汝体吾此心，于啼泣之余，亦以天下人为念，当亦乐牺牲吾身与汝身之福利，为天下人谋永福也。汝其勿悲。

汝忆否？四五年前某夕，吾尝语曰："与使吾先死也，无宁汝先吾而死。"汝初闻言而怒，后经吾婉解，虽不谓吾言为是，而亦无词相答。吾之意盖谓以汝之弱，必不能禁失吾之悲，吾先死，留苦与汝，吾心不忍，故宁请汝先死，吾担悲也。嗟夫，谁知吾卒先汝而死乎！

---

① 林觉民（1887—1911），辛亥革命时期杰出的革命战士，黄花岗七十二烈士之一。

六 报国丹心

吾真不能忘汝也！回忆后街之屋，入门穿廊，过前后厅，又三四折，有小厅，厅旁一室，为吾与汝双栖之所。初婚三四个月，适冬之望日前后，窗外疏梅筛月影，依稀掩映，吾与汝并肩携手，低低切切，何事不语，何情不诉！及今思之，空余泪痕！又回忆六七年前，吾之逃家复归[5]也，汝泣告我："望今后有远行，必以告妾，妾愿随君行。"吾亦既许汝矣。前十余日回家，即欲乘便以此行之事语汝，及与汝相对，又不能启口；且以汝之有身也，更恐不胜悲，故惟日日呼酒买醉。嗟夫！当时余心之悲，盖不能以寸管[6]形容之。

吾诚愿与汝相守以死。第以今日事势观之，天灾可以死，盗贼可以死，瓜分之日可以死，奸官污吏虐民可以死，吾辈处今日之中国，国中无地无时不可以死！到那时使吾眼睁睁看汝死，或使汝眼睁睁看我死，吾能之乎！抑汝能之乎！即可不死，而离散不相见，徒使两地眼成穿而骨化石[7]，试问古来几曾见破镜能重圆[8]？则较死为苦也。将奈之何？今日吾与汝幸双健；天下人不当死而死，与不愿离而离者，不可数计；钟情如我辈者，能忍之乎？此吾所以敢率性就死不顾汝也！吾今死无余憾，国事成不成，自有同志者在。依新[9]已五岁，转眼成人，汝其善抚之，使之肖我。汝腹中之物，吾疑其女也，女必像汝，吾心甚慰；或又是男，则亦教其以父志为志，则我死后，尚有二意洞在也，甚幸甚幸！吾家后日当甚贫，贫无所苦，清静过日而已。

吾今与汝无言矣！吾居九泉之下，遥闻汝哭声，当哭相和也。吾平日不信有鬼，今则又望其真有。今人又言心电感应有道[10]，吾亦望其言是实，则吾之死，吾灵尚依依旁汝也，汝不必以无侣悲！

吾生平未尝以吾所志语汝，是吾不是处。然语之，又恐汝日日为吾担忧。吾牺牲百死而不辞，而使汝担忧，的的[11]非吾所忍。吾爱汝至，所以为汝谋者惟恐未尽。汝幸而偶我，又何不幸而生今日之中国！吾幸而得汝，又何不幸而生今日之中国，卒不忍独善其身！嗟夫！巾短情

爱国的理由

长[12]，所未尽者尚有万千，汝可模拟得之。吾今不能见汝矣！汝不能舍吾，其时时于梦中得我乎？一恸[13]！

辛未三月念六夜四鼓，意洞手书。

家中诸母皆通文，有不解处，望请其指教。当尽吾意为幸！

【注释】

[1] 意映：作者妻子的名字。卿卿：旧时夫妻间的爱称，用于男对女的称呼。

[2] 司马春衫：唐朝诗人白居易贬官为江州司马时，一日送客远行，在浔阳江上听到一乐伎弹琵琶，其声凄切，又听她诉说了自己一生不幸的遭遇，竟感动得泪下如雨，写了长诗《琵琶行》。诗中有"座中泣下谁最多，江州司马青衫湿"的句子，后世常用"司马青衫"比喻极度悲伤的感情。作者在这里用它来说明自己是个重感情的人。春衫应为"青衫"。

[3] 太上：至高无上的意思。

[4] "老吾老"二句：语出《孟子·梁惠王上》，第一个"老"字用作动词，"敬爱"的意思；第一个"幼"字也用作动词，"爱护"的意思。

[5] 逃家复归：据郑烈的《林觉民传》所记载，林觉民结婚后不久，他父亲忽接他一信，上面写着"有急事立刻去南洋，归期不定，请您不要挂念"的话。他父亲很着急，第二天搭轮船赶到厦门去阻止他。在厦门找了三天，毫无踪影，只好回家。不料一进家门，就看见林觉民带笑站在那里。这里指的就是这件事情。

[6] 寸管：笔的代称。

[7] 眼成穿：眼睛都望穿了，由"望眼欲穿"变化而来。骨化石：比喻精诚所至的结果。古代传说：有男子久出不归，其妻天天登山眺望，

久而久之，凝立着化为一块石头，还在眺望，被称为"望夫石"。

［8］破镜能重圆：比喻夫妻经过离乱失散（或决裂）后又重新团聚。

［9］依新：作者的长子。

［10］心电感应有道：近代的一些唯心主义者认为，人死后心灵还有知觉，能和生人的精神、心情交相感应。

［11］的的：的确。

［12］巾短情长：这封信是写在一条白布巾上的，所以这样说。

［13］一恸：指心中引起一阵强烈的悲痛。

爱国的理由

纪念邓稼先
——从"任人宰割"到"站起来了"

杨振宁①

一百年以前,甲午战争和八国联军的时代,恐怕是中华民族五千年历史上最黑暗最悲惨的时代,只举1898年为例:

德国强占山东胶州湾,"租借"九十九年。

俄国强占旅顺大连,"租借"二十五年。

法国强占广东广州湾,"租借"九十九年。

英国强占山东威海卫与香港新界。前者"租借"二十五年,后者"租借"九十九年。

那是任人宰割的时代,是有亡国灭种的危险的年代。

今天,一个世纪以后,中国人民站起来了。

这是千千万万人努力的结果,是许许多多可歌可泣的英雄人物创造出来的,在20世纪人类历史上这可能是最重要的,影响最深远的巨大转变。

对这巨大转变做出了巨大贡献的有一位长期以来鲜为人知的科学家——邓稼先(1924—1986)。

两弹元勋

邓稼先于1924年出生在安徽省怀宁县。在北平上小学和中学以后,

---

① 杨振宁(1922—),物理学家,因宇宙不守恒理论而获得诺贝尔物理学奖。

六　报国丹心

于 1945 年自昆明西南联大毕业。1948 年到 1950 年在美国普渡大学（Purdue University）读理论物理，得到博士学位后立即乘船归国，1950 年 10 月到中国科学院工作。1958 年 8 月被任命带领几十个大学毕业生开始研究原子弹制造的理论。

这以后二十八年间，邓稼先始终站在中国原子武器设计制造和研究的第一线，领导许多学者和科技人员，成功地设计了中国的原子弹和氢弹，把中华民族国防自卫武器引导到了世界先进水平。

1964 年 10 月 16 日中国爆炸了第一颗原子弹。

1967 年 6 月 17 日中国爆炸了第一颗氢弹。

这些日子是中华民族五千年历史上的重要日子，是中华民族完全摆脱任人宰割危机的新生日子！

1967 年以后邓稼先继续他的工作，至死不懈，对国际武器做出了许多新的巨大贡献。

1985 年 8 月邓稼先做了切除直肠癌的手术。次年 3 月又做了第二次手术。在这期间他与于敏联合署名写了一份关于中华人民共和国武器发展的建议书。1986 年 5 月邓稼先再做了第三次手术，7 月 29 日因全身大出血逝世。

"鞠躬尽瘁，死而后已"正好准确地描述了他的一生。

邓稼先是中华民族核武器事业的奠基人和开拓者。张爱萍将军称他为"两弹元勋"，他是当之无愧的。

邓稼先与奥本海默

全面抗战开始以前的一年，1936 年到 1937 年，稼先和我在北平崇德中学同学一年；后来抗战时期在西南联大我们又是同学；以后他在美国留学的两年我们曾住同屋。五十年的友谊，亲如兄弟。

1949 年到 1966 年我在普林斯顿高等学术研究所工作，前后十七年的

爱国的理由

时间里所长都是物理学家奥本海默（Oppenheimer，1904—1967）。当时，他是美国家喻户晓的人物，因为他曾成功地领导战时美国的原子弹制造工作。高等学术研究所是一个很小的研究所，物理教授最多的时候只有五个人，包括奥本海默，所以我和他很熟识。

奥本海默和邓稼先分别是美国和中国原子弹设计的领导人，各是两国的功臣，可是他们的性格和为人截然不同——甚至可以说他们走向了两个相反的极端。

奥本海默是一个拔尖的人物，锋芒毕露。他二十几岁的时候在德国哥廷根镇做波恩（Born，1882—1970）的研究生。波恩在他晚年所写的自传中说，研究生奥本海默常常在别人做学术报告时（包括波恩做学术报告时）打断报告，走上讲台拿起粉笔说："这可以用底下的办法做得更好……"我认识奥本海默时他已四十多岁了，已经是家喻户晓的人物了，打断别人的报告，使演讲者难堪的事仍然不时出现，不过比以前较少而已。

奥本海默的演讲十分吸引人。他善于辞令，听者往往会着迷。1964年，为了庆祝他六十岁的生日，三位同学和我编辑了一期《近代物理评论》，在前言中我们写道：他的文章不可以速读。它们包容了优雅的风格和节奏，它们描述了近世科学时代人类所面临的多种复杂的问题，详尽而奥妙。像他的文章一样，奥本海默是一个复杂的人。佩服他、仰慕他的人很多。不喜欢他的人也不少。

邓稼先则是一个最不喜欢引人注目的人物。和他谈话几分钟就看出他是忠厚平实的人。他纯真坦白，从不骄人。他没有小心眼儿，一生喜欢"纯"字所代表的品格。在我所认识的知识分子当中，包括中国人和外国人，他是最有中国农民的朴实气质的人。

我想邓稼先的气质和品格是他所以能成功地领导许许多多各阶层工作者为中华民族做出历史性贡献的原因：人们知道他没有私心，人们绝

六　报国丹心

对相信他。

"文革"初期他所在的研究院（九院）成立了两派群众组织，对吵对打，和当时全国其他单位一样。而邓稼先竟有能力说服两派继续工作，于1967年6月成功地制成了氢弹。

1971年，在他和他的同事们被"四人帮"批判围攻的时候，如果别人去和工宣队军宣队讲理，恐怕要出惨案。邓稼先去了，竟能说服工宣队军宣队的队员。这是真正的奇迹。

邓稼先是中国几千年传统文化所孕育出来的有最高奉献精神的儿子。

邓稼先是中国共产党的理想党员。

我以为邓稼先如果是美国人，不可能成功地领导美国原子弹工程；奥本海默如果是中国人，也不可能成功领导中国原子弹工程。当初选聘他们的人，钱三强和葛罗夫斯（Groves），可谓真正有自知之明，而且对中国社会、美国社会各有深入认识。

民族感情？友情？

1971年，我第一次访问中华人民共和国。在北京，见到阔别了二十二年的稼先。在那以前，于1964年中国原子弹爆炸以后，美国报章上就已经再三提到稼先是此事业的重要领导人。与此同时还有一些谣言说，1948年3月中国的寒春（中文名字，原名 Joan Hinton）曾参与中国原子弹工程。[寒春曾于40年代初在洛斯阿拉姆斯武器试验室做费米（Fermi）的助手，参加了美国原子弹的制造，那时他是年轻的研究生。]

1971年8月，我在北京看到稼先时，避免问他的工作地点。他自己只说"在外地工作"。但我曾问他，寒春是不是参加了中国原子弹工作，像美国谣言所说的那样。他说他觉得没有，他会再去证实一下，然后告诉我。

1971年8月16日，在我离开上海经巴黎回美国的前夕，上海市领导

爱国的理由

人在上海大厦请我吃饭。席中有人送了一封信给我,是稼先写的,说他已证实了,中国原子武器工程中,除了最早于1959年底以前曾得到苏联的极少"援助"以外,没有任何外国人参加。

此封短短的信给了我极大的感情震荡。一时热泪满眶,不得不起身去洗手间整容。事后我追想为什么会有那样大的感情震荡:为了民族的自豪,还是为了稼先而感到骄傲?——我始终想不清楚。

我不能走

青海、新疆、神秘的古罗布泊、马革裹尸的战场,不知道稼先有没有想起我们在昆明时一起背诵的《吊古战场文》:

> 浩浩乎!平沙无垠,敻不见人。河水萦带,群山纠纷。黯兮惨悴,风悲日曛。蓬断草枯凛若霜晨,鸟飞不下,兽铤亡群。亭长告余曰:"此古战场也!常覆三军。往往鬼哭,天阴则闻!"

也不知道稼先在蓬断草枯的沙漠中埋葬同事,埋葬下属的时候不知是什么心情?

"粗估"参数的时候,要有物理直觉;昼夜不断地筹划计算时,要有数学见地;决定方案时,要有勇进的胆识,又要有稳健的判断。可是理论是否够准确永远是一个问题。不知稼先在关键性的方案上签字的时候,手有没有颤抖?

戈壁滩上常常风沙呼啸,气温往往零下30多摄氏度。核武器试验时大大小小突发的问题必是层出不穷。稼先虽有"福将"之称,意外总是不能免的。1982年,他做了核武器研究院院长以后,一次井下突然有一个信号测不到了,大家十分焦虑,人们劝他回去,他只说了一句话:"我不能走。"

六　报国丹心

假如有一天哪位导演要摄制《邓稼先传》，我要向他建议采用五四时代的一首歌作为背景音乐，那是我儿时从父亲口中学到的：中国男儿，中国男儿，要将只手撑天空。长江大河，亚洲之东，峨峨昆仑。古今多少奇丈夫，碎首黄尘燕然勒功，至今热血犹殷红。

我父亲诞生于1896年，那是中华民族仍陷于任人宰割的时代。他一生都喜欢这首歌曲。

永恒的骄傲

稼先逝世以后，在我写给他夫人许鹿希的电报和书信中有下面几段话：

——稼先为人忠诚纯正，是我最敬爱的挚友。他的无私的精神与巨大的贡献是你的也是我的永恒的骄傲。

——稼先去世的消息使我想起了他和我半个世纪的友情，我知道我将永远珍惜这些记忆。希望你在此沉痛的日子里多从长远的历史角度去看稼先和你的一生，只有真正永恒的才是有价值的。

——稼先的一生是有方向、有意识地前进的。没有彷徨，没有矛盾。

——是的，如果稼先再次选择他的途径的话，他仍会走他已走过的道路。这是他的性格与品质。能这样估计自己一生的人不多，我们应为稼先庆幸！

爱国的理由

辛稼轩画像赞

陈 亮①

眼光有棱[1]，足以照映一世之豪[2]；背胛有负[3]，足以荷载四国之重[4]。出其毫末，翻然震动。[5]不知须鬓之既斑[6]，庶几胆力之无恐。[7]呼而来[8]，麾而去[9]，无所逃天地之间。挠弗浊，澄弗清[10]，岂自为将相之种[11]！故曰：真鼠枉用[12]，真虎[13]可以不用。而用也者，所以为天宠[14]也。

【注释】

[1] 眼光有棱：眼露锋芒。

[2] 足以照映一世之豪：足以看清世上的细微事物。豪，通毫。

[3] 背胛有负：脊背与肩胛具有负重的能力。

[4] 四国之重：指天下的重任。

[5] "出其毫末"二句：意思是拿出他的一点才能，就能很快震动天下。

[6] 不知须鬓之既斑：不理会自己须发已经花白，即"不知老之将至"的意思。既：已经。斑：花白。

---

① 陈亮（1143—1194），字同甫，浙江永康人。其才华横溢，是南宋时期杰出的爱国主义思想家。

[7] 庶几胆力之无恐：胆力仍然很大，无所畏惧，不减当年。庶几：差不多。

[8] 呼而来：一呼即来，指应朝廷之招赴任。

[9] 麾而去：一挥就去，指被免官离职。

[10] "挠弗浊"二句：搅和也不会混浊，澄也不能变清，意谓不论受什么样的境遇，都矢志不变。

[11] 岂自为将相之种：岂不是由自己的天资所决定的做将相的材料。

[12] 真鼠枉用：枉然任用那些苟苟且且、鼠目寸光的小人。

[13] 真虎：比喻智勇双全、虎虎有威的杰出人物。

[14] 所以为天宠：只因为皇帝宠爱。

爱国的理由

指南录后序

文天祥①

德祐二年二月十九日，予除右丞相兼枢密使，都督诸路军马。时北兵已迫修门外，战、守、迁皆不及施。缙绅、大夫、士萃于左丞相府，莫知计所出。会使辙交驰，北邀当国者相见，众谓予一行为可以纾祸。国事至此，予不得爱身，意北亦尚可以口舌动也。初，奉使往来，无留北者，予更欲一觇[1]北，归而求救国之策；于是辞相印不拜，翌日，以资政殿学士行。

初至北营，抗辞慷慨，上下颇惊动，北亦未敢遽轻吾国。不幸吕师孟构恶于前，贾余庆献谄于后，予羁縻不得还，国事遂不可收拾。[2]予自度不得脱，则直前诟虏帅失信，数吕师孟叔侄为逆，但欲求死，不复顾利害。北虽貌敬，实则愤怒。二贵酋名曰馆伴，夜则以兵围所寓舍，而余不得归矣。

未几，贾余庆等以祈请使诣北。[3]北驱予并往，而不在使者之目。予分当引决，然而隐忍以行。昔人云："将以有为也。"至京口，得间奔真州，即具以北虚实告东西二阃，约以连兵大举[4]。中兴机会，庶几在此。留二日，维扬帅下逐客之令。[5]不得已，变姓名，诡踪迹，草行露宿，日

---

① 文天祥（1236—1283），原名云孙，字宋瑞，又字履善，号文山，吉州庐陵（今江西吉安）人。南宋杰出的民族英雄和爱国诗人。著有《过零丁洋》《正气歌》等。

六　报国丹心

与北骑相出没于长淮间。穷饿无聊，追购又急，天高地迥，号呼靡及。已而得舟，避渚洲，出北海，然后渡扬子江，入苏州洋，展转四明、天台，以至于永嘉。

呜呼！予之及于死者，不知其几矣！诋大酋[6]当死；骂逆贼[7]当死；与贵酋处二十日，争曲直，屡当死；去京口，挟匕首以备不测，几自刭死；经北舰十余里，为巡船所物色[8]，几从鱼腹死；真州逐之城门外，几彷徨死；如扬州，过瓜洲扬子桥，竟使遇哨，无不死；扬州城下，进退不由，殆例送死；坐桂公塘土围[9]中，骑数千过其门，几落贼手死；贾家庄几为巡徼所陵迫死[10]；夜趋高邮，迷失道，几陷死；质明，避哨竹林中，逻者数十骑[11]，几无所逃死；至高邮，制府檄下，几以捕系死[12]；行城子河，出入乱尸中，舟与哨相后先，几邂逅死[13]；至海陵[14]，如高沙，常恐无辜死；道海安、如皋[15]，凡三百里，北与寇往来其间，无日而非可死；至通州[16]，几以不纳死；以小舟涉鲸波出，出无可奈何，而死固付之度外矣。呜呼！死生，昼夜事也。死而死矣，而境界危恶，层见错出，非人世所堪。痛定思痛，痛何如哉！

予在患难中，间以诗记所遭，今存其本不忍废。道中手自抄录。使北营，留北关外[17]，为一卷；发北关外，历吴门、毗陵[18]，渡瓜洲，复还京口，为一卷；脱京口，趋真州、扬州、高邮、泰州、通州，为一卷；自海道至永嘉，来三山[19]，为一卷。将藏之于家，使来者读之，悲予志焉。

呜呼！予之生也幸，而幸生也何所为？所求乎为臣，主辱臣死，有余僇；所求乎为子，以父母之遗体行殆而死，有余责。将请罪于君，君不许；请罪于母，母不许，请罪于先人之墓。生无以救国难，死犹为厉鬼以击贼，义也。赖天之灵，宗庙之福，修我戈矛，从王于师，以为前驱，雪九庙之耻，复高祖之业，所谓誓不与贼俱生，所谓鞠躬尽力，死而后已，亦义也。嗟夫！若予者，将无往而不得死所矣！向也使予委骨

爱国的理由

于草莽，予虽浩然无所愧作，然微以自文于君亲，君亲其谓予何？诚不自意返吾衣冠，重见日月，使旦夕得正丘首，复何憾哉！复何憾哉！

是年夏五，改元景炎，庐陵文天祥自序其诗，名曰《指南录》。[20]

【注释】

[1] 觇（chān）：窥看，观察。指前往一探元军情况。

[2] 吕师孟构恶于前：吕师孟是宋朝叛将吕文焕（本为襄阳守将）的侄儿，元兵迫近临安时，宋帝任命他为兵部侍郎（掌管军事的大臣），德祐元年曾出使元军，提出称臣纳币等投降条件，乞求退兵，文天祥上疏主张将他斩首以激励士气，因此结下怨仇。构恶，结仇。贾余庆献谄于后：贾余庆和文天祥一同出使元营，他讨好奉承，媚敌求和。谄（chǎn），讨好奉承。羁縻（jī mí）：束缚，这里是扣留的意思。遂：就，于是。不幸的是吕师孟先前就和我结下怨仇，后来贾余庆又媚敌投降，我被拘留不能回国，国家大事就不可收拾了。

[3] 祈请使：奉表纳土的使者，实即求降的使者，贾余庆出使回城后，继文天祥任右丞相职，他开列土地清册，捧着投降的表文，向元军投降。祈（qí）：请求。诣（yì）：到。北：这里指元的都城大都（今北京）。不久，贾余庆等人以祈请使的名义到北边（大都）去。

[4] 京口：今江苏省镇江市。间（jiàn）：空隙，机会。真州：今江苏省仪征。具：全部。虚实：军情的虚实，指军队部署情况。东西二阃（kǔn）：指淮东制置使（边防军政长官）李庭芝和淮西制置使夏贵。李驻扬州，夏驻庐州（今安徽省合肥市）。文天祥至真州时，夏已降元，但真州方面还没有得到消息。阃，这里指边帅。连兵：指把淮东李庭芝、淮西夏贵和真州守将苗再成的兵力联合起来。到了京口，得到机会逃往真州，我就写信把敌人的军情虚实详细地告诉东、西两位边帅，和他们相约，联合各军，大规模地反击敌人。

六　报国丹心

［5］留：逗留，停留。维扬帅下逐客之令：驻扬州的主帅（即淮东制置使李庭芝）下了逐客的命令。

［6］诋大酋：指斥责敌方统帅伯颜。诋（dǐ）：斥责。

［7］逆贼：指吕师孟叔侄。

［8］北舰：元军的船只。为巡船所物色：被敌人的巡船所搜捕。物色：搜寻。

［9］桂公塘：在扬州附近。土围：这里指一所在战乱中只剩下土墙的民房。

［10］贾家庄：在扬州市北。巡徼（jiào）：巡查，这里指宋朝的巡逻兵。陵迫：欺侮迫害。陵：同"凌"。

［11］质明：天刚亮的时候。质，正的意思。逻者：指元军的巡逻兵。

［12］檄（xí）：官府文书。捕系：捉拿囚禁。

［13］城子河：在高邮附近。几邂逅死：指险些与元军不期而遇而死。

［14］海陵：今江苏泰州。

［15］道：经过。海安、如皋：今江苏海安、如皋。

［16］通州：今江苏南通。

［17］留北关外：被扣留在（临安）北门外。

［18］历：经过。吴门：今江苏苏州。毗（pí）陵：今江苏常州。

［19］三山：福州的别称，因为旧福州城内东有九仙山，西有闽山（乌石山），北有越王山，故名。

［20］是年：这一年，指德祐二年。改元：改年号。景炎：宋端宗赵昰（shì）在福州即位，改年号为"景炎"。这一年夏季五月，改年号为景炎，庐陵文天祥给自己的诗集作了这篇序，并把它题名为《指南录》。

爱国的理由

方志敏生命的最后七个月

梁　衡

今年是红军长征胜利80周年。纪念胜利,我们不应该忘记那些留在苏区未能长征或虽已踏上征途,却未能走到陕北的先烈。这其中最让我难忘的是中共早期领袖瞿秋白和方志敏。红军长征胜利80周年,也是他们牺牲81周年。长征的队伍一走,他们即死于敌人的屠刀下。他们是同年生,同年死,又是在同样的背景下死去,死时都才只有36岁。

在80周年这个特殊的日子里,我有缘采访了方志敏当年战斗过的地方——江西的上饶、弋阳、横峰,又重读了《方志敏全集》,特别是他狱中的文稿。感触最深的是他在生命的最后时刻怎样对待生与死。

一

方志敏是一个有思想、有能力的领袖。他独自创立了一支红军,一块有50个县、100万人口的赣东北根据地——被中央称为模范根据地,并授予他红旗勋章一枚。根据地内经济繁荣,教育免费,"隔日有肉吃",还发行了股票。但是,由于当时中央方针的错误,第五次反"围剿"失败,红军厄运降临。中央红军西去前,他被命率孤军北上,调虎离山,全军覆亡已成定势。

兵败后,他本来是可以不死的。1935年1月15日,他已与参谋长粟

六 报国丹心

裕带800人冲出重围。但他说，作为领导人，我不能丢下后面的部队，便又返身回去。后队被敌打散后他又有一次生机，"本来我是可以到白区暂避一下，但念着已有一部分部队回到赣东北，中央给我们的任务又刻不容缓地要执行，所以决心冒险转回赣东北，一方面接受中央的批评和处分，开会总结皖南行动，做出结论，同时整顿队伍，准备再出。"这样，他终于被捕。他知必死，为免与敌啰唆，遂索一纸，写下："革命必能取得最后胜利，我愿牺牲一切，贡献于苏维埃和革命。"便再不多言。敌押他到上饶、南昌等地示众，他戴镣铐，昂首立于台上，凛然不可撼。当时一美国记者报道："（在场的人）个个沉默不语，连蒋介石总部的军官也如此。这种沉默表示了对昂首挺立于高台之上的毫无畏惧神色人的尊敬和同情。"

方志敏自1月29日被捕，到8月6日就义，在狱中共七个月。开始，他只求速死。但敌人想以高官厚禄诱降他，将他移至优待牢房。于是他便改变主意，尽量拖延时间，做两件事。一是争取越狱；二是以笔代枪，写文章。越狱需要外应，而极左路线不但毁了红军，也毁了地下党，一时与外面接不上头。他长叹：难道南昌城里连一个地下党也没有吗？眼见，每天都有一批批的战友被拉出去枪毙，他由孤军更又变成了孤身。他只好一人背水作战，去做狱吏和高级囚犯中国民党人的工作，居然小有成功。虽不能越狱，但这些人帮他传送出了珍贵的手稿。他在狱中写了《可爱的中国》《狱中纪实》等12篇文章、著述，共13.6万字。我们可以算一下，他1月29日（长征中，这天正召开遵义会议）被捕，先是被来回转移示众，3月中旬才相对安定下来，到8月6日（长征中，一、四方面军已经会师，这天正召开沙窝会议）就义，大约130天。这期间仍要不断应付敌人的提审，要做团结动员难友的工作，做争取狱吏的工作。他无任何资料，又要防敌突然搜查（有几篇还化为小说，他化名祥松）。他戴着脚镣手铐，又有十多年的痔疮，流血化脓，不能平坐。每天

爱国的理由

平均要完成一千多字,这是何等的意志力?这种精神和人格上的贡献已远超出他具体领导的军事斗争,是红军精神、长征财富的另一个重要组成部分。

二

这些手稿到他死后五年才辗转送到党在重庆的机关。叶剑英含泪读罢即赋诗道:"血染东南半壁江,忍将奇迹作奇功。文山去后南朝月,又照秦淮一叶枫。"文山是文天祥的号,叶帅将他比之文天祥,实为不过。

现在我们重读他的狱中文稿,提到最多的是"死",随时准备死,怎样死,死前再抓紧为革命做点什么。当然,和死相对应的还有"生"。为谁而活,怎样活?这是抢分夺秒,在敌人的屠刀下书写的一部生死书,一篇人生解读录。

读狱中稿,我们首先看到的是他坦然面对死亡。同室中还有独臂将军刘畴西等三个红军高级干部,他们吃饭、下棋、谈天、写文章。"死是无疑的了,我们为革命而生,更愿为革命而死。砰的一枪,或啪的一刀。我们常是这样说笑着。"他们准备好了临刑前呼的口号,每天牢门一响,就准备敌人上来打开脚镣,拉去枪毙。但是,他们没有想到敌之残忍,居然懒得开脚镣,推出枪毙后连镣同埋。多年后,人们就是凭着脚镣上的号记,才确认了烈士的身份。

读狱中稿,我们明白了他在死亡面前,为什么这样从容。原来他是在为民族赎难,明知是死,也要飞蛾扑火,以身殉国。文稿中有一大部分是分析当时中国社会的矛盾,揭示民族的苦难。"佃户向地主租田,一般都四六分,地主坐得六成。土地日益集中在少数地主手里。佃户生活受饥挨冻,甚至不能生存。每到年关,被逼租逼债,卖妻鬻子,吊颈投水一类的悲惨事不断发生。"他以自己出生的村子为例:"共有80余户,其中欠债欠租,朝夕不能自给的就有70余户。比较富的只有两户。"他

六　报国丹心

家是一个中农,还要租种地主的地才能维持生活。男孩子只能勉强读个私塾。他少年时印象最深的是父母为他读书举债的愁容。"中国农村的衰败、黑暗、污秽,到了惊人的地步。"所以农民造反是必然的,到年关时,常主动催促地下党举行暴动。读着这些文字,我们很容易联想到林觉民在《与妻书》里说的"遍地腥云,满街狼犬",国难当头,唯有一死。这是共产党及其之前的一切革命党共同的抱负。

读狱中稿,我们还看到了他身处党内斗争夹缝中的痛苦。他在狱中痛定思痛,细理根据地建设的经验教训。这次所以大败,一方面是上面右倾,不敢放手扩大红军、扩大根据地,不敢放手做白区工作、敌军工作,"错失了许多有利发展机会"。另一方面则是极左,残酷斗争。"'肃反'的错误造成群众间的恐慌与干部的消极不安""党内主要负责同志,个人独裁欲和领袖欲太重,不容易接受意见",他的战友、红十军代政委吴先民在"肃反"中被错杀。他因提意见反而受到处分(1945年"七大",中央已为吴平反)。现在,黑暗的监狱反而成了他冷静思考问题的地方。"这次因为我们政治领导的错误和军事指挥的无能(客观的困难是有的,但都可以克服的)致红十军遭受怀玉山的失败,我亦因之被俘,囚禁于法西斯蒂的军法处,历时已5个来月了。何时枪毙,明天或者后天,上午或者下午,全不知道,也不必去管。在没有枪毙以前,我应将赣东北苏维埃的建设,写一整篇出来。我在这炎暑天气下,汗流如雨,一面构思在写,一面却要防备敌人进房来。我下了决心,要在一个月内,写好这篇文字。"他在临死前两个月写成了1.5万字的《赣东北苏维埃创立的历史》,为党史研究留下了珍贵的资料。

读狱中稿最让人落泪的地方,是他自知生之无望,但对事业仍不改初心。他的《在狱致全体同志书》自叹再也不能为党工作,沉痛自责。"(最后一战)没有下决心硬冲过去……这就决定了我们的死命。""我们虽在狱中,总是祈祷着你们的胜利和成功!"在《可爱的中国》一文的结

爱国的理由

尾，他甚至用诗一般的语言来写自己的身后事，充满了浪漫、憧憬，而无一丝的悲哀："假如我不能生存，死了，我流血的地方，或者我瘗骨的地方，或许会长出一朵可爱的花来。这朵花你们就看作我的精神寄托吧！在微风的吹拂中，如果那朵花是上下点头，那就可视为我对于为中国民族解放奋斗的爱国志士们，在致以热忱的敬礼；如果那朵花是左右摇摆，那就可视为我在提劲唱着革命之歌，鼓励战士们前进啦！"他写这一段话的时间是 1935 年 5 月 2 日，是时红军正在抢渡金沙江。

三

凡革命都是拼命，都是因活不下去才铤而走险的。陈胜、吴广之谓："今亡亦死，举大计亦死。"而革命运动的领导者，这些知识精英们大多不是因个人之苦，而是为阶级献身。林觉民所谓："当亦乐牺牲吾身与汝身之福利，为天下人谋永福也。"马克思则提炼为："无产阶级只有解放全人类，才能最后解放自己。"所以革命时期，共产党员的死是很正常的。毛泽东说"要奋斗就会有牺牲"，他一家就为革命献出了 6 个亲人。贺龙一家牺牲了 100 多人，加上远亲家族达上千人。聂荣臻回忆，红军打仗，打的是党团员，打的是干部。一仗下来，党团员伤亡四分之一，甚至二分之一。一面红旗万滴血，我们今天纪念某某胜利，最不该忘记的是那些没有等到胜利这一天的烈士们。

说到烈士，我们常概念化为"抛头颅，洒热血"，符号化为碉堡前的董存瑞、铡刀下的刘胡兰。其实，还有那些敢为信仰而死的第一代领袖们，他们是又一类的烈士。他们都是些知识精英，有情有义，有才有貌，既不缺智商，也不缺情商，如果任选一行，都能业有大成。只是为了革命，为了民族解放他们甘愿牺牲。我们看 40 万字的《方志敏全集》，诗、文、小说、剧本、公文、信札，文采飞扬。方志敏幼时即聪慧，父母才咬牙借贷让他多读了几年书。他 16 岁时就发豪言："心有三爱，奇书、

六　报国丹心

骏马、佳山水；园栽四物，青松、翠竹、洁梅兰。"他愤于上海租界公园的牌子"华人与狗不得入内"，一创立根据地就为农民修了一个公园，内有游泳池，每年还举办运动会。在公园内他亲植一株梭椤树（传说，这就是月亮里吴刚永远砍不倒的桂花树），现已有两抱之粗。树旁有一六角亭，闲时，他就在亭子里看书。他才华横溢，仪表堂堂，常有女性暗恋之，无以表达，就偷偷往其身后放一双亲手做的布鞋。据说，看一上午书走后，守园者能收好几双鞋。这事我有点半信半疑，但县里的人说确有其事，他们还能讲出许多类似的故事。

那天擦黑时，我们去看苏区政府旧址，一老人听说是采访方志敏，主动上来搭话，又返身回家捧了几个红薯一定要塞到我们怀里。我们婉言谢绝，直到走出七八步后，他在后面说了一句："我们家有三个烈士。"我们都为之一怔，顿脚回首，一时不知该说什么。心事浩茫，繁星在天，这大山深处不知藏着多少红色故事。陪同的人说，现在还有一位活着的曾经在他身边工作过的老人。已经晚上十点了，我们摸黑找到枫林村的一座寺庙，见到了97岁的周桂兰。这是一座不大不小的佛寺，沉沉的夜色中，空寂苍凉。老人已出家50年，平时有一个徒弟陪伴，今恰有事外出，就她一人独守孤庙。我们就在佛殿前的台阶上摆了几个小凳，听她谈80年前的往事。她印象最深的是方志敏的和蔼可亲，发动妇女剪发、放开裹脚、扫盲识字。还有他对"肃反"的不满和无奈，常独自感叹。我问："你现在怎么还记得这些事？"她说："好人啊！我现在还供着他的灵位呢，每天还给他念经上香。"这一句话把我们六七个人都惊呆了，不敢相信自己的耳朵。我抬头扫一眼堂上的佛祖和沉沉的夜色，大家都不说话，空气凝固了几秒钟。座中有女士轻轻地问："在哪里？能看一下吗？""在三楼上。"于是我们扶着这个近百岁的老人，打着手电，颤颤巍巍地爬上三层楼。这是一个专给人做佛事超度亡灵的小佛堂，墙上供着超度人的名单。但在三排名单之上单用稍大一点的字写着一个名字：方

爱国的理由

志敏。她每天念经超度,已 50 年。她说:"好人啊,死得太惨!我一闭眼,就见他戴着脚镣,浑身是血的样子。"她,一直在为他招魂。80 年了,也许在喧闹的都市里,在匆忙的官场上,人们早已淡忘了一个叫方志敏的人。但是在赣东北的青山绿水间,在老区人民的心里,甚至在这座乡间古寺里,还有人没有忘记他。天黑得更沉了,我们都没有说话,默默地赶回住地。

四

方志敏确实是大志未展,大业未成,死不瞑目。他的英魂还一直在身后留下的文稿中游走,壮志未遂,憾悔难平。

读方志敏的文稿,让人联想起许多狱中文章。这是在特殊年代、特定背景下的作品。是时代、人格、事业、生命相撞击的火花。它已远超出党派、意识形态而成为人格的宣言。中国史上最有名的狱中文章是文天祥的《正气歌》。共产党领袖中,有瞿秋白狱中《多余的话》,胸怀坦荡,明月清风;有张闻天"文革"羁押于肇庆期间的《肇庆文稿》,明经析理,忧国忧民;有彭德怀在"文革"关押中,形成的《我的自述》,堂堂正正,掷地有声(张、彭都是经过长征的)。这些文字,不但内容高洁,就是成稿过程之艰难曲折,也足够为一部传奇。其时他们都是以命相押,以死相抵,只愿留下事实,留下思想,"留取丹心照汗青"的。这意义远超于我们纪念某一个具体的事件。因为一个人总会死去,一些事总会过去。就是当年对立的国共两党,也已经几分几合。而现在我们读史,看到的只是各种不同的灵魂,只有人格和精神不死。

人类永在进行寻找文明的新长征,这些文稿是征途上一盏永不熄灭的灯。

六　报国丹心

百年革命"三封家书"

梁　衡

　　2011年是辛亥革命100周年，中国共产党成立90周年。纪念活动少不了拜谒故地，披览文物。

　　3月，我有事去福州，公余又去拜谒了一次林觉民故居。林觉民的《与妻书》是辛亥革命的重要文物。黄花岗七十二烈士，其事迹大多湮灭，幸有这篇美文让我们能窥见他们的心灵。广州黄花岗烈士碑上72人名单（随着后来的发掘，实际上已超过72人）中，林觉民三字人们抚摸最多，色亦最重。《与妻书》早已选入中学课本和各种文学的、政治的读本，我亦不知读了多少遍。印象最深的是"即此爱汝一念，使吾勇于就死""当亦乐牺牲吾身与汝身之福利，为天下人谋永福"。他反复给妻子解释，我很愿与你相守到老，但今日中国，百姓水深火热，我能眼睁睁看他们受苦、等死吗？我要把对你的爱扩展到对所有人的爱，所以才敢去你而死。林家福州故居我过去也是去过的。这次去新增的印象有二。一是书信的原物。在广州起义前三天，1911年4月24日，林知自己必死，就着随手扯来的一方白布，给妻子陈意映写下这封信，竖书，29行。其笔墨酣畅淋漓，点划如电闪雷劈，走笔时有偏移，可知其时"泪珠与笔墨齐下"，心情激动，不能自已。其挥墨泣血之境，完全可与颜真卿的《祭侄稿》相媲美。二是牺牲前后之事。起义失败，林受伤被捕。审讯

爱国的理由

时，林痛斥清廷腐败，慷慨陈词，宣传革命，说到激动处撕去上衣，挺胸赴死。敌审讯官都不由得敬畏，下令去其镣铐，给以座位。两广总督张鸣岐，不得已下令枪决，后惋惜道："惜哉，林觉民！面貌如玉、肝肠如铁，心地光明如雪，真算得奇男子。"某日晨，家人在门缝里发现有人塞进来的《与妻书》，同时还有给父亲的一封信，只有几十个字："不孝儿觉民叩禀父亲大人：儿死矣，惟累大人吃苦，弟妹缺衣食耳，然大有补于全国同胞也。大罪乞恕之。"其壮烈而平静之举概如此。

福州之后又两月，有事去重庆之江津，才知道这是聂荣臻元帅的家乡，便去拜谒纪念馆并故居。聂帅抗日时主持晋察冀根据地建设，被中央称为"模范根据地"，新中国成立后主持"两弹一星"研究，为国防建设立了大功。总其一生都是在默默地干大事。他在20岁那年离开家乡去法国勤工俭学，开始了探求真理、苦学报国的革命生涯。与周恩来、朱德、邓小平、陈毅等同为我党领导集体中的早期留欧人员。聂帅留法时期的家书保存完好，现在收书出版的就有13封，且都有手迹原件，从中可以看到这批革命家的少年胸怀（去法国时聂20岁，周22岁，邓16岁）。现在故居前庭的正墙上有一封放大的家书手迹，是聂荣臻1922年6月3日写给父母的：

父母亲大人膝下：

　　不得手谕久矣。海外游子，悬念何如？又闻川战复起，兵自增而匪复狂！水深火热之家乡，父老之苦困也何堪？狼毒野心之列强无故侵占我国土。二十一条之否认被拒绝，而租地期满又故意不肯交还。私位饱囊之政府，只知自争地盘，拥数十万之雄兵，无非残杀同胞。热血男儿何堪睹此？男也，虽不敢以天下为己任，而拯父老出诸水火，争国权以救危亡，是青年男儿之有责！况男远出留学，所学何为？决非一衣一食自为计，而在四万万同胞之均有衣食也。

六 报国丹心

亦非自安自乐以自足，而在四万万同胞之均能享安乐也。此男素抱之志，亦即男视为终身之事业也！……

男荣臻跪禀6月3号

我拜读这封89年前（中国共产党建党之第二年）海外游子的家书，不觉肃然起敬。那个时代的有为青年留学到底为了什么？"决非一衣一食自为计，而在四万万同胞之均有衣食也。亦非自安自乐以自足。而在四万万同胞之均能享安乐也。"这与林觉民"当亦乐牺牲吾身与汝身之福利，为天下人谋永福"何其相通。

要考察一个人的思想，家书大概是最可靠的。因为对亲人可以说真话，而且他也想不到日后会发表这信件。看了林、聂的两封家书又使我联想到五年前在河北涉县参观八路军129师师部旧址时见到的另一封家书。那是一个不知名的普通八路军战士（或是干部）在大战前夕写给妻子的一封短信，是一个共产党员的《与妻书》。从重庆回来我就赶快翻检所存资料，终于找出那张发黄的照片，但手迹还清晰可辨，全信如下：

喜如妹：

我俩要短期之分开了。这是我们的敌人给我们的分开之痛苦，只有消灭了我们的敌人，才能消除这个痛苦。

我的病暂时也没有什么要谨（紧），因病得的很长，一时亦难除根。我很高兴在党和上级爱护之下给我这五个月的时间休养很不错。我这此（次）决心到前方要与我们当前的敌人搏斗，拿出最大决心和牺牲精神与人民立功。我第二个高兴是你很好，特别是对我尽到一切的关心和爱护。同时我有两个很天真活泼的小孩，又有男又有女。你想这一切都使我很满足，永远是我高兴的地方。

战斗比不得唱戏，不是开玩笑，是有牺牲的精神才能打垮和消

爱国的理由

灭敌人。趟（倘）我这次到前方或负伤牺牲都不要难过，谨记我如下之言：

无产阶级的革命一定会成功的，只是时间之长短，但也不是很长的。家人一定要翻身。要求民主与独立，这是全世界劳苦大众都走革命这条道路，苏联革命成功是我们的好榜样。

就是我牺牲了也是很光荣的，是为革命而牺牲，是有价值。在任何情况下我是不屈不挠，坚决□□□部队与敌人战斗到底。一直把敌人消灭尽尽为止。望你好好保重身体，多吃饭，不生病，我就死前方放心。同时希你好好扶养丰丰小儿、小女雪雪，长大完成我未完之事。一直完成社会主义革命到共产主义社会，谨记谨记。

我生于一九一九年十月（即民国八年十二月二十四日）家居安徽省霍山县石家河保瓦嘴□。

茂德
一九四七·四·二·□于魏□
临别之写

这封信写得很镇静、乐观又有几分悲壮。作者和林觉民一样也是抱定必死的决心，但其悲剧气氛要少些，更多的是充满胜利的信心。刘、邓领导的129师1940年6月进驻涉县时不足9000人，到1945年12月挥师南下时已发展到30万正规军，40万地方部队。这个署名"茂德"的作者，就是这支大军中的普通一员。也许他真的已经在战火中牺牲，那一双可爱的小儿女丰丰、雪雪现在也该是古稀老人。这封上战场前匆匆写给妻子的信，让我们看到了那个时代的人的真实生活。

我把三封家书的手稿影印件放在案头，轻抚其面，细辨字迹，目既往还，心亦吐纳，感慨良多。这三件文物，都是用毛笔书写，所书之物，一件是临时扯的一块白布，一件是异国他乡的信纸，一件是随手撕下来

六　报国丹心

的五小张笔记本纸页，皆默默地昭示着其人、其地、其时的特定背景。论时间，从第一封信算起已经整整 100 年，恰是辛亥革命百年祭；第二封已经 89 年，与共产党党龄相仿；第三封也已 64 年，比共和国还长两岁。而写信者当时都是热血青年，都是为自己的理想而奋斗，准备牺牲的普通的战士。其结果，一个成了名垂青史的烈士，一个成了共和国的元帅，一个没入历史的烟尘，代表着那些无数的无名英雄。细看就会发现，这三封跨越百年、不同时代的家书中都有一条红线一以贯之，就是牺牲个人，献身革命，为国家、为民族不计自己并家庭的得失。林信说：当牺牲吾身与汝身之福利，为天下人谋永福；聂信说：决非为一衣一食，而为四万万同胞之均有衣食；茂信说：我或负伤牺牲你都不要难过，是为革命而牺牲，是光荣的，有价值。

百年革命，三封家书，一条红线，舍己为国。我们还可由此上推 1000 年，政治家范仲淹说"先天下之忧而忧，后天下之乐而乐"；上推 2000 年，思想家司马迁说："人固有一死。死，有重于泰山，或轻于鸿毛，用之所趋异也（目的不同）。"其一脉相承的都是这种牺牲精神——为理想、为事业、为进步而牺牲。国歌唱道："把我们的血肉筑成我们新的长城。"还有一首歌唱道："为什么战旗美如画，英雄的鲜血染红了她；为什么大地春常在，英雄的生命开鲜花。"正是这一代代的前仆后继、不计牺牲才铸就我们这个民族，铸就中华文明。这是一种伟大的民族精神、历史精神，而它在革命，特别是战争时期更见光辉，又由代表人物所表现。唯此，历史才进步，人类才进步。

我从百年历史的烟尘中捡出这三封革命家书，束为一礼，献给祖国，并祭先烈。这是一束永不凋谢的历史之花。

七 遥祭国魂

七　遥祭国魂

导　读

　　灵魂，作为一种无形的精神存在是永恒的。国魂是一个国家和民族生存、绵延所成就的一种精神，而这种精神又常常集中体现在少数杰出人物身上，于是每个国家、每个民族便有了体现自己国魂的代表人物，一代一代的后人都可以从他们的生平事迹里汲取到不竭的民族精神。

　　这一节选取了各个历史时期堪称中华民族国魂的代表人物，林则徐、鲁迅、闻一多、周恩来等，由此可以看到民族精神的延续。

爱国的理由

怀鲁迅

郁达夫①

真是晴天的霹雳，在南台的宴会席上，忽而听到了鲁迅的死！

发出了几通电报，会萃了一夜行李，第二天我就匆匆跳上开往上海的轮船。

二十二日上午十时船靠了岸，到家洗一个澡，吞了两口饭，跑到胶州路万国殡仪馆去，遇见的只是真诚的脸，热烈的脸，悲愤的脸，和千千万万将要破裂似的青年男女的心肺与紧捏的拳头。

这不是寻常的丧葬，这也不是沉郁的悲哀，这正像是大地震要来，或黎明将到时充塞在天地之间的一瞬间的寂静。

生死，肉体，灵魂，眼泪，悲叹，这些问题与感觉，在此地似乎太渺小了，在鲁迅的死的彼岸，还照耀着一道更伟大，更猛烈的寂光。

没有伟大的人物出现的民族，是世纪上最可怜的生物之群；有了伟大的人物，而不知拥护，爱戴，崇仰的国家，是没有希望的奴隶之邦。因鲁迅的一死，使人们自觉出了民族的尚可以有为，也因鲁迅之一死，使人家看出了中国还是奴隶性很浓厚的半绝望的国家。

鲁迅的灵柩，在夜阴里被埋入浅土中去了；西天角却出现了一片微红的新月。

---

① 郁达夫（1896—1945），原名郁文，浙江富阳人。小说家、散文家。著有小说《沉沦》《迷羊》，散文集《屐痕处处》等。1945年9月被日本宪兵秘密杀害。

七　遥祭国魂

大无大有周恩来

——纪念周恩来诞辰一百周年

梁　衡

今年是周恩来诞辰百年，他离开我们也已经22年。但是他的身影却时时在我们身边，至今，许多人仍是一提总理双泪流，一谈国事就念总理。陆放翁诗："何方可化身千亿，一树梅前一放翁。"是什么办法化作总理身千亿，人人面前有总理呢？难道世界上真的有什么灵魂的永恒？伟人之魂竟是可以这样地充盈天地，浸润万物吗？就像老僧悟禅，就如朱子格物，自从1976年1月国丧以来，我就常穷思默想这个费解的难题。20多年了，终于有一天我悟出了一个理：总理这时时处处的"有"，原来是因为他那许许多多的"无"，那些最不该，最让人想不到、受不了的"无"啊。

总理的惊人之无有六。

一是死不留灰。

周恩来是中国历史上第一个提出死后不留骨灰的人。当总理去世的时候，正是中国政治风云变幻的日子，林彪集团刚被粉碎，江青"四人帮"集团正自鸣得意，中国上空乌云压城，百姓肚里愁肠千结。1976年新年刚过，一个寒冷的早晨突然广播里传出了哀乐。人们噙着泪水，对着电视一遍遍地看着那个简陋的遗体告别仪式，突然江青那副可憎的面孔出现了，她居然不脱帽鞠躬，许多电视机旁都发出了怒吼：江青脱掉

爱国的理由

帽子！过了几天，报上又公布了遗体火化，并且根据总理遗嘱不留骨灰。许多人都不相信这个事实，一定是江青这个臭婆娘又在搞什么阴谋。直到多少年后，我们才清楚，这确实是总理遗愿。1月15日下午追悼会结束后，邓颖超就把家属召集到一起，说总理在十几年前就与她约定死后不留骨灰。灰入大地，可以肥田。当晚，邓颖超找来总理生前党小组的几个成员帮忙，一架农用飞机在北京如磐的夜色中冷清地起飞，飞临天津，这个总理少年时代生活和最早投身革命的地方，又沿着渤海湾飞临黄河入海口，将那一捧银白的灰粉化入海空，也许就是这一撒，总理的魂魄就永远充满人间，贯通天地。

但人们还是不能接受这一事实。多少年后还是有人提问，难道总理的骨灰就真的一点也没有留下吗？中国人和世界上大多数民族都习惯修墓土葬，这对生者来说，以备不时之念，对死者来说则希望还能长留人间。多少年来越有权的人就越下力气去做这件事。许多世界上著名的陵寝，中国的十三陵，印度的泰姬陵，埃及的金字塔，还有一些埋葬神父的大教堂，我都看过。共产党是无神论，又是以解放全人类为己任，当然不会为自己的身后事去费许多神。所以一解放，毛泽东就带头签名火葬，以节约耕地，但彻底如周恩来这样连骨灰都不留却还是第一次。你看一座八宝山上，还不就是存灰为记吗？历史上有多少名人，死后即使无尸人们也要为他修一个衣冠冢。老舍先生的追悼会上，骨灰盒里放的是一副眼镜，一支钢笔。纪念死者总得有个念物，有个引子啊。

没有灰，当然也谈不上埋灰之处，也就没有碑和墓，欲哭无泪，欲祭无碑，魂兮何在，无限相思寄何处？中外文学史上有许多名篇都是碑文、墓志和在名人墓前的凭吊之作，有许多还发挥出炽热的情和永恒的理。如韩愈为柳宗元写的墓志痛呼"士穷乃见节义"，如杜甫在诸葛亮祠中所叹"出师未捷身先死，长使英雄泪满襟"，都成了千古名言。明代张溥著名的《五人墓碑记》"扼腕墓道，发其志士之悲"简直就是一篇正

七 遥祭国魂

义对邪恶的宣言。就是空前伟大如马克思这样的人,死后也有一块墓地,恩格斯在他墓前的演说也选入马恩文选,成了国际共运的重要文献。马克思的形象也因这篇文章更加辉煌。为伟人修墓立碑已成中国文化的传统,中国百姓的习惯,你看明山秀水间,市井乡村里,还有那些州县府志的字里行间,有多少知名的,不知名的故人墓、碑、庙、祠、铭、志,怎么偏偏轮到总理,这个前代所有的名人加起来都不足抵其人格伟大的人,就连一个我们可以为之扼腕、叹息、流泪的地方也没有呢?于是人们难免生出一丝丝的猜测,有的说是总理英明,见"四人帮"猖狂,政局反复,不愿身后有伍子胥鞭尸之事;有的说是总理节俭,不愿为自己的身后事再破费国家钱财。但我想,他主要的就是要求一个干净。生时鞠躬尽瘁,死后不留麻烦。他是一个只讲奉献,献完转身就走的人,不求什么纪念的回报和香火的馈饷。也许隐隐还有另一层意思。以他共产主义者的无私和中国传统文化的忠君,他更不愿在身后出现什么"僭越"式的悼念,或因此又生出一些政治上的尴尬。果然,地球上第一个为周恩来修纪念碑的,并不是在中国,而是在日本。第一个纪念馆也不是建在北京,而是在他的家乡。日本的纪念碑是一块天然的石头,上面刻着他留学日本时的那首《雨中岚山》。1994年我去日本时曾专门到樱花丛中去寻找过这块诗碑。我双手抚石,西望长安,不觉泪水涟涟。天力难回,斯人长逝已是天大的遗憾,而在国内又无墓可寻,叫人又是一种怎样的惆怅?一个曾叫世界天翻地覆的英雄,一个为民族留下了一个共和国的总理,却连一点骨灰也没有留下,这强烈的反差,让人一想,心里就有如坠落千丈似的空茫。

总理的二无是生而无后。

中国人习惯续家谱,重出身,爱攀名人之后也重名人之后。刘备明明是个编席卖履的小贩,却攀了个皇族之后,被尊为皇叔,诸葛亮和关、张、赵、马、黄等一批文武,就捧着这块招牌,居然三分天下。一般人

爱国的理由

有后无后，还是个人和家族的事。名人无后却成了国人的遗憾。不孝有三，无后为大。纪念故人也有三：故居、墓地、后人，后人为大。虽然后人不能尽续其先人的功德才智，但对世人来说，有一条血缘的根传下来，总比无声的遗物更惹人怀旧。连孔子这个两千多年前的老故人，也要一代代地去细寻其脉。人们尊其后，说到底还是尊其人。这是一种纪念，一种传扬，要不怎么不去找出个秦桧的几世孙呢？清朝乾隆年间有位叫秦大士的名士过岳坟，不由得感叹道："人从宋后羞名桧，我到坟前愧姓秦。"可见前人与后人还是大有关系，名人之后更是关系重大。对越是功高德重为民族做出牺牲的逝者，人们就越尊重他们的后代，好像只有这样才能表达对他们的感激，赎回生者的遗憾。总理并不脱俗，也不寡情。我在他的绍兴祖居，亲眼见过抗战时期他和邓颖超回乡动员抗日时，恭恭敬敬地续写在家谱上的名字。他在白区经常做的一件事，就是搜求烈士遗孤，安排抚养。他常说：不这样我怎么能对得起他们的父母？他在延安时亲自安排将瞿秋白、蔡和森、苏兆征、张太雷、赵世炎、王若飞等烈士之女送到苏联好生教育、看护，并亲自到苏联去与斯大林谈判，达成了一个谁也想不到的协议：这批子弟在苏联只求学，不上前线（而苏联国际儿童院中其他国家的子弟，在战争中上前线共牺牲了21名）。这恐怕是当时世界上两个最大的人物，达成的一个最小的协议。总理何等苦心，他是要为烈士存孤续后啊。六七十年代，中日民间友好往来，日本著名女运动员松崎君代，多次受到总理接见。当总理知道她婚后无子时，便关切地留她在京治病。并说有了孩子可要告诉一声啊。1976年总理去世，她悲呼道："周先生，我们已经有了孩子，但还没有来得及告诉您！"确实，子孙的繁衍是人类最实际的需要，是人最基本的情感。但是天何不公，轮到总理却偏偏无后，这怎么能不使人遗憾呢？是残酷的地下斗争和战争夺去邓颖超同志腹中的婴儿，以后又摧残了她的健康。但是以总理之权、之位、之才和一个倾倒多少女性的风采，何愁

七　遥祭国魂

不能再建家室，传宗接代呢？但总理没有这样做。他以倾国之权而坚守平民之德。后来有一个厚脸皮的女人写过一本书，称她自己就是总理的私生女，这当然经不起档案资料的核验。举国一阵哗然之后，如风吹黄叶落，复又秋阳红。但人们在愤怒之余心里仍然隐隐存着一丝的惆怅。中国人的传统文化是求全求美的，如总理这样的伟人该是英雄美人、父英子雄、家运绵长的啊。然而，这一切都没有。这怎么能不在国人心中凿下一个空洞呢？人们的习惯思维如列车疾驶，负着浓浓的希望，却一下子冲出轨道，跌入了一个无底的深渊。

总理的三无是官而不显。

千百年来，官和权是连在一起的。官就是显赫的地位，就是特殊的享受，就是人上人，就是福中福，官和民成了一个对立的概念，也有了一种对立的形象。但周恩来作为一国总理则只求不显。在外交、公务场合他是官，而在生活中，在内心深处，他是一个最低标准甚至不够标准的平民。他是中国有史以来的第一个平民总理，是世界上最平民化的总理。一次他出国访问，内衣破了送到我驻外使馆去补，去洗。当大使夫人抱着这一团衣服回来时，伤心的泪水盈眶，她怒指着工作人员道："原来你们就这样照顾总理啊！这是一个大国总理的衣服吗？"总理的衬衣多处打过补丁，白领子和袖口是换过几次的，一件毛巾睡衣本来白底蓝格，但早已磨得像一件纱衣。后来我见过这件睡衣，瞪大眼睛也找不出原来的纹路。这样寒酸的行头，当然不敢示人，更不敢示外国人。所以总理出国总带一只特殊的箱子，不管住多高级的宾馆，每天起床，先由我方人员将这一套行头收入箱内锁好，才许宾馆服务生进去整理房间。人家一直以为这是一个最高机密的文件箱呢。这专用箱里锁着一个贫民的灵魂。而当总理在国内办公时就不必这样遮挡"家丑"了，他一坐到桌旁，就套上一副蓝布袖套，那样子就像一个坐在包装台前的女工。许多政府工作报告，国务院文件和震惊世界的声明，都是在这蓝袖套下写出的啊。

爱国的理由

只有总理的贴身人员才知道他的生活实在太不像个总理。总理一入城就在中南海西花厅办公，一直住了25年。这是座老平房又湿又暗，多次请示总理都不准维修。终于有一次工作人员趁总理外出时将房子小修了一下，《周恩来年谱》记载：1960年3月6日，总理回京，发现房已维修，当晚即离去暂住钓鱼台，要求将房内的旧家具（含旧窗帘）全部换回来，否则就不回去住。工作人员只得从命。一次，总理在杭州出差，临上飞机时地方上送了一筐南方的时鲜蔬菜，到京时被他发现，他严厉批评了工作人员，并命令折价寄钱去。一次，总理在洛阳视察，见到一册碑帖，问秘书身上带钱没有，没有钱，总理摇摇头走了。总理从小随伯父求学，伯父的坟迁，他不能回去，先派弟弟去，临行前又改派侄儿去。为的是尽量不惊动地方。一国总理啊，他理天下事，管天下财，住一室，食一蔬，用一物，办一事算得了什么？多少年来，在人们的脑子里，做官就是显耀。你看，封建社会的官帽，不是乌纱便是红顶，官员的出行，或鸣锣开道，或静街回避，不就是要一个"显"字。这种显耀或为显示权力，或为显示财富，总之是要显出高人一等。古人一考上进士，就要鸣锣报喜，一考上状元就要骑马披红走街，一当上官就要回乡到父老面前转一圈，所谓衣锦还乡，就为的是显一显。刘邦坐了皇帝后，曾痛痛快快地回乡显示过一回，元散曲中专有一篇著名的《高祖还乡》挖苦此事。你看那排场："红漆了叉，银铮了斧。甜瓜苦瓜黄金镀。明晃晃马镫枪尖上挑。白雪雪鹅毛扇上铺。这几个乔人物，拿着些不曾见的器仗，穿着些大作怪衣服。"西晋时有个石崇官做到个荆州刺史，也就是地委书记吧，就敢于同皇帝司马昭的小舅子王恺斗富。他平时生活"丝竹尽当时之精，庖膳穷水陆之珍"，招待客人，以锦围步幛五十里，以蜡烧柴做饭，王恺自叹不如。现在这种显弄之举更有新招，比座位，比上镜头，比好房，比好车，比架子。我曾见过某县级小官摆架子而令人作呕的丑陋嘴脸，我不知他在地方上有多大政绩，为百姓办了多少实事，看这架

七 遥祭国魂

子心里只有说不出的苦和酸。想总理有权不私,有名不显,权倾一国两袖清风,这种近似残酷的反差随着岁月的增加倒叫人更加十分地不安和不忍了。

总理的四无是党而不私。

列宁讲:人是分为阶级的,阶级是由政党来领导的,政党是由领袖来主持的。大概有人类就有党,除政党外还有朋党、乡党等小党。毛泽东同志就提到过党外有党,党内有派。同好者为党,同利者为党,在私有制的基础上,结党为了营私,党成了求权、求荣、求利的工具。项羽、刘邦为楚汉两党,汉党胜,建刘汉王朝,三国演义就是曹、吴、刘三党演义。朱元璋结党扯旗,他的对立面除元政权这个执政党外,还有张士诚、陈友谅各在野党,结果朱党胜而建朱明王朝。只有共产党成立以后才宣布,它是专门为解放全人类而做牺牲的党,除了人民利益、国家民族利益,党无私利,党员个人无私求。无数如白求恩、张思德、雷锋、焦裕禄这样的基层党员,都做到了入党无私,在党无私。但是当身处要位甚至领袖之位,权握一国之财,而要私无一点,利无一分,却是最难最难的。权用于私,权大一分就私大一丈,失之毫厘差之千里,做无私的战士易,做无私的官难,做无私的大官更难。像总理这样军政大权在握的人,权力的砝码已经可以使他左偏则个人为党所用,右偏则党为个人所私,或可为党员,或可为党阀了。王明、张国焘不都是这样吗?而总理的可贵正在党而不私。

1974年,康生被查出癌症住院治疗。周恩来这时也有绝症在身,还是拖着病体常去看他。康一辈子与总理不合,总理每次一出病房他就在背后骂。工作人员告诉总理,说既然这样您何必去看他。但总理笑一笑,还是去。这种以德报怨,顾全大局,委曲求全的事,在他一生中举不胜举。周总理同胞兄弟三人,他是老大,老二早逝,他与三弟恩寿情同手足。恩寿解放前经商为我党提供过不少经费,解放后安排工作到内务部,

爱国的理由

他指示职务要安排得尽量低些，因为他是我弟弟。后恩寿胃有病，不能正常上班，他又指示要办退休，不上班就不能领国家工资。曾山部长执行得慢了些，总理又严厉批评说："你不办，我就要给你处分了。""文革"中总理尽全力保护救助干部。一次范长江的夫人沈谱（著名民主人士沈钧儒之女）找到总理的侄女周秉德，希望能向总理转交一封信，救救长江。周秉德是沈钧儒长孙儿媳，沈谱是她丈夫的亲姑姑。范长江是我党新闻事业的开拓者，又是沈老的女婿，总理还是他的入党介绍人。以这样深的背景，周秉德却不敢接这封信，因为总理有一条家规：任何家人不得参与公事。

虽然在历史上出现过有人借在党的力量谋大私、闹独立、闹分裂、篡权的事件，但总理恰恰以自己坚定的党性和人格的凝聚力，消除了党内的多次摩擦和四次大的分裂危机。50年来他是党内须臾不可缺少的凝固剂。第一次是红军长征时，这时周恩来身兼五职，是中央三人团（博古、李德、周恩来）之一；中央政治局常委、书记处书记、军委副主席、红军总政委。在遵义会议上，只有他才有资格去和博古、李德争吵，把毛泽东请了回来。王明派对党的干扰基本排除了（彻底排除要到延安整风以后），红一、四方面军会师后又冒出个张国焘。张兵力远胜中央红军，是个实力派。有枪就要权，不给权就翻脸，党和红军又面临一次分裂。这时周恩来主动将自己担任的红军总政委让给了张国焘。红军总算统一，得以顺利北进，扎根陕北。第二次是"大跃进"和三年困难时期。1957年底，冒进情绪明显抬头，周恩来、刘少奇、陈云等提出反冒进，毛泽东大怒，说不是冒进，是跃进，并多次让周恩来检讨，甚至说到党的分裂。周恩来立即站出将责任全部揽在自己身上，几乎逢会就检讨，目的只有一个，就是保住党的团结，保住一批如陈云、刘少奇等有正确经济思想的干部，留得青山在，为党渡危机。而他在修订规划时，又小心地坚持原则，实事求是。他藏而不露地将"十五年赶上英国"，改为

七　遥祭国魂

"十五年或者更多一点的时间",加了九个字。将"在今后十年或者更短的时间内实现全国农业发展纲要"一句删去了"或者更短的时间内"八个字。不要小看这一加一减八九个字,果然一年以后,经济凋敝,毛泽东说:国难思良将,家贫思贤妻,搞经济还得靠恩来、陈云,多亏恩来给我留了三年余地。第三次是"文革"中,林彪骗取了毛主席信任。这时作为总理的他再次让出了自己的位置。他这个当年黄埔军校的主任,毕恭毕敬地向他当年的学生,现在的副统帅请示汇报,在天安门城楼上、在大会堂等公众场合为之领坐引路。林彪的威望,或者就以他当时的投机表现、身体状况,总理自然知道他是不配接这个班的,但主席同意了,党的代表大会通过了,他只有服从。果然,"九大"之后只有二年多,林彪自我爆炸,总理连夜坐镇大会堂,弹指一挥,将其余党一网打尽,为国为党再定乾坤。让也总理,争也总理,一屈一伸又弥合了一次分裂。第四次,林彪事件之后总理威信已到绝高之境,但"四人帮"的篡权阴谋也到了剑拔弩张的境地。这时已经不是拯救党的分裂,而是拯救党的危亡了。总理自知身染绝症,一病难起,于是他在抓紧寻找接班人,寻找可以接替他与"四人帮"抗衡的人物,他找到了邓小平。1974年12月,他不顾危病在身飞到韶山与毛泽东商量邓小平的任职。小平一出山,双方就展开拉锯战,这时总理躺在医院里,就像诸葛亮当年卧病军帐之中,仍侧耳静听着帐外的金戈铁马声。"四人帮"唯一忌惮的就是周恩来还在世。这时主席病重,全党的安危系周恩来于一身,他生命延缓一分钟,党的统一就能维持一分钟。现在他躺在床上,像手中没有了弹药的战士,只能以重病之躯扑上去堵枪眼了。癌症折磨得他消瘦、发烧,常处在如针刺刀割般的疼痛中,后来连大剂量的镇痛、麻醉药都已不起作用。但是他忍着,他知道多坚持一分钟,党的希望就多一分。因为人民正在觉醒,叶帅他们正在组织反击。他已到弥留之际,当他清醒过来时,对身边的人员说:"你去给中央打一个电话,中央让我活几天,我就活几

爱国的理由

天!"就这样一直撑到 1976 年 1 月 8 日。这时消息还未正式公布,但群众一看医院内外的动静就猜出大事不好。这天总理的保健医生外出办事,一个熟人拦住问:"是不是总理出事了,真的吗?"他不敢回答,稍一迟疑,对方转身就走,边走边哭,终于放声大哭起来。四个月后,百姓心中的这股怨气,一举掀翻了"四人帮"。总理在死后又一次救了党。

宋代欧阳修写过一篇著名的《朋党论》,指出有两种朋党,一种是小人之朋"所好者禄利,所贪者财货",一种是君子之朋"所守者道义,所行者忠信,所惜者名节",而只有君子之朋才能万众一心,"周武王之臣,三千人成一大朋",以周公为首。这就是周灭商的道理。周恩来在重庆时就被人称周公,直到晚年,他立党为公,功同周公的形象更加鲜明。"周公吐哺,天下归心。"周公只不过是"一饭三吐哺",而我们的总理在病榻上还心忧国事,"一次输液三拔针"啊。如此忧国,如此竭诚,怎么能不天下归心呢?

总理的五无是劳而无怨。

周总理是中国革命的第一受苦人。上海工人起义,"八一"起义,万里长征,三大战役,这种真刀真枪的事他干;地下特科斗争,国统区长驻虎穴,这种生死度外的事他干;解放后政治工作、经济工作、文化工作,这种大管家的烦人杂事他干;"文化大革命"中上下周旋,这种在夹缝中委曲求全的事他干。如果计算工作量,他真正是党内之最。周恩来是 1974 年 6 月 1 日住进医院的,而据资料统计,一至五月共 139 天,他每天工作 12—14 小时有 9 天;14—18 小时有 74 天;19—23 小时有 38 天;连续 24 小时有 5 天。只有 13 天工作在 12 小时之内。而从 3 月中旬到 5 月底,二个半月,日常工作之外,他又参加中央会议 21 次,外事活动 54 次,其他会议和谈话 57 次。他像一头牛,只知道负重,没完没了地受苦,有时还要受气。1934 年,因为王明的"左"倾路线和洋顾问李德的指挥之误,红军丢了苏区,血染湘江,长征北上。这时周恩来是军事

七　遥祭国魂

三人团之一，他既要负失败之责，又要说服博古恢复毛泽东的指挥权。1938年，他右臂受伤，两次治疗不愈，只好远走苏联。医生说为了彻底好，治疗时间就要长一些。他却说时局危急，不能长离国内，只短住了6个月。最后还是落下个臂伸不直的残疾。而林彪也是治病，也是这个时局，却在苏联从1938年住到了1941年。"文化大革命"中，周恩来成了救火队长，他像老母鸡以双翅护雏，防老鹰叼食一样尽其所能保护干部。红卫兵要揪斗陈毅，周恩来苦苦说服无效，最后震怒道：我就站在大会堂门口，看你们从我身上踩过去！这时国家已经瘫痪，全国除少数造反派大多数都成了逍遥派，就只剩下周恩来一个苦撑派，一个苦命人。他像扛着城门的力士，放不下，走不开。每天无休止地接见，无休止地调解。饭都来不及吃，服务员只好在茶杯里调一点面糊。"文化大革命"中干部一层层地被打倒。他周围的战友，副总理、政治局委员已被打倒一大片，连国家主席刘少奇都被打倒了，但偏偏留下了他一个。他连这种"休息"的机会也得不到啊。全国到处点火，留一个周恩来东奔西跑去救火，这真是命运的捉弄。他坦然一笑说："我不下地狱，谁下地狱？"大厦将倾，只留下一根大柱。这柱子已经被压得吱吱响，已经出现裂纹，但他还是咬牙苦撑。由于他的自我牺牲，他的厚道宽容，他的任劳任怨，革命的每一个重要关头，每一次进退两难，都离不开他。许多时候他都殚精竭虑，稳定时局，但许多时候，他又只能被人们作为平衡的棋子，或者替罪的羔羊。历史上向来是一朝天子一朝臣，共产党的领导人换了多少，却人人要用周恩来。他的过人才干害了他，他的任劳任怨的品质害了他，多苦、多难、多累、多险的活，都由他去顶。

1957年底，我国经济出现急功近利的苗头，周恩来提出反冒进。毛泽东大怒，连续开会发脾气。1月初杭州会议，毛说：你脱离了各省、各部。1月中旬南宁会议，毛说："你不是反冒进吗？我是反反冒进的。"这时柯庆施写了一篇升虚火的文章，毛说：恩来，你是总理，这篇文章

爱国的理由

你写得出来吗？8月成都会议，周恩来检查，毛还不满意，表示仍然要作为一个犯错误的例子再议。成都回京之后，一个静静的夜晚，西花厅夜凉如水，周恩来把秘书叫来说："我要给主席写份检查，我讲一句，你记一句。"但是他枯对孤灯，常常五六分钟说不出一个字。冒进造成的险情已经四处露头，在对下与对上、报国与忠诚之间，他陷入了深深的矛盾，深深的痛苦。他对领袖的忠诚与服从绝不是封建式的愚忠。他是基于领袖是党的核心，是党统一的标志这一原则和毛主席的威信这一事实，从唯物史观和党性标准出发来严格要求自己的。为了大局，在前几次会上他已经把反冒进的责任全揽在了自己身上，现在还要怎样深挖呢？而这深深游走的笔刃又怎样才能做到既解剖自己又不伤实情，不伤国事大局呢？天亮时，秘书终于整理成一篇文字，其中加了这样一句："我与主席多年风雨同舟，朝夕与共，还是跟不上主席的思想。"总理指着"风雨同舟，朝夕与共"八个字说，怎么能这样提呢？你太不懂党史，说时眼眶里已泪水盈盈了。秘书不知总理苦，为文犹用昨日辞。几天后，他在八大二次会上做完检讨，并委婉地请求辞职。结论是不许辞。哀莫大于心死，苦莫大于心苦，但痛苦更在于心虽苦极又没有死。周恩来对国对民对领袖都痴心不死啊，于是，他只有负起那让常人看来，无论如何也负不动的委屈。

总理的六无是去不留言。

1976年元旦前后总理已经到了弥留之际。这时中央领导对总理病情已是一日一问，邓颖超同志每日必到病房陪坐。可惜总理将去之时正是中央领导核心中鱼龙混杂、忠奸共处的混乱之际。奸佞之徒江青、王洪文常假惺惺地慰问却又暗藏杀机。这时忠节老臣中还没有被打倒的只有叶剑英了。叶帅与总理自黄埔时期起便患难与共，又共同经历过党史上许多是非曲折。眼见总理已是一日三厥，气若游丝，而"四人帮"又趁危乱国，叶帅心乱如麻，老泪纵横。一日他取来一叠白纸，对病房值班

七 遥祭国魂

人员说，总理一生顾全大局，严守机密，肚子里装着很多东西，死前肯定有话要说。你们要随时记下。但总理去世后，值班人员交到叶帅手里的仍然是一叠白纸。

当真是总理肚中无话吗？当然不是，在会场上，在向领袖汇报时，在对"四人帮"斗争时，在与同志谈心时，该说的都说过了，他觉得不该说的，平时不多说一字，现在并不因为要撒手而去就可以不负责任，随心所欲。总理的办公室和卧室同处一栋，邓颖超同志是他一生的革命知己，又同是中央高干，但总理工作上的事邓颖超自动回避，总理也不与她多讲一字。总理办公室有三把钥匙，他一把，秘书一把，警卫一把，邓颖超没有，她要进办公室必须先敲门。周总理把自己一劈两半。一半是公家的人，党的人，一半是他自己。他也有家私，也有个人丰富的内心世界，但是这两部分泾渭分明，决不相混。周恩来与邓颖超的爱可谓至纯至诚，但也不敢因私犯公。他们两人，丈夫的心可以全部掏给妻子，但决不能搭上公家的一点东西；反过来妻子对丈夫可以是十二分的关心，但决不能关心到公事里去。总理与邓大姐这对权高德重的伴侣堪称是正确处理家事国事的楷模。诗言志，为说心里话而写。总理年轻时还有诗作，现在东瀛岛的诗碑上就刻着他那首著名的《雨中岚山》。皖南事变骤起，他愤怒地以诗惩敌："千古奇冤，江南一叶，同室操戈，相煎何急。"但解放后，他除了公文报告，却很少有诗。当真他的内心情感之门关闭了吗？没有。工作人员回忆，总理工作之余也写诗，用毛笔写在信笺上，反复改。但写好后又撕成碎片，碎碎的，投入纸篓，宛如一群梦中的蝴蝶。瞿秋白在临终前留下一篇《多余的话》，将一个真实的我剖析得淋漓尽致，然后昂然就义，舍身成仁。坦白是一种崇高。周恩来在临终前只留下一叠白纸。"菩提本无树，明镜亦非台"，本来就无我，我复何言哉？不必再说，又是一种崇高。

周恩来的六个"大无"，说到底是一个无私。公私之分古来有之，但

爱国的理由

真正的大公无私自共产党始。1998年是周恩来诞辰一百周年，也是划时代的《共产党宣言》发表150周年。是这个宣言公开提出要消灭私有制，要求每个党员只有解放全人类才能最后解放自己。我敢大胆说一句，150年来，实践宣言精神，将公私关系处理得这样彻底、完美，达到如此绝妙之境者，周恩来是第一人。总理在甩脱自我，真正实现"大无"的同时却得到了别人没有的"大有"。有大智、大勇、大才和大貌——那种倾城倾国、倾倒联合国的风貌，特别是他的大爱大德。

他爱心博大，覆盖国家、人民及整个世界。你看他大至处理国际关系，小至处理人际关系无不充满浓浓的、厚厚的爱心。美帝国主义和中国人民、中国共产党曾是积怨如山的，但是战争结束后，1954年周恩来第一次与美国代表团在日内瓦见面时就发出友好的表示，虽然美国国务卿杜勒斯拒绝了，或者是不敢接受，但周恩来还是满脸的宽厚与自信，就是这种宽厚与自信，终于吸引尼克松在我们立国21年后，横跨太平洋到中国来与周恩来握手。国共两党是曾有血海深仇的，蒋介石曾以巨额大洋悬赏要周恩来的头。但是当"西安事变"，蒋介石已成阶下囚，国人皆曰可杀，连曾经向蒋介石右倾过的陈独秀都高兴地连呼打酒来，蒋介石必死无疑。但是周恩来只带了10个人，进到刀枪如林的西安城去与蒋介石握手。周恩来长期代表中共与国民党谈判，在重庆，在南京，在北平。到最后，这些敌方代表竟为他的魅力所吸引，投向了中共。只有团长张治中说别人可以留下，从手续上讲他应回去复命。周却坚决挽留，说西安事变已对不起一位姓张的朋友（张学良），这次不能重演悲剧，并立即通过地下党将张的家属也接到了北平。他的爱心征服了多少人，温暖了多少人，甚至连敌人也不得不叹服。宋美龄连问蒋介石，为什么我们就没有这样的人。美方与他长期打交道后，甚至后悔当初不该去扶植蒋介石。至于他对人民的爱，革命队伍内同志的爱，更是如雨润田，如土载物般地浑厚深沉。曾任党的总书记犯过"左"倾路线错误的博古，

七　遥祭国魂

可以说是经周恩来亲手"颠覆"下台的，但后来他们相处得很好，在重庆博古成了周的得力助手。甚至像陈独秀这样曾给党造成血的损失，当他对自己的错误已有认识，并有回党的表示时，周恩来立即着手接洽此事，可惜未能谈成。恩格斯在马克思墓前讲话说："他可能有过许多敌人，但未必有一个私敌。"这话移来评价周恩来最合适不过。当周恩来去世时，无论东方西方同声悲泣，整个地球都载不动这许多遗憾许多愁。

总理将一个共产主义者的无私和儒家传统的仁义忠信糅合成一种新的美德，为中华文明提供了新的典范。如果说毛泽东是中国共产党和中华人民共和国的缔造者，周恩来则是党和国家的养护人。他硬是让各方面的压力，各种矛盾将自己压成了粉，挤成了油，润滑着党和共和国这架机器，维持着它的正常运行。50年来他亲手托起党的两任领袖，又拯救过共和国的三次危机。遵义会议他扶起了毛泽东，"文化大革命"后期他托出邓小平，毛邓之功彪炳史册，而周恩来却静静地化作了那六个"无"。新中国成立后他首治战争创伤，国家复苏；二治"大跃进"灾难，国又中兴；三抗林彪江青集团，铲除妖孽。而他在举国狂庆的前夜却先悄悄地走了，走时连一点骨灰也没有留。

周恩来为什么这样地感人至深，感人至久呢？正是这"六无""六有"，在人们心中撞击、翻搅和掀动着大起大落、大跌大荡的波浪。他的博爱与大德拯救、温暖和护佑了太多太多的人。自古以来，爱民之官受人爱。诸葛亮治蜀27年，而武侯祠香火不断1700年。陈毅游武侯祠道："孔明反胜昭烈（刘备）其何故也，余意孔明治蜀留有遗爱。"遗爱愈厚，念之愈切。平日常人相处尚投桃报李，有恩必报，对于为党为国而奉献终身的总理，后人又怎会轻易地淡忘呢？周总理无论在自身修养和治国理政方面功德、才智、民心等方面都很像诸葛亮。诸葛亮教子很严，他那篇有名的《诫子书》，教子"非淡泊无以明志，非宁静无以致远"。他勤俭持家，上书后主说，自己家有桑树800棵，薄田15顷，供给一家

爱国的理由

人的生活，余再无积蓄。这两件事都常为史家称道。呜呼，总理何如？他没有后，当然也没有什么教子格言；他没有遗产，去世时，家属各分到几件补丁衣服做纪念；他没有祠，没有墓，连灰都不知落在何方；他不立言，没有一篇《出师表》可以传世。他越是这样的没有没有，后人就越感念他的遗爱；那一个个没有也就越像一条条鞭子抽在人们的心上。鲁迅说，悲剧是把人生有价值的东西撕裂给人看。是命运从总理身上一条条地撕去许多本该属于他的东西，同时也在撕裂后人的心肺肝肠。那是永远无法弥补的遗憾，这遗憾又加倍转化为深深的思念。渐渐 22 年过去了，思念又转化为人们更深的思考，于是总理的人格力量在浓缩，在定格，在突现。而人格的力量一旦形成便是超时空的。不独总理，所有历史上的伟人，中国的司马迁、文天祥，外国的马克思、列宁，我们又何曾见过呢？爱因斯坦将一座物理大山凿穿而得出一个哲学结论：当速度等于光速时，时间就停止；当质量足够大时它周围的空间就弯曲。那么，我们为什么不可以再提出一个"人格相对论"呢？当人格的力量达到一定强度时，它就会迅如光速而追附万物；穹庐空间而护佑生灵。我们与伟人当然就既无时间之差又无空间之别了。

这就是生命的哲学。

周恩来还会伴我们到永远。

七　遥祭国魂

纪念闻一多先生遇难五十六周年

梁晓声①

  我来了，我喊一声，迸着血泪
  "这不是我的中华，不对，不对！"
  我来了，因为我听见你叫我；
  鞭着时间的罡风，擎一把火，
  我来了，不知道是一场空喜。
  …………
  那不是你，不是我的心爱！
  我追问青天，逼迫八面的风，
  我问，拳头擂着大地的赤胸，
  总问不出消息；我喊着叫你，
  呕出一颗心来，——在我心里！

  多么异常呵，想到一位写了那么多好诗的诗人，首先想到的竟不是他的诗，而是他的死！

  他那些如丝一样缠绵，如泉一样明澈，如花一样美丽，如火一样热

---

① 梁晓声（1949—　），当代作家。著有小说《父亲》《今夜有暴风雪》《浮城》《年轮》《人世间》等。

爱国的理由

烈,如瀑布一样激情悬泻,如儿童的哭泣一样打动人心的诗呵——在诗人死后五十六年的这一个夏季,在一个安静的中午,我首先想到的竟不是他的诗,而是他鲜血溅流的死!

斯时亮丽的阳光,洒在他的诗集和他厚厚的年谱上。

而诗人的死,竟是因为——他不但爱诗,并且,像爱诗一样爱我们的国!

多么压抑呵,想到闻一多,首先想到的竟不是他的才华,不是他的学者气质、教授风范,甚至也不是他那为我们后人所极为熟悉的,嘴角叼着烟斗忧郁地思考着的样子,而是他付出了生命代价的拍案而起!

就因为他的拍案而起,他就成了敌人——成了他所处的时代的特务们的敌人!成了特务们背后的戴笠们的敌人!成了戴笠们背后的蒋介石们的敌人!进而成了整个独裁统治机器的敌人!

而诗人竟也就索性倔然傲然地,以自己是一个敌人的姿态,挺立在他的立场上无所畏惧地挑战了:

"今天,这里有没有特务!你站出来,是好汉的站出来!你出来讲!凭什么要杀死李先生!……"

"前脚跨出大门,后脚就不准备再跨进大门!"

而诗人原本是那么善良,主张平和,那么地对世界充满了理想主义的憧憬;他是诗人,也曾是一位打算一生"为艺术而艺术"的"新月派"的诗人,即使面对专制得特别黑暗的现实,也不过仅仅将他的一捧捧悲愤糅入他的诗句里……

这样的一位近代诗人惨遭杀害,那么古代的诗人杜甫也就合当被砍头了!

然而杜甫却并非死于刀斧。

然而闻一多却被子弹像射击敌人一样地杀害了,而且是卑鄙的背后射击。

七　遥祭国魂

想来，那样的一种时代，它确乎已走到了尽头。

想来，那样的一种独裁统治，它确乎已该灭亡。

想来，一种连抒情诗人也被逼得变成了斗士的时代和政治，肯定是一种坏到了极点的时代和坏到了极点的政治。虽然它本身坏到了那样一种程度，是由于诸多内外矛盾的冲撞导致的结果。虽然在那样一种情况之下，连诗人也变成了斗士，往往意味着是历史的决定。正如普罗米修斯的盗火，是由于听到了人间的呼救之声。

想来，一种好的时代和政治，它似乎应该是没有什么斗士的时代。那时诗人只爱诗不再是逃避现实的选择。那时诗人只爱诗也即意味着爱国。那时诗即诗人的国，而且不被误解。

那时如闻一多一样的诗人，将以另外的一颗心灵感觉着《红烛》；将以另外的一双眼睛注视着他的《发现》。

想来，尽管我们后人将诗人之死祭在肃然起敬的坛上；尽管诗人当得起我们后人永远的缅怀和纪念；尽管我们永远称颂诗人的无所畏惧——但是一想到诗人被特务的子弹所射杀这一种事情，我们还是会不禁地一阵阵心疼啊！正如闻一多是那样地心痛李公朴的死。正如李公朴们是那样地心疼万千底层百姓的挣扎着的生存……

多么自然呵，在首先想到诗人的死亡后，我更感动于他的《红烛》了；更理解他的《发现》了；更能体会到他面对《死水》的喟叹了；更能以珍惜的心情看待他那些极浪漫极抒情的诗篇了。由那么纯粹的浪漫和抒情到《发现》的如梦初醒到面对《死水》的嫌恶，该是何等痛苦的一个过程啊！如果这过程反过来，无论对诗人还是对一个国家，该是多么值得庆幸的事啊！中国为此过程，成了世界近代史上付出生命代价最最巨大的一个国家。而尤以诗人闻一多的死，在当时最震骇了它。

因为诗人只不过对暗杀的行径，表达了他作为一个国人终于难以遏

爱国的理由

制的愤慨。

> 红烛啊!
> 这样红的烛!
> 诗人啊,
> 吐出你的心来比比,
> 可是一般颜色?

　　写出这样的诗句的诗人,仿佛早已预示下了,他将为他爱诗般爱着的国,溅淌出比红烛的颜色更红的鲜血……

> 我来了,我喊一声,进着血泪
> "这不是我的中华,不对,不对!"
> 我来了,因为我听见你叫我;
> 鞭着时间的罡风,擎一把火,
> 我来了,不知道是一场空喜。
> …………
> 那不是你,不是我的心爱!
> 我追问青天,逼迫八面的风,
> 我问,拳头擂着大地的赤胸,
> 总问不出消息;我喊着叫你,
> 呕出一颗心来,——你在我心里!

　　写出这样的诗句的诗人,分明地已在宣告着,他为着我们的祖国的命运,是肯于连地狱也下的。而且,面不改色!
　　一切诗人之所以是诗人,皆发乎于对诗的爱。

七　遥祭国魂

而诗一旦触着了血,从祖国的伤口流出的血,从同胞的躯体流出的血,它又怎能不在某些诗人的内心里燃烧?

16天的漫长的海上归程呵,对祖国的朝思暮想如儿子盼望一下子拥抱住母亲呵,可是诗人的足踏上祖国港岸的同时,便也踏着母亲的血了!

诗人的旅美同学余上沉回忆说:"我们亲眼看见地上的碧血,一个个哭丧着脸,恹恹地失去了生气,倒在床上,谁也不说一句话……"

而诗一旦触着了血,爱国如诗人闻一多者,其诗心又怎能反而沉默?

于是有了诗人归国后的第一首诗《醒呀》:

　　醒呀,请扯破了梦魔的网吧。
　　神州给虎豹豺狼糟蹋了。
　　醒了吧!醒了吧!威武的神狮!
　　听我在五色旗下哀号……

于是有了诗人的《七子之歌》:

　　但是他们掳去的是我的肉体,
　　你依然保管着我内心的灵魂。
　　三百年来梦寐不忘的生母啊!
　　请叫儿的乳名,叫我一声"澳门"!

于是,有了诗人的《爱国的心》《我是中国人》:

　　我没有睡着!我没有睡着!
　　我心中的灵火还在燃烧;
　　我的火焰他越烧越燃,

爱国的理由

> 我为我的祖国烧得发颤……
> 而祖国的伤口,却还在不断地流出血来!
> "三·一八"……
> "四·一二"……
> 先是外国人杀中国人,接着是中国人杀中国人……

再接着,诗人与一大批学子经历了68天3300余里的国内大转移。用胡适先生的话说,那是世界教育史上空前绝后的悲壮之举,为的是避免日军的轰炸彻底断送了中国的命脉——教育的命脉,培养国家栋梁的命脉。

风餐露宿的3300里路啊,诗人的眼所见是民不聊生,满目疮痍。

于是诗人悲怆地呐喊:

> 做一个中国人,比做一个文艺家更重要!
> 自由若为我辈之权力;则争自由即为我辈之义务!

于是,一位浪漫派的抒情诗人,听凭祖国的命令而成为民主的斗士。

闻一多,他是中国的裴多菲!

相对于一个国家,一个民族,如爱诗般爱国的诗人,都有着诗人的大诗心。

那样一种大诗心,它所包含的绝不仅仅是诗与酒;也不仅仅是诗与美。

国之不国,相对于他们,那酒是苦的,那美是假的。

台湾有一位诗人叫羊令野,他写过一首咏叹红叶的诗:

> 我是裸着脉络来的,

七 遥祭国魂

> 唱着最后一首秋歌的,
> 捧着一掌血的落叶啊!
> 我将归向,我最初萌芽的土地……

闻一多,1946年的中国之一片红叶,一片"捧着一掌血"的红叶;闻一多,1946年的中国,一支迎着罡风奋不顾身地点燃了自己的红烛,一支由血红的诗心变就的红烛……

他卧着自己的血,归于他"最初萌芽的土地"……

在世界的近代史上,他是唯一被数颗子弹从背后卑鄙地射杀的诗人……

在社会各界祭悼他的活动中,"民盟"创始人张澜亦遭特务殴打,头部血流如注……

> 史事如烟,尘埃落定。
> 香港已回归;澳门已回归;台湾不归,更待何时呢?
> 台湾回归之日,诗人之魂,可大安矣。

那时,在寂静的夜晚,当我们仰望太空,当能肃然地聆听到诗人那欣慰的声音,于天上宫阙朗朗地吟他的又一篇诗作吧?

诗人呀,虽然我们想到你,首先想到的是你的死,其后才是你的诗——却也正因为这样,你的诗浸着和红烛一样红的血色,浸透了文学的史,文艺的史,染红了叫作"中华人民共和国"的我们的一个新国家的生命史!

是的,它的生命中,有你的生命不朽的存在。

闻一多,这个名字本身具有着高于一切诗的诗性。

这是我们怀念他的永远的理由。

爱国的理由

最后一位戴罪的功臣

梁 衡

既然中国近代史是从 1840 年鸦片战争算起,禁烟英雄林则徐就是近代史上第一人。可惜这个第一英雄刚在南海点燃销烟烈火,就被发往新疆接受朝廷给他的处罚。功与罪在瞬间便交织在一个人身上,将其扭曲再造,像原子裂变一样,产生出一个意想不到的结果。

封建皇帝作为最大的私有者,总是以天下为私。道光在禁烟问题上本来就犹豫,大臣中也分两派。我推想,是林则徐那篇著名的奏折,指出若再任鸦片泛滥,几十年后中原将"无可以御敌之兵""无可以充饷之银",狠狠地击中了他的私心。他感到家天下难保,所以就鞭打快牛,顺手给了林一个禁烟钦差。林眼见国危民弱,就出以公心,勇赴重任,表示"若鸦片一日未绝,本大臣一日不回,誓与此事相始终"。他太天真,不知道自己"回不回"、鸦片"绝不绝",不是他说了算,还得听皇上的。果然他上任只有一年半,1840 年 9 月就被革职贬到镇海。第二年 7 月,又被"从重发往伊犁,效力赎罪"。就在林赴疆就罪的途中,黄河泛滥,在军机大臣王鼎的保荐下,林则徐被派赴黄河戴罪治水。他是一个见害就除、见民有难就救的人,不管是烟害、夷害还是水害都挺着身子去堵。半年后治水完毕,所有的人都论功行赏,唯独他得到的却是"仍往伊犁"的谕旨。众情难平,须发皆白的王鼎伤心得泪如滂沱。林则徐

七　遥祭国魂

就是在这样一而再、再而三的打击下西出玉门关的。他以诗言志："苟利国家生死以，岂因祸福避趋之。谪居正是君恩厚，养拙刚于戍卒宜。"这诗前两句刻画出他的铮铮铁骨、刚直不阿，后两句道出了他的牢骚与无奈。给我一个谪贬休息的机会，这是皇上的大恩啊，去当一名戍卒正好养拙。你看这话是不是有点像柳永的"奉旨填词"和辛弃疾的"君恩重，且教种芙蓉"。但不同的是，柳被弃于都城闹市，辛被闲置在江南水乡，林却被发往大漠戈壁。辛柳只是被弃而不用，而林则徐却被钦定为一个政治犯。

但是，自从林则徐开始西行就罪，随着离朝廷渐行渐远，朝中那股阴冷之气也就渐趋淡弱，而民间和中下层官吏对他的热情却渐渐高涨，如离开冰窖走进火炉。这种强烈的反差不仅是当年的林则徐没有想到，就是150年后的我们也为之惊喜。

林则徐在广东和镇海被革职时，当地群众就表达出了强烈的愤懑。他们不管皇帝老子怎样说、怎样做，纷纷到林则徐的住处慰问，人数之众，阻塞了街巷。他们为林则徐送靴，送伞，送香炉，送明镜，还送来了52面颂牌，痛痛快快地表达着自己对民族英雄的敬仰和对朝廷的抗议。林则徐治河有功之后又一次遭贬，中原立即发起援救高潮，开封知府邹鸣鹤公开宣示："有人能救林则徐者酬万金。"林则徐自中原出发后，一路西行，接受着为英雄壮行的洗礼。不论是各级官吏还是普通百姓都争着迎送，好一睹他的风采，都想尽力为他做一点事，以减轻他心理和身体上的痛苦。山高皇帝远，民心任表达。1842年8月21日，林离开西安，"自将军、院、司、道、府以及州、县、营员送于郊外者三十余人"。抵兰州时，督抚亲率文职官员出城相迎，武官更是迎出十里之外。过甘肃古浪县时，县知事到离县31里外的驿站恭迎。林则徐西行的沿途茶食住行都安排得无微不至。进入新疆哈密，办事大臣率文武官员到行馆拜见林，又送坐骑一匹。到乌鲁木齐，地方官员不但热情接待，还专门为

爱国的理由

他雇了大车五辆、太平车一辆、轿车两辆。1842年12月11日，经过四个月零三天的长途跋涉，林则徐终于到达新疆伊犁。伊犁将军布彦泰立即亲到寓所拜访，送菜、送茶，并委派他掌管粮饷。这哪里是监管朝廷流放的罪臣啊，简直是欢迎凯旋的英雄。林则徐是被皇帝远远甩出去的一块破砖头，但这块砖头还未落地就被中下层官吏和民众轻轻接住，并以身相护，安放在他们中间。

现在等待林则徐的是两个考验。

一是恶劣环境的折磨。从现存的资料上看，我们知道林则徐虽有民众呵护，还是吃了不少的苦头。由于年老体弱，路途颠簸，林一过西安就脾痛，鼻流血不止。当他从乌鲁木齐出发取道果子沟进伊犁时，大雪漫天而落，脚下是厚厚的坚冰，无法骑马坐车，只好徒步，踏雪而行。陪他进疆的两个儿子，于两旁搀扶老爹，心痛得泪流满面，遂跪于地上对天祷告：若父能早日得赦召还，孩儿愿赤脚蹚过此沟。林则徐到伊犁后，"体气衰颓，常患感冒"，"作字不能过二百，看书不能及三十行"。历史上许多朝臣就是这样死在被发配之地，这本来也是皇帝的目的之一。林则徐感到一个无形的黑影向他压来，他在日记中写道："深觉时光可惜，暮景可伤！""频搔白发惭衰病，犹剩丹心耐折磨。"他是以心力来抵抗身病的啊。

二是脱离战场的寂寞。林是一步一回头离开中原的。当他走到酒泉时，听到清政府签订《南京条约》的消息，痛心疾首，深感国事艰难。他在致友人书中说："自念一身休咎死生，皆可置之度外，惟中原顿遭蹂躏，如火燎原，侧身回望，寝馈皆不能安。"他赋诗感叹："小丑跳梁谁殄灭，中原揽辔望澄清。关山万里残宵梦，犹听江东战鼓声。"他为中原局势危机，无人可用而急。果然是中原乏人吗？人才被一批一批地撤职流放。这时和他一起在虎门销烟的邓廷桢，已早他半年被贬新疆。写下名句"我劝天公重抖擞，不拘一格降人才"的龚自珍，为朝廷提出许多御敌方略，但就是不为采用。龚对西域边防多有研究，提出要陪林赴疆，

七　遥祭国魂

林考虑自身难保，为了给国家保存人才，坚辞不准。本来封建社会一切有为的知识分子，都希望能被朝廷重用，能为国家和民族做一点事，这是有为臣子的最大愿望，是他们人生价值观的核心。现在剥夺了这个愿望就剥夺了他的生命，就是用刀子慢慢地割他的肉。虎落平川，马放南山，让他在痛苦和寂寞中毁灭。

"羌笛何须怨杨柳""西出阳关无故人"。玉门关外风物凄凉，人情不再，实在是天设地造的折磨罪臣身心的好场所。当我们现在行进在大漠戈壁时，我真感叹于当年封建专制者这种"流放边地"的发明。你走一天是黄沙，再走一天还是黄沙；你走一天是冰雪，再走一天还是冰雪。不见人，不见村，不见市。这种空虚与寂寞，与把你关在牢中目徒四壁，没有根本区别。马克思说："人是各种关系的总和。"把你推到大漠戈壁里，一下子割断你的所有关系，你还是人吗？呜呼，人将不人！特别是对一个博学而有思想的人，一个曾经有作为的人，一个有大志于未来的人。

他一人这样过除夕：

> 腊雪频添鬓影皤，春醪暂借病颜酡。
> 三年飘泊居无定，百岁光阴已去多。
> 新韶明日逐人来，迁客何时结伴回？
> 空有灯光照虚耗，竟无神诀卖痴呆。
>
> （《除夕书怀》）

他一个人这样过中秋：

> 雪月天山皎夜光，边声惯听唱伊凉。
> 孤村白酒愁无赖，隔院红裙乐未央。
>
> （《中秋感怀》）

爱国的理由

他在季节变换中咀嚼着春的寂寞：

> 谪居权作探花使。忍轻抛，韶光九十，番风廿四。寒玉未消冰岭雪，毳幕偏闻花气。算修了，边城春禊。怨绿愁红成底事，任花开花谢皆天意。休问讯，春归未。
>
> （《金缕曲·春暮看花》）

当权者实在聪明，他就是要让你在这个环境里无事可做，消磨掉理想意志，不管你怎样的怒吼、狂笑、悲歌，那空旷的戈壁瞬间就将这一切吸收得干干净净，这比有回音的囚室还可怕。任你是怎样的人杰，在这里也要成为常人、庸人、废人，失魂落魄。林则徐是一个有经天纬地之才的良臣，是可以作为历史标点的人物。禁烟的烈火仍在胸中燃烧，南海的涛声还在耳边回响，万里之外朝野上下还在与英国人做无奈的抗争，而他只能面对这大漠的寂寞。兔未死而狗先烹，鸟未尽而弓先藏。"何日穹庐能解脱，宝刀盼上短辕车。"他是一个被捆绑悬于壁上的壮士，心急如焚，而无可用力。

怎么摆脱这种状况？最常规的办法是得过且过，忍气苟安，争取朝廷早点召回。特别不能再惹是非，自加其罪。一般还要想方设法讨好皇帝，贿赂官员。像韩愈当年发配南海，第一件事就是向皇帝上一篇谢恩表，不管心中服不服，嘴上先要讨个好。这时内地林的家人和朋友正在筹措银两，准备按清朝法律为他赎罪。林则徐却断然拒绝，他写信说，"获咎之由，实与寻常迥异"，"此事定须终止，不可渎呈"。他明确表示，我没有任何错，这样假罪真赎，是自认其咎，何以面对历史？如今这些信稿还存在伊犁的纪念馆里，瀚墨淋漓，正气凛然。当我以十二分的虔诚拜读文物柜中的这些手稿时，顿生一种仰望泰山、遥对长城的肃

七　遥祭国魂

然之敬，不觉想起林公那句座右铭："海纳百川，有容乃大；壁立千仞，无欲则刚。"他没有一点私欲，不必向任何人低头，为了自己抱定的主义，他能容得下一切不公平。他选择了上对苍天，下对百姓，我行我志，不改初衷，为国尽力。

一个爱国臣子和封建君王的本质区别是：前者爱国爱民，以天下为己任；后者爱自己的权位，以天下为己有。当这两者暂时统一，就表现为臣忠君贤，上下一心，并且在臣子一方常将爱国统一于忠君。当这两者不能一致时，就表现为忠臣见逐，弃而不用。在臣子一方或谨遵君命，孤愤而死，如贾谊、岳飞；或暂置君子一旁，为国为民办点实事，如韩愈、辛弃疾、林则徐。他们能摆脱权力高压和私利荣辱，直接对历史负责，所以也被历史所接受、所记录。

林则徐看到这里荒山遍野，便向伊犁将军建议屯田固边，先协助将军开垦城边的二十万亩荒地。垦荒必先兴水利，但这里向无治水习惯与经验，林带头示范，捐出自己的私银，承修了一段河渠。历时四个月，用工210万。这被后人称为"林公渠"的工程，一直使用了123年，直到1967年新渠建成才得以退役。就像当年韩愈发配南海之滨带去中原先进耕作技术一样，林则徐也将内地的水利种植技术推广到清王朝最西北的边陲。他还发现并研究了当地人创造的特殊水利工程"坎儿井"，并大力推广。皇帝本是要用边地的恶劣环境折磨他，他却用自己的意志和才能改造了环境；皇帝要用寂寞和孤闻郁杀他，他却在这亘古荒原上爆出一声惊雷。自古罪臣被流放边地的结局有两种：大部分屈从命运，于孤闷中凄惨地死于流放地；只有少数人能挽命运狂澜于既倒，重新放出生命和事业的光芒。从周文王被拘羑里而演《周易》，到越王勾践被吴所俘后卧薪尝胆，直至邓小平"文革"被贬江西而思考中国特色的社会主义，这是生命交响曲中最强的一支，林则徐就属此支此脉。

爱国的理由

林则徐在北疆伊犁修渠垦荒卓有成效，但就像当年治好黄河一样，皇帝仍不饶他；又派他到南疆去勘察荒地。北疆虽僻远，但雨量较多，农业尚可。南疆沙海无垠，天气燥热，人烟稀少，语言不通。且北疆南疆天山阻隔，雪峰摩天。这无疑又是对林则徐的一场更大更苦的折磨。现在南北疆已有公路可行，汽车可乘；去年8月盛夏我过天山时，仍要爬雪山、穿冰洞。可想当年林则徐是怎样以羸弱之躯担当此苦任的。对皇帝而言，这是对他的进一步惩罚，而在他，则是在暮年为国为民再尽一点力气。1845年1月17日，林则徐在三儿聪彝的陪伴下，由伊犁出发，在以后一年内，他南到喀什，东到哈密，勘遍东、南疆域。他经历了踏冰而行的寒冬和烈日如火的酷暑，走过"车箱簸似箕中粟"的戈壁，住过茅屋、毡房、地穴，风起时"彻夕怒号""毡庐欲拔""殊难成眠"，甚至可以吹走人马车辆。林则徐每到一地，三儿与随从搭棚造饭，他则立即伏案办公，"理公牍至四鼓"，只能靠第二天在车上假寐一会儿，其工作紧张、艰辛如同行军作战。对垦荒修渠工程，他必得亲验土方察看质量，要求属下必须"上可对朝廷，下可对百姓，中可对僚友"。别人十分不理解，他是一戍边的罪臣啊，何必这样认真，又哪来的这种精神。说来可怜，这次受旨勘地，也算是"钦差"吧，但这与当年南下禁烟已完全不同。这是皇帝给的苦役，活得干，名分全无。他的一切功劳只能记在当地官员的名下，甚至连向皇帝写奏折、汇报工作、反映问题的权利也没有，只能拟好文稿，以别人的名义上奏，这和治黄有功而不上褒奖名单同出一辙。林则徐在诗中写道："羁臣奉使原非分"，"头衔笑被旁人问"，这是何等的难堪，又是何等的心灵折磨啊。但是他忍了，他不计较，只要能工作、能为国出力就行。整整一年，他为清政府新增69万亩耕地，极大地丰盈了府库，巩固了边防。林则徐真是干了一场"非分"之举。他以罪臣之分，而行忠臣之事。而历史与现实中也常有人干着另一种"非分"的事，即凭着合法的职位，用国家赋予的权力去贪赃营私。

七　遥祭国魂

如王莽、杨国忠、秦桧直至林彪、康生、成克杰。原来社会上无论是大奸、巨贪还是伪小人，都是以合法的名分而行分外之奸、分外之贪、分外之私的。当然，他们最后也被历史所记录。陈毅有诗曰："手莫伸，伸手必被捉。"他们被历史捉来，钉在了耻辱柱上。可知，世上之事，相差之远者莫如人格之分了。有人以罪身而忍辱负重，建功立业，有人以功位而鼠窃狗盗，自取其耻，自取其罪。确实，"分"这个界限就是"人"这个原子的外壳，一旦外壳破而裂变，无论好坏，其力量都特别大。

林则徐还有一件更加"分外"的事，就是大胆进行了一次"土地改革"。当勘地工作将结束，返回哈密时，路遇百余官绅商民跪地不起，拦轿告状。原来这里山高皇帝远，哈密王将辖区所有土地及煤矿、山林、瓜园、菜圃等皆霸为己有。汉、维群众无寸土可耕，就是驻军修营房拉一车土也要交几十文钱，百姓埋一个死人也要交银数两。土王大肆截留国家税收，数十年间如此横行竟无人敢管。林则徐接状后勃然大怒："此咽喉要地，实边防最重之区，无田无粮，几成化外。"他立判将土王所占一万多亩耕地分给当地汉、维农民耕种，并张出布告："新疆与内地均在皇舆一统之内，无寸土可以自私。汉人与维吾尔人均在圣恩并育之中，无一处可以异视。必须互相和睦，畛域无分。"为防有变，他还将此布告刻制成碑，"立于城关大道之旁，俾众目共瞻，永昭遵守"。布告一出，各族人民奔走相告，不但有了生计，且民族和睦，边防巩固。要知道他这是以罪臣之身又多管了一件"闲事"啊！恰这时清廷赦令亦下，林则徐在万众感激和依依不舍的祝愿声中向关内走去。

150年后，我又来细细寻觅林公的踪迹。当年的惠远城早已毁于沙俄的入侵，在惠远城里我提出一定要谒拜一下当年先生住的城南东二巷故居。陪同说，原城已无存，现在这个城是1882年，比原城后撤了七公里重建的。这没有关系，我追寻的是那颗闪耀在中国近代史上空的民族魂，至于其载体为何无关本质。共产党夺天下前的最后一个农村指挥部，我

爱国的理由

们现在瞻仰的西柏坡村,不也是从山上下撤几十里重建的吗?我小心地迈进那条小巷,小院短墙,瓜棚豆蔓。旧时林公堂前燕,依然展翅迎远客。我不甘心,又驱车南行去寻找那个旧城。穿过一个村镇,沿着参天的白杨,再过一条河渠,一片茂密的玉米地旁留有一堵土墙,这就是古惠远城。夕阳下沉重的黄土地划开浩浩绿海,如一条大堤直伸到天际。我感到了林公的魂灵充盈天地、贯穿古今。

　　林则徐是皇家钦定的、中国古代最后的一位罪臣,又是人民托举出来的、近代史开篇的第一位功臣。

七　遥祭国魂

将军几死却永生

梁　衡

今年是新中国成立70周年，共和国的由来有多块奠基石，其中之一就是抗日战争的胜利。诚如天安门广场上人民英雄纪念碑的碑文所说："三年以来，在人民解放战争和人民革命中牺牲的人民英雄永垂不朽。三十年以来，在人民解放战争和人民革命中牺牲的人民英雄永垂不朽。由此上溯到一千八百四十年，从那时起，为了反对内外敌人，争取民族独立和人民自由幸福，在历次战争中牺牲的人民英雄永垂不朽。"抗日战争中，国共两党团结御敌，同仇敌忾。国军方面牺牲之最高将领为张自忠将军，八路军方面为代参谋长左权将军。他们所代表的无数先烈用热血凝铸了共和国的基石。

但是，张自忠将军受国人的尊重和纪念还有更深的一层背景。他是一个人格受辱，曾被误为汉奸，几乎被舆论的唾沫星子淹没的人。然而他决然以死洗身，来证明自己的清白。

我第一次知道张自忠将军这个名字，是56年前考入北京的中国人民大学，学校就坐落在张自忠路上。想不到50多年后我有事经过湖北宜城，这里竟是他1940年的战死之地。2015年9月，世界反法西斯战争胜利70周年，宜城在当年的旧战场处修建了巨大纪念碑，从山脚至山顶铺1200余级步道。步道中段留出一段原始地貌，约30平方米，为将军牺牲

爱国的理由

之地。内有七块坚石，一片绿草，一丛怒放之杜鹃花。激战之后在这里发现了他的遗体。时将军身受八处伤，有枪伤、炮弹炸伤、刺刀伤，可见搏斗之惨烈。一上将级战地最高指挥官这样慷慨赴死于刀丛弹雨之中，实为现代战争中所罕见。将军的热血浸透了身下的土地。后来这个地方就名"血窝"，做特别保留。现在每一个从血窝旁走过的人都会驻足致敬，流下热泪。

将军出身行伍，其成名是1933年长城抗战，以大刀杀敌。其时中日之国力、军力甚为悬殊。我军还使用冷兵器，每人背大刀一把，只能靠夜战、近战，摸入敌营。一曲《大刀进行曲》响彻长城内外。1937年"七七事变"后，在和战两难、进退维谷的状态下，上面命他留在北平，任北平市长与敌虚与委蛇。他明知这是一件要背黑锅的事，为挽大局只好委曲受命。他对南撤的战友送行时说，以后诸君是民族英雄，我怕要被骂为汉奸了。果然民情汹汹，一片喊骂。后日寇野心膨胀，残局已无法维持，他逃出北平，过济南，群众在站台上围攻喊骂，高呼打倒汉奸，他都无法下车。后转道青岛，到南京述职，反接到蒋介石的一纸处分令，这更坐实了他应对平津败局的负责。其实，抗战初期我方研判失误，一不战而失东北；二稍战即退出平津热河，国土沦丧。这本是应由最高当局负责的，而骂名却不公正地落在了他的头上。敌犯土失，官责民斥，有口莫辩，其内心之煎熬可想而知。他明白，如不能洗污，将成秦桧，就誓以死明志。

将军以民族大义为重，团结抗敌，处事有节。国共合作，常有摩擦，张部却从未有此事。1939年1月上面下达的"限制异党活动办法"，时两名红色名记者安娥、史沫特莱正在他的防区。将军毫不刁难，立派人牵马将她们送至新四军李先念防区。他的干训团有进步教员讲社会发展史，团长说是通共，将人捆绑，他立令释放。西北军另一悍将庞炳勋与张同是冯玉祥的部下，兄弟多年，但中原大战庞叛冯投蒋，并突袭张的师部，

七 遥祭国魂

欲置其死,张逃得一命。从此两人结下怨仇。抗战中,冤家路窄,张、庞又同在五战区。临沂战事,庞被日军围困,危在旦夕。李宗仁时帐下无人,急召张自忠说:"我知你们有旧怨,但那是打内战时的私仇。今庞在前方浴血,是为国难。望你受点委屈,捐弃前嫌,急救之。"张二话没说,带队驰援。出生入死,如赵子龙七进七出,两救庞于临沂,击败号称铁军的日坂垣师团,坂垣羞极,几欲自杀。张部也因此损失5000多人。蒋介石大受感动,亲致电嘉勉,并撤销了对他因"七七事变"失守北平的处分。

将军一向治军极严。临沂之战最激烈时,一营长逃阵,立即枪毙;一旅长进攻不力,阵前撤职。他有这样一个绰号:"扒皮将军。"他经常训诫部下要遵守军纪,爱护百姓。常挂在嘴边的一句话是:"看我不扒了你的皮!"这让我想起30多年前看到的一则旧事。张带军驻扎某地,借宿民房。一军官强奸民女,第二天被指认出来,立判枪毙。此人是一员猛将,战功无数,对此事也供认不讳,只求暂留一命,让他明天死在杀敌的战场上。众将也为之求情。张不许,只是吩咐去买一副好棺材。事有蹊跷,这个跟随他多年的老部下被枪决入棺,因未至要害,人醒过来后又翻棺而出,不但没有逃走反回来向他报到,并要求杀敌而后死。张仍不许,二次枪毙。在襄阳我还听到另一故事,20世纪70年代有一跟随张的抗日老兵退伍在襄。一日,被驻军请去干活,正遇上新兵训练。此老兵不由得梦回沙场,上前接枪示范,白发皓眉,雄姿勃发,吼声震天。全场为之震惊。可见张将军的治军之风。

将军待民以亲,待下以慈,持己则严。虽是战时,他仍不忘民生。襄阳著名的秦代水利工程白起渠年久失修,他就向当时已流亡到恩施的湖北省政府打报告,倡议修复,并亲率士兵挖渠。他常说军队离不开老百姓,抗战胜利全赖民资助,每驻一地,即筹划生产,公平贸易。这一点很像左宗棠,虽在行伍,却有政经胸怀。他的部队开饭前先唱《吃饭

爱国的理由

歌》，歌词大意是："这些饭食人民给，救国救民我天职。"逢节日时常有座谈联欢，对60岁以上的老人亲送礼品一件。一次宿劫后山村，见百姓极苦，就盼咐军需官每户发洋10元。一老妪感激下跪，他急搀起说："是该我们当兵的给您下跪，我们没有保护好老百姓。"

他爱兵如子。每宿营，兵无食，他必不食。伤员出院归队，必亲自一一验伤，凡子弹从身前穿入者，即大声点名，让其站前排，彰其英勇。伤者无不感无上光荣，人人争先恐后。临沂战役，跟随他多年的冉营长负重伤，自知难保，留下遗言。一是望司令见其遗体一面；二是勿告家属；三是墓上立一小碑。张抱尸痛哭，亲写碑文，后将遗属接到部队说："冉营长为国牺牲，死得有价值。今天我张自忠还在，说不定哪一天也会死在抗日战场上。这是一个军人在国难当头时的责任。今后，有我张自忠的一天，就有你们母子的一天。两个孩子的教育费由我负责。以后我的家属在哪里，就送你们去哪里，与我的家眷在一块儿。"而他严于律己，为当时高官所罕见。一次指挥部转移新地，荒村破舍。副官调几名战士打扫卫生，他批评说："士兵是国家的士兵，不是我张自忠的奴仆。他们保卫国家，战死沙场是本分，但没有给我打扫卫生的义务。弟兄们行军已走得很累，你让他们累上加累，很不应该。"

他历充要职，却持身极俭。他的参谋长张克侠（共产党员）回忆他："如偶有过人享受，辄有不安之意……公殁后，余回部，过其所居，见报纸糊壁，敝席悬门，其刻苦奉公之状如在目前，不禁泣下。"1940年3月文人梁实秋到前线慰问，遍访九个战区，张的司令部最为简陋。他留下这样一段文字："张将军司令部固然简单，张将军本人却更简单。穿普通的灰布棉军服，没有任何官阶标识。他不健谈，更不善应酬。他见了我们只是闲道家常，对于政治军事一字不提。他招待我们一餐永不能忘的饭食。四碗菜，一只火锅。菜以青菜豆腐为主，火锅是豆腐青菜为主。……我看得出来，这是他在司令部里最大的排场。……大概高级将

七　遥祭国魂

领能刻苦自律如张自忠将军者实不多见。"长官如师如父，可见一支军队之炼成，首先是长官人格意志之造就。张自忠将军带出来的这支军队，后来在淮海战场上由张克侠、何基沣两将军带领起义，投向人民的怀抱。

自从大刀抗战之后，将军又有几次痛快地杀敌。1937年年底他辗转回到自己的部队，失声痛哭，言今日回来乃为杀敌报国，共寻死所，部下皆泣不成声，誓死赴难。他重新出山后一战淝水，二战临沂，皆建奇功。不到一年，除撤销处分外，连获晋升。由军长而军团长、集团军总司令、战区右翼兵团总司令。他说别人都可以打败仗，唯有我张自忠不能打败仗。1939年5月日寇进犯襄阳。张率部在襄河东岸指挥了一场漂亮的伏击，毙伤敌900余，更重要的是缴获了敌人准备大规模渡河的舟船辎重。其中竟有张学良放弃东北，日军借其兵工厂生产的折叠船。可见当年不放一弹而失东北之恶果。张立令全部烧毁。此役虽小却粉碎了敌突破汉水，攻占襄阳、宜城之企图。其时将军拔剑独立汉、襄两水之间，一如当年屹立长城。

岳飞有名言，只要武官不怕死，文官不爱钱，国就不会亡。文天祥在《指南录》中谈到他于国难中不知几死。纵观张自忠将军之精神，就是抱定武人必为国赴死的信念。自敌寇压境，他经常挂在嘴边的一个字就是"死"。一个人只要拼得一死，总能干成一件事，一件轰轰烈烈的大事。

他每见长官必言死，战前他致电蒋介石："职现亲率两团渡河，攻击北窜之敌，如任务不能达到，决一死以报钧座。"他去重庆述职，行前别老上司冯玉祥，突然下跪。冯忙拉住说："这是干什么？"他答："蒙先生栽培，终生难忘。此去我死也死个样子，决不给先生丢脸！"冯一时语塞，不知该如何劝慰。他给部下训话，常说的是："不惜一切牺牲，阵地就是棺材！"他给亲人（弟弟）写信："吾自南下作战，濒死者屡矣。濒死而不死，是天留吾身以报国耳。……吾一日不死，必尽吾一日杀敌之

爱国的理由

责；敌一日不去,吾必以忠贞,死而已。"他答记者问:"现在的军人,很简单地讲句话,就是怎样找个机会去死。因为中国所以闹到这个地步,可以说是军人的罪恶。十几年来,要是军人认清国家的危机,团结御敌,敌寇决不会来犯。我们军人要想洗刷他的罪恶,完成对于国家的义务,也只有一条路——去死,光荣地死!"这是他由一个旧军阀部队的将领,在国难当头时自觉转化为一个爱国将领的心声。他到日本考察,日本人说,你们中国有文德而无武德,女人死节者多,男子捐躯者少,很刺他的心。他说,这一回,我一定要给日本人看一看。每有大战,他即将军务推给副司令,亲上前线督战。正如他言:"濒死者屡矣。"

1940年5月,敌再犯襄阳。他又如以往,从容做好一死报国的准备。会战刚开始,5月1日他即致信59军团以上将校,表示共赴国难:

> 看最近之情况,敌人或要再来碰一下钉子。只要敌来犯,兄即到河东与弟等共同去牺牲。国家到了如此地步,除我等为其死,毫无其他办法。更相信我等能本此决心,我们的国家及我五千年历史之民族,决不致亡于区区三岛倭奴之手。为国家民族死之决心,海不清(枯),石不烂,决不半点改变。愿与诸弟共勉之。
>
> 　　　　　　　　　　　　　　　　　小兄张自忠手启

5月4日又给副司令留下遗书:"已决定今晚往襄河东岸进发,奔着我们最后之目标(死)往北迈进。无论作好作坏一定求良心得到安慰。以后公私,均得请我弟负责。"开作战会议时,他见一团长未佩手枪,便说:长官上前线一定要带手枪,一为自卫;二为必要时杀身成仁。大家预感不妙,劝他说主将不应冒险到前线去拼命。他说:"不是日本人不怕死,而是中国人当大官的太怕死了。"5月16日遭敌最后包围,他说:"你们每个人都可以走,唯有我张自忠不可以走。"遂从容指挥将苏联顾

七　遥祭国魂

问、文职、后勤、伤员等一一安排护送走。然后带少数警卫与敌激战，先是左臂被子弹打穿，后弹片划伤肩、胸、肋多处，此时敌已近身，将军昂然而立，怒目逼视，大呼杀敌，又遭枪击、刀刺，终于殉职。

张自忠将军的牺牲震动国共两党。其遗体被我军拼死抢回，前线将领抚其伤口，放声大哭，十天前将军的遗言犹在耳旁。部下瞻仰遗容，皆泣不成声。前线总部作简单吊唁后入殓，楠木棺内置《孟子》一本，彰其为富贵不淫、贫贱不移、威武不屈的大丈夫；又置《三民主义》一本，"三民"之第一义即求民族独立，彰其为争民族独立之英雄。灵柩过宜昌，十万人送行，敌机在头顶盘旋，无一慌乱。抵达重庆后，蒋介石以下军政要员在码头迎灵。国民政府先后宣布为其国葬、入祀忠烈祠、改宜城县为自忠县。8月15日，延安各界举行追悼大会。1943年将军牺牲三周年之际，周恩来又亲在《新华日报》著文，说每读"将军的两封遗书，深觉其忠义之志，壮烈之气，直可为我国抗战军人之魂！"1945年10月毛泽东赴重庆谈判，专门去拜望将军在世的老母，表达崇敬之情。新中国一成立，张即被颁布为烈士，北京、天津、武汉等地设张自忠路。2009年，新中国成立60周年，又被评为"100位为新中国成立做出突出贡献的英雄模范人物"。2015年纪念世界反法西斯战争胜利70周年，又为之重立丰碑。

死生，人之大节也。将军在世时，不知曾经几死；其死后实又每日犹生，与国同在。痛哉！天不留其身，然其忠魂长在，壮我华夏。他如岳飞、如文天祥，是一位永彪青史的民族英雄。

附录
影响中国历史的十篇政治美文

梁 衡

中国从古至今,以一篇文章而影响中华民族政治文明、人格行为和文化思想的政治美文为数不多。我排了一下有十篇。

请注意,这里说的是"政治美文",就是说既要有思想,还要文字美。要符合三个条件。

一是:文章提出了一种影响了中华民族政治文明、人格行为的思想。

二是:文章中的一些名句熟词广为流传,成为格言、成语、座右铭,有的已载入辞典,丰富了民族语言。

三是:文章符合艺术规律,词、句、章,形、情、理都达到了美的要求。

如果我们只是就文字"选美",当然还会选出更多,如王勃的《滕王阁序》等,但那是另一个范畴。

下面按这个标准一一分析。

1. 贾谊的《过秦论》探讨一个政权为什么会灭亡,主张:为政者必须施仁政,不能反人民。后来提到农民起义时常用的"斩木为兵,揭竿为旗"一词,即出自本篇。

2. 司马迁的《报任安书》探讨生命的价值,提出一个做人的标准:人固有一死,死或重于泰山,或轻于鸿毛,用之所趋异也。成语"士为知己者死，女为悦己者容"即出自本篇。

3. 诸葛亮的《出师表》提出忠心耿耿的为臣之道和勤恳不怠的敬业精神。名句"鞠躬尽瘁，死而后已""亲贤臣，远小人""受任于败军之际，奉命于危难之间"等广为流传。

4. 陶渊明的《桃花源记》以文学的手法描绘出一个理想社会的蓝图，从中可以看出老庄哲学与空想社会主义的影子。西方的政治名著《乌托邦》《太阳城》与其相类。"桃花源中人""只知秦汉，不识晋魏"，已成后人常用的语句。而"桃花源"已经是理想社会和优美风景的代名词。

5. 魏征的《谏太宗十思疏》探讨一个政权怎样才能巩固，并且塑造了一个较理想的君臣关系样板。提出"居安思危，戒奢以俭""载舟覆舟，所宜深慎"，提出"凡昔元首，承天景命，善始者实繁，克终者盖寡"。后人常说的"居安思危""善始善终""水可载舟覆舟"，主要出于此。

6. 范仲淹的《岳阳楼记》提出"先天下之忧而忧，后天下之乐而乐"的为人、为政理念。这句名言几乎成了范之后所有进步政治家的信条。范的这篇文章和陶渊明的《桃花源记》都做到了形美、情美、理美，是用文学来诠译政治的典范。

7. 文天祥的《正气歌序》提出的为人要有正气的气节观，鼓舞了历代的民族英雄，成了中国人的做人标准。正气成了战胜一切邪恶、腐败势力的旗帜。

8. 梁启超的《少年中国说》反对保守，提倡革新，提出抛弃老朽的中国，创造一个少年中国，振兴中华。几乎通篇都是美言美句。

9. 林觉民的《与妻书》呼唤共和，敲响了数千年封建王朝的丧钟。再次响亮地喊出"老吾老以及人之老，幼吾幼以及人之幼"，牺牲个人，报效祖国。

爱国的理由

  10. 毛泽东的《为人民服务》提出的为人民服务思想成了共产党人立党立国的宗旨，并已是检验一个政权成败、好坏的标准。

  好文章是替时代立言，是一个人在特定的时代背景下全部知识和阅历的结晶，是他生命的写照。这其中不知要经历多少矛盾、冲突、坎坷、辛酸、成功与失败。这非主观意志可得，只可遇而不可求。因此，一篇好的文章就如一个天才人物、一个历史事件，甚或如一个太平盛世的出现一样，不是随便就能有的，主要综天时地利之和，得历史演变之机，靠作者的修炼之功，是积数十年甚或数百年才可能出现的一个思想和艺术的高峰。

  千军易得，一将难求；千年易过，好文难有。